本資料輯録爲國家社科基金重大項目"東胡系民族歷史文獻整理與研究"(17ZDA211)成果之一,獲内蒙古大學"民族學學科群重大成果培育"資助出版

【東胡系民族資料彙編】

張久和 主編

梁雲 編

拓跋鮮卑資料輯録

中華書局

圖書在版編目(CIP)數據

拓跋鮮卑資料輯録/梁雲編. —北京:中華書局,2024.4
(東胡系民族資料彙編/張久和主編)
ISBN 978-7-101-16483-1

Ⅰ.拓… Ⅱ.梁… Ⅲ.拓跋鮮卑-民族歷史-史料
Ⅳ.K289

中國國家版本館 CIP 數據核字(2023)第 243685 號

書　　名	拓跋鮮卑資料輯録
編　　者	梁　雲
叢 書 名	東胡系民族資料彙編
責任編輯	陳　喬
責任印製	陳麗娜
出版發行	中華書局
	(北京市豐臺區太平橋西里38號　100073)
	http://www.zhbc.com.cn
	E-mail:zhbc@zhbc.com.cn
印　　刷	三河市宏達印刷有限公司
版　　次	2024年4月第1版
	2024年4月第1次印刷
規　　格	開本/920×1250 毫米　1/32
	印張 12⅛　插頁2　字數240千字
國際書號	ISBN 978-7-101-16483-1
定　　價	88.00元

目 録

凡例 …………………………………………………… 1

拓跋鮮卑及相關人物專傳 …………………………… 1
《宋書》卷九十五《列傳第五十五·索虜》(節録)………… 1
《南齊書》卷五十七《列傳第三十八·魏虜》(節録)……… 7
《魏書》卷一《序紀第一》……………………………… 15
《魏書》卷二《太祖紀第二》(節録)…………………… 30
《魏書》卷十三《皇后列傳第一》(節録)……………… 33
《魏書》卷二十三《列傳第十一·衛操》……………… 36
《魏書》卷二十三《列傳第十一·莫含》(節録)……… 40
《魏書》卷二十三《列傳第十一·劉庫仁》…………… 41
《北史》卷一《魏本紀第一》(節録)…………………… 43
《北史》卷十三《列傳第一·后妃上》(節録)………… 52
《北史》卷二十《列傳第八·衛操》…………………… 54
《北史》卷二十《列傳第八·莫含》(節録)…………… 56
《北史》卷二十《列傳第八·劉庫仁》(節録)………… 57
《通典》卷一百九十六《邊防十二·北狄三·拓跋氏》……… 58
《太平寰宇記》卷之一百九十三《四夷二十二·北狄五·

托跋氏》…………………………………………………… 67
《太平御覽》卷一〇一《皇王部二六·後魏諸帝》…………… 74
《太平御覽》卷一〇一《皇王部二六·太祖道武皇帝》
　　（節錄）………………………………………………… 79
《太平御覽》卷一三九《皇親部五·後魏》（節錄）………… 80
《太平御覽》卷八〇一《四夷部二二·北狄三·託跋氏》…… 82
《册府元龜》卷一《帝王部·帝系》…………………………… 83
《册府元龜》卷六《帝王部·創業二》（節錄）……………… 87
《通志》卷十五上《後魏紀第十五上》（節錄）……………… 88
《通志》卷二十《后妃傳二·後魏》（節錄）………………… 97
《通志》卷一百四十六《列傳五十九·後魏·衛操》………… 99
《通志》卷一百四十六《列傳五十九·後魏·莫含》
　　（節錄）………………………………………………… 101
《通志》卷一百四十六《列傳五十九·後魏·劉庫仁》
　　（節錄）………………………………………………… 101
《文獻通考》卷三百四十二《四裔十九·托跋氏》………… 102
《讀史方輿紀要》卷四《歷代州域形勢四·南北朝》
　　（節錄）………………………………………………… 103
散見史料繫年錄………………………………………………… 105
散見未繫年史料………………………………………………… 299

參考文獻………………………………………………………… 379
後　　記………………………………………………………… 382

凡 例

本書包含紀傳體、編年體、典制體史書、大型類書、地理總志以及其他史料中有關拓跋鮮卑早期歷史之資料。散見史料繫年錄上起魏元帝景元二年（261）拓跋鮮卑大人力微遣其子沙漠汗入貢曹魏，下迄北魏登國元年（386）十二月後燕慕容垂遣使朝貢。拓跋鮮卑及相關人物專傳下限不止於公元三八六年。此後有追述前人前事者，酌情擇要收錄。

本書收錄範圍，凡各類典籍中有"拓跋""託跋""托跋""托拔"或"索頭""索虜"等字樣，及雖無"拓跋"字樣而其内容爲記載拓跋鮮卑及其人物之事迹者，概予收錄。所收資料，酌分段落，無標點者均加標點。

本書編排方法：以正史爲主，以本紀爲綱，重出者集中排列，歧異者注明。所收錄史料過長時，與拓跋鮮卑關係較小之部分，酌情予以省略。

本書主體分爲三部分：

（一）拓跋鮮卑及相關人物專傳

（二）散見史料繫年錄

（三）散見未繫年史料

散見史料繫年錄每條史料均標注公元紀年及拓跋魏政

權紀年，輔以曹魏兩晉各朝及與該史料相關之其餘各割據政權年號，以資對照。同年資料，按月編排，記載相同或相近內容之史料按成書年代排序並予以集中。年代可以判斷大致範圍但不能絕對確定者，一般繫於相當年代之末並作出說明。不能或不宜繫年者，則編入散見未繫年史料。所標年月，以正史爲主，正史無可考者，則據《資治通鑑》或其他史料，具有争議者則以脚注説明。所收資料，酌分段落，所用史料爲影印版本者添加標點符號。影印本文字儘量遵循原著，如有明顯謬誤者，根據其他版本或正史酌情改正。明、清影印本中的避諱字，一般恢復爲原字。對舊字形、俗字以及部分異體字，本系列輯錄選用規範繁體字代替。文内凡標注爲脚注之字句，均爲編者所加。

本書所收資料，將各史之正文及後人注釋均予收録，如《通鑑》胡三省注即全部收録。注釋及編者自注，俱用小號字體排印。各點校本史料，多附有校勘記，考慮到其學術價值，本輯録均予以保留。

拓跋鮮卑及相關人物專傳

《宋書》卷九十五《列傳第五十五·索虜》（節録）

索頭虜姓託跋氏，其先漢將李陵後也。陵降匈奴，有數百千種，各立名號，索頭亦其一也。

晉初，索頭種有部落數萬家在雲中。惠帝末，并州刺史東嬴公司馬騰於晉陽爲匈奴所圍，[一]索頭單于猗馳遣軍助騰。懷帝永嘉三年，馳弟盧率部落自雲中入雁門，就并州刺史劉琨求樓煩等五縣，琨不能制，且欲倚盧爲援，乃上言："盧兄馳有救騰之功，舊勳宜録，請移五縣民於新興，以其地處之。"琨又表封盧爲代郡公。愍帝初，又進盧爲代王，增食常山郡。其後盧國内大亂，盧死，子又幼弱，部落分散。盧孫什翼鞬勇壯，衆復附之，號上洛公，北有沙漠，南據陰山，衆數十萬。其後爲苻堅所破，執還長安，後聽北歸。鞬死，子開字涉珪代立。[二]

【校勘記】

〔一〕并州刺史東嬴公司馬騰於晉陽爲匈奴所圍　各本並脱"東"字，據《晉書》帝紀訂補。

〔二〕其後爲苻堅所破執還長安後聽北歸鞬死子開字涉珪代立　按據《魏書·序紀》，什翼鞬爲苻堅將苻洛所破後，旋爲其庶長子寔君所殺,未嘗執送長安。拓跋涉珪爲什翼犍之孫,亦非什翼犍子。又《魏書·太祖紀》,太祖道武皇帝諱珪,此云名開字涉珪,開珪音相近,蓋爲異譯。

先是,鮮卑慕容垂僭號中山,晉孝武太元二十一年,垂死,開率十萬騎圍中山。明年四月,剋之,遂王有中州,自稱曰魏,號年天賜。元年,治代郡桑乾縣之平城。立學官,置尚書曹。開頗有學問,曉天文。其俗以四月祠天,六月末率大衆至陰山,謂之却霜。陰山去平城六百里,深遠饒樹木,霜雪未嘗釋,蓋欲以暖氣却寒也。死則潛埋,無墳壟處所,至於葬送,皆虛設棺柩,立冢槨,生時車馬器用皆燒之以送亡者。開暴虐好殺,民不堪命。先是,有神巫誡開當有暴禍,唯誅清河殺萬民,乃可以免。開乃滅清河一郡,常手自殺人,欲令其數滿萬。或乘小輦,手自執劍擊檐輦人腦,一人死,一人代,每一行,死者數十。夜恒變易寢處,人莫得知,唯愛妾名萬人知其處。萬人與開子清河王私通,慮事覺,欲殺開,令萬人爲内應。夜伺開獨處,殺之。開臨死,曰:"清河、萬人之言,乃汝等也。"是歲,安帝義熙五年。開次子齊王嗣字木末,執清河王,對之號哭,曰:"人生所重者父,云何反逆。"逼令自殺。嗣代立,謚開道武皇帝。

十三年,高祖西伐長安,嗣先娶姚興女,乃遣十萬騎屯結河北以救之,大爲高祖所破,事在朱超石等傳。於是遣使求和,自是使命歲通。高祖遣殿中將軍沈範、索季孫報使,反命已至河,未濟,嗣聞高祖崩問,追執範等,絶和親。太祖即位,方遣範等歸。

…………

嗣死,諡曰明元皇帝,子燾字佛貍代立。母杜氏,冀州人,入其宮內,生燾。燾年十五六,不爲嗣所知,遇之如僕隸。嗣初立慕容氏女爲后,又娶姚興女,並無子,故燾得立。壯健有筋力,勇於戰鬭,忍虐好殺,夷、宋畏之。攻城臨敵,皆親貫甲胄。元嘉五年,使大將吐伐斤西伐長安,〔二六〕生禽赫連昌于安定,〔二七〕封昌爲公,以妹妻之。昌弟赫連定在隴上,吐伐斤乘勝以騎三萬討定,定設伏於隴山彈箏谷破之,斬吐伐斤,盡坑其衆。定率衆東還,後剋長安,燾又自攻不剋,乃分軍戍大城而還。燾常使昌侍左右,常共單馬逐鹿,深入山澗。昌素有勇名,諸將咸謂昌不可親,燾曰:"天命有在,亦何所懼。"親遇如初。復攻長安,剋之,定西走,爲吐谷渾慕璝所禽。

【校勘記】

〔二六〕使大將吐伐斤西伐長安　此吐伐斤即達奚斤之異譯。

〔二七〕生禽赫連昌于安定　各本並作"生禽赫連昌中山王安定"十字。孫虨《宋書考論》云:"按斤時軍安定,中山王三字疑誤文。又按王當作于,中山二字衍。"按孫說是,今訂正。

赫連氏有名衛臣者,〔二八〕種落在朔方塞外,部落千餘户。朔方以西,西至上郡,東西千餘里,漢世徙謫民居之,土地良沃。苻堅時,衛臣入塞寄田,春來秋去。堅雲中護軍賈雍掠其田者,獲生口馬牛羊,堅悉以還之,衛臣感恩,遂稱臣入居塞内,其後漸强盛。衛臣死,子佛佛驍猛有謀算,遠近雜種皆附之。姚興與相抗,興覆軍喪衆,前後非一,關中爲之傷殘。高祖入長安,佛佛震懾不敢動。高祖東還,即入寇北地。安西將軍義真之歸也,佛佛遣子昌破之青泥,俘囚諸將帥,遂有關中,自稱尊號,號年曰真興元年。京兆人韋玄隱居養志,有高名,姚興備禮徵,不起,高祖辟爲相國掾,宋臺通直郎,又並不就。佛佛召爲太子庶子,玄應命。佛佛大怒,曰:"姚興及劉公相徵召,並不起,我有命即至,當以我殊類,不可理其故耶。"殺之。元嘉二年,佛佛死,昌立,至是爲燾所兼。燾西定隴右,東滅黃龍,海東諸國,並遣朝貢。

【校勘記】

〔二八〕赫連氏有名衛臣者　孫虨《宋書考論》云:"赫連氏上當有'初'字。"按衛臣《魏書》作衛辰,蓋音譯無定字。

…………

其後燾又遣使通好,并求婚姻,太祖每依違之。十七年,燾號太平真君元年。十九年,虜鎮東將軍武昌王宜勒庫莫提移書益、梁二州,〔三二〕往伐仇池,侵其附屬,而移書越詣徐州曰:

我大魏之興,德配二儀,與造化並立。夏、殷以前,功業尚矣,周、秦以來,赫赫堂堂,垂耀先代。逮我烈祖,重之聖明,應運龍飛,廓清燕、趙。〔三三〕聖朝承王業之資,奮神武之略,遠定三秦,西及葱嶺,東平遼碣,海隅服從,北暨鍾山,萬國納貢,威風所扇,想彼朝野,備聞威德。往者劉、石、苻、姚,遞據三郡,司馬琅邪,保守揚、越,綿綿連連,綿歷年紀。數窮運改,宋氏受終,仍晉之舊,遠通聘享。故我朝庭解甲,息心東南之略,是爲不欲違先故之大信也。而彼方君臣,苞藏禍心,屢爲邊寇。去庚午年,密結赫連,侵我牢、洛,致師徒喪敗,舉軍囚俘。我朝庭仁弘,不窮人之非,不遂人之過,與彼交和,前好無改。昔南秦王楊玄識達天運,於大化未及之前,度越赫連,遠歸忠款。玄既即世,弟難當忠節愈固,上請納女,連婚宸極,任土貢珍,自比内郡,漢南白雉,登俎御羞,朝庭嘉之,授以專征之任。不圖彼朝計疆埸之小疵,不相關移,竊興師旅,亡我賓屬。難當將其妻子,及其同義,告敗闕下。聖朝憮然,顧謂群臣曰:"彼之違信背和,與牢、洛爲三,一之爲甚,其可再乎。是若可忍,孰不可忍。"是以分命吾等磬聲之臣,助難當報復。

【校勘記】

〔三二〕虜鎮東將軍武昌王宜勒庫莫提移書益梁二州　"宜勒"當是"直勤"之譌。據《魏書》,時武昌王提爲平原鎮都大將。

〔三三〕逮我烈祖重之聖明應運龍飛廓清燕趙　按此烈祖謂道武帝拓跋珪。《魏書·禮志》:"高祖太和十五年四月,經始明堂,改營太廟。詔曰:'祖有功,宗有德,自非功德厚者,不得擅祖宗之名。……烈祖拓跋珪有創基之功,世祖拓跋燾有開拓之德,宜爲祖宗,百世不遷。而遠祖平文拓跋鬱律,功未多於昭成拓跋什翼犍,然廟號爲太祖。道武建業之勳,高於平文,廟號爲烈祖。比功校德,以爲未允。朕今奉尊道武爲太祖'"云云。據是則北魏道武帝廟號初爲烈祖,孝文帝太和十五年後,始改稱太祖,正位七室之首。魏收《魏書》於《禮志》載其事,而於本紀略之。或謂"烈祖"當作"太祖",非是。

....

二十年,燾以國授其太子,下書曰:"朕承祖宗重光之緒,思闡洪基，恢隆萬世。自經營天下，平暴除逆，掃清不順，武功既昭，而文教未闡，非所以崇太平之治也。今者域內安逸，百姓富昌，軍國異容，宜定制度，爲萬世之法。夫陰陽有往復，四時有代序，授子任賢，安全相附，所以休息疲勞，式固長久，成其祿福，古今不易之典也。諸朕功臣，懃勞日久，皆當致仕歸第，雍容高爵，頤神養壽，朝請隨時，饗宴朕前，論道陳謀而已，不須復親有司苦劇之職。其令皇太子嗣理萬機，總統百揆，更舉賢良，以被列職，皆取後進明能，廣啓選才之路，擇人授任而黜陟之。故孔子曰：'後生可畏，焉知來者之不如今。'主者明爲科制，宣勑施行。"於是王公以下上書太子皆稱臣，首尾與表同，唯用白紙爲異。是歲，燾伐芮芮虜，大敗而還，死者十六七。不聽死家發哀，犯者誅之。

…………

是歲，燾病死，謚爲太武皇帝。初，燾有六子，長子晃字天真，爲太子。次曰晉王。燾所住屠蘇爲疾雷擊，屠蘇倒，見壓殆死，左右皆號泣，晉王不悲，燾怒賜死。[六一]次曰秦王烏弈肝，[六二]與晃對掌國事，晃疾之，愬其貪暴，燾鞭之二百，遣鎮枹罕。次曰燕王。[六三]次曰吳王，名可博真。次曰楚王，名樹洛真。[六四]燾至汝南瓜步，晃私遣取諸營，鹵獲甚衆。燾歸聞知，大加搜檢。晃懼，謀殺燾，燾乃詐死，使其近習召晃迎喪，於道執之，及國，罩以鐵籠，尋殺之。以烏弈肝有武用，以爲太子。會燾死，使嬖人宗愛立博真爲後，宗愛、博真恐爲弈肝所危，矯殺之而自立，號年承平。博真懦弱，不爲國人所附，晃子濬字烏雷直懃，素爲燾所愛，燕王謂國人曰："博真非正，不宜立，直懃嫡孫，應立耳。"乃殺博真及宗愛，而立濬爲主,號年爲正平。

【校勘記】

〔六一〕燾怒賜死　按《北史·魏太武五王傳》,晉王伏羅,太平真君八年病死,非爲燾所殺。

〔六二〕次曰秦王烏弈肝　《北史·魏太武五王傳》,東平王翰,初封秦王。烏弈肝即翰之鮮卑名。

〔六三〕次曰燕王　《北史·魏太武五王傳》,臨淮王譚,初封燕王。

〔六四〕次曰吳王名可博真次曰楚王名樹洛真　《北史·魏太武五王傳》,南安王余,初封吳王,可博真即余之鮮卑名。廣陽王建,初封楚王,樹洛真即建之鮮卑名。據《北史》,建實爲兄,余實爲弟,《宋書》兄弟倒置,蓋鄰國傳聞之誤。

....

頁二三二一至二三五三、二三六〇至二三六六

《南齊書》卷五十七《列傳第三十八·魏虜》(節録)

魏虜,匈奴種也,姓托跋氏。晉永嘉六年,并州刺史劉琨爲屠各胡劉聰所攻,索頭猗盧遣子曰利孫將兵救琨於太原,猗盧入居代郡,亦謂鮮卑。被髮左衽,故呼爲索頭。

猗盧孫什翼犍,字鬱律㢸,後還陰山爲單于,領匈奴諸部。太元元年,〔一〕苻堅遣僞并州刺史苻洛伐犍,破龍庭,禽犍還長安,爲立宅,教犍書學。分其部黨居雲中等四郡,諸部主帥歲終入朝,并得見犍,差税諸部以給之。

【校勘記】

〔一〕太元元年 "太元"百衲本及各本並作"泰元",今據《晉書·孝武帝紀》改正。

堅敗,子珪,字涉圭,隨舅慕容垂據中山,還領其部,後稍彊盛。隆安元年,珪破慕容寶於中山,遂有并州,僭稱魏,年號天(瑞)〔賜〕。〔二〕追謚犍烈祖文平皇帝。珪死,謚道武皇帝。子木未立,年號太常,死,謚明元皇帝。子燾,字佛狸代立,年號太平真君。宋元嘉中,僞太子晃與大臣崔氏、寇氏不睦,崔、寇譖之。玄高道人有道術,晃使祈福七日七夜,佛狸夢其祖父并怒,手刃向之曰:"汝何故信讒欲害太子!"佛狸驚覺,下僞詔曰:"王者大業,纂承爲重,儲宫嗣紹,百王舊例。自今已往,事無巨細,必經太子,然後上聞。"晃後謀殺佛狸見殺。燾死,謚太武皇帝。立晃子濬,字烏雷直勤,年號和平。追謚晃景穆皇帝。濬死,謚文成皇帝。子弘字萬民立,〔三〕年號天安。景和九年,僞太子宏生,改年爲皇興。

【校勘記】

〔二〕年號天(瑞)〔賜〕 據南監本、局本改。按魏道武紀年有登國、皇始、天興、天賜,無"天瑞"。

〔三〕子弘字萬民立 "弘"原作"引",因宋人刻字避諱闕筆而譌,今據殿本、局本改正。

什翼珪始都平城,猶逐水草,無城郭,木末始土著居處。佛狸破梁州、黃龍,徙其居民,大築郭邑。截平城西爲宫城,四角起樓,女牆,門不施屋,城又無壍。南門外立二土門,内立廟,開四門,各隨方色,凡五廟,一世一間,瓦屋。其西立太社。佛狸所居雲母等三殿,又立重屋,居其上。飲食厨名

"阿真厨",在西,皇后可孫恒出此厨求食。初,姚興以塞外虜赫連勃勃爲安北將軍,領五部胡,屯大城,姚泓敗後,入長安。佛狸攻破勃勃子昌,娶勃勃女爲皇后。義熙中,仇池公楊盛表云"索虜勃勃,匈奴正胤"是也。可孫昔妾媵之。殿西鎧仗庫屋四十餘間,殿北絲綿布絹庫土屋一十餘間。僞太子宮在城東,亦開四門,瓦屋,四角起樓。妃妾住皆土屋。婢使千餘人,織綾錦販賣,酤酒,養猪羊,牧牛馬,種菜逐利。太官八十餘窖,窖四千斛,半穀半米。又有懸食瓦屋數十間,置尚方作鐵及木。其袍衣,使宫内婢爲〔之〕。〔四〕僞太子別有倉庫。

【校勘記】

〔四〕其袍衣使宫内婢爲〔之〕 據南監本、殿本、局本補。

其郭城繞宫城南,悉築爲坊,坊開巷。坊大者容四五百家,小者六七十家。每南坊搜檢,〔五〕以備奸巧。城西南去白登山七里,於山邊別立父祖廟。城西有祠天壇,立四十九木人,長丈許,白幘、練裙、馬尾被,立壇上,常以四月四日殺牛馬祭祀,盛陳鹵簿,邊壇奔馳奏伎爲樂。城西三里,刻石寫《五經》及其國記,於鄴取石虎文石屋基六十枚,皆長丈餘,以充用。

【校勘記】

〔五〕每南坊搜檢 按"南"字疑"閉"字之譌。

國中呼内左右爲"直真",外左右爲"烏矮真",曹局文書吏爲"比德真",檐衣人爲"樸大真",帶仗人爲"胡洛真",通事人爲"乞萬真",守門人爲"可薄真",僞臺乘驛賤人爲"拂竹真",諸州乘驛人爲"咸真",殺人者爲"契害真",爲主出受辭人爲"折潰真",貴人作食人爲"附真"。三公貴人,通謂之

"羊真"。佛狸置三公、太宰、尚書令、僕射、侍中,與太子共決國事。殿中尚書知殿內兵馬倉庫,樂部尚書知伎樂及角史伍伯,駕部尚書知牛馬驢騾,南部尚書知南邊州郡,北部尚書知北邊州郡。又有俟懃地何,比尚書;莫堤,比刺史;郁若,比二千石;受別官比諸侯。諸曹府有倉庫,悉置比官,皆使通虜漢語,以爲傳驛。蘭臺置中丞御史,知城內事。又置九豆和官,宮城三里內民戶籍不屬諸軍戍者,悉屬之。

其車服,有大小輦,皆五層,下施四輪,三二百人牽之,四施絙索,備傾倒。軺車建龍旂,尚黑。妃后則施雜綵幰,無幢絡。太后出,則婦女著鎧騎馬近輦左右。虜主及后妃常行,乘銀鏤羊車,不施帷幔,皆偏坐垂腳轅中;在殿上,亦跂據。正殿施流蘇帳,金博山,龍鳳朱漆畫屏風,織成幌。坐施氍毹褥。前施金香鑪,琉璃鉢,金椀,盛雜食器。設客長盤一尺,御饌圓盤廣一丈。爲四輪車,元會日,六七十人牽上殿。蜡日逐除,歲盡,城門磔雄雞,葦索桃梗,如漢儀。

自佛狸至萬民,世增雕飾。正殿西築土臺,謂之白樓。萬民禪位後,常遊觀其上。臺南又有伺星樓。正殿西又有祠屋,琉璃爲瓦。宮門稍覆以屋,猶不知爲重樓。并設削泥采,畫金剛力士。胡俗尚水,又規畫黑龍相盤繞,以爲厭勝。

泰始五年,萬民禪位子宏,自稱太上皇。宏立,號延興元年。至六年,萬民死,謚獻文皇帝。改號爲承明元年,是歲元徽四年也。祖母馮氏,黃龍人,助治國事。初,佛狸母是漢人,爲木末所殺,佛狸以乳母爲太后,自此以來,太子立,輒誅其母。一云馮氏本江都人,佛狸元嘉二十七年南侵,略得馮氏,潛以爲妾,獨得全焉。明年丁巳歲,改號太和。

佛狸已來,稍僭華典,胡風國俗,雜相揉亂。宏知談義,解屬文,輕果有遠略。遊河北至比干墓,作弔比干文云:"脫非武發,封墓誰因?嗚呼(分土)〔介士〕,〔一四〕胡不我臣!"宏以己巳歲立圓丘、方澤,置三夫人、九嬪。平城南有干水,出定襄堺,流入海,去城五十里,世號爲索干都。〔一五〕土氣寒凝,風砂恒起,六月雨雪。議遷都洛京。

【校勘記】

〔一四〕嗚呼(分土)〔介士〕 據南監本、殿本、局本改。洪頤煊《諸史考異》云:"按《魏孝文弔比干墓碑》今尚存,諦視之,作'介士','分土'是傳寫之譌。"

〔一五〕世號爲索干都 錢大昕《廿二史考異》云:"索干即桑乾之轉。"

九年,遣使李道固、蔣少游報使。少游有機巧,密令觀京師宮殿楷式。清河崔元祖啓世祖曰:"少游,臣之外甥,特有公輸之思。宋世陷虜,處以大匠之官。今爲副使,必欲模範宮闕。豈可令氈鄉之鄙,取象天宮?臣謂且留少游,令使主反命。"世祖以非和通意,不許。少游,安樂人。虜宮室制度,皆從其出。

初,佛狸討羯胡於長安,〔一六〕殺道人且盡。及元嘉南寇,獲道人,以鐵籠盛之。後佛狸感惡疾,自是敬畏佛教,立塔寺浮圖。宏父弘禪位後,黃冠素服,持戒誦經,居石窟寺。宏太和三年,〔一七〕道人法秀與苟兒王阿辱瑰王等謀反,〔一八〕事覺,囚法秀,加以籠頭鐵鐷,無故自解脫,虜穿其頸骨,使呪之曰:"若復有神,當令穿肉不入。"遂穿而殉之,三日乃死。僞咸陽王復欲盡殺道人,〔一九〕太后馮氏不許。宏尤精信,粗涉義理,宮殿内立浮圖。

【校勘記】

〔一六〕佛貍討羯胡於長安　"羯"原譌"及",各本不譌,今改正。

〔一七〕太和三年　各本並同。據《魏書·帝紀》當作太和五年。

〔一八〕道人法秀與苟兒王阿辱瑰王等謀反　"瑰王"各本並作"珮玉"。

〔一九〕僞咸陽王復欲盡殺道人　按《通鑑》齊高帝建元二年作"議者或欲盡殺道人"。《考異》云:"《齊書·魏虜傳》'咸陽王欲盡殺道人'。按咸陽王禧時尚幼,太和九年始封,恐非也。"

宏既經古洛,是歲下僞詔尚書思慎曰:"夫覆載垂化,必由四氣運其功;曦曜望舒,亦須五星助其暉。仰惟聖母,睿識自天,業高曠古,將稽詳典範,日新皇度。不圖罪逆招禍,奄丁窮罰,〔二〇〕追惟罔極,永無逮及。思遵先旨,勅造明堂之樣。卿所制體含六合,事越中古,理圓義備,可軌之千載。信是應世之材,先固之器也。群臣瞻見模樣,莫不僉然欲速造,朕以寡昧,亦思造盛禮。卿可即於今歲停宮城之作,營建此構,興皇代之奇制,遠成先志,近副朕懷。"又詔公卿參定刑律。又詔罷賸前儺,唯年一儺。又詔:"季冬朝賀,典無成文,以袴褶事非禮敬之謂,若置寒朝服,徒成煩濁,自今罷小歲賀,歲初一賀。"又詔:"王爵非庶姓所僭,伯號是五等常秩。烈祖之胄,仍本王爵,其餘王皆爲公,〔公〕轉爲侯,〔二一〕侯即爲伯,子男如舊。雖名易於本,而品不異昔。公第一品,侯第二品,伯第三品,子第四品,男第五品。"

【校勘記】

〔二〇〕奄丁窮罰　"奄"原譌"掩",今據南監本、局本改正。殿本作"淹",奄淹通。

〔二一〕〔公〕轉爲侯　據南監本、毛本、殿本、局本補。

十年,上遣司徒參軍蕭琛、范雲北使。宏西郊,即前祠天壇處也。宏與僞公卿從二十餘騎戎服繞壇,宏一周,公卿七匝,謂之蹋壇。明日,復戎服登壇祠天,宏又繞三匝,公卿七匝,謂之繞天。以繩相交絡,紐木枝根,覆以青繒,形制平圓,下容百人坐,謂之爲"繖",一云"百子帳"也。於此下宴息。次祠廟及布政明堂,皆引朝廷使人觀視。每使至,宏親相應接,申以言義。甚重齊人,常謂其臣下曰:"江南多好臣。"僞侍臣李元凱對曰:"江南多好臣,歲一易主;江北無好臣,而百年一主。"宏大慚,出元凱爲雍州長史,俄召復職。

…………

隆昌元年,遣司徒參軍劉斅、車騎參軍沈宏報使至北。宏稱字玄覽。其夏,虜平北將軍魯直清率衆降,以爲督洛州軍事,領平戎校尉、征虜將軍、洛州刺史。是歲,宏徙都洛陽,改姓元氏。初,匈奴女名托跋,妻李陵,胡俗以母名爲姓,故虜爲李陵之後,虜甚諱之,有言其是陵後者,輒見殺,至是乃改姓焉。

宏聞高宗踐阼非正,既新移都,兼欲大示威力。是冬,自率大衆分寇豫、徐、司、梁四州。遣僞荆州刺史薛真度、尚書郗祁阿婆出南陽,向沙堨,築壘開溝,爲南陽太守房伯玉、新野太守劉思忌所破。

建武二年春，高宗遣鎮南將軍王廣之出司州，右僕射沈文季出豫州，左衛將軍崔慧景出徐州。宏自率衆至壽陽，軍中有黑氈行殿，容二十人坐，輦邊皆三郎曷刺真，槊多白真毦，鐵騎爲群，前後相接。步軍皆烏楯槊，綴接以黑蝦蟆幡。牛車及驢駱馳載軍資妓女，三十許萬人。不攻城，登八公山，賦詩而去。別圍鍾離城，徐州刺史蕭惠休、輔國將軍申希祖拒守，出兵奮擊，宏衆敗，多赴淮死。乃分軍據邵陽州，栅斷水路，夾築二城。右衛將軍蕭坦之遣軍主裴叔業攻二城，拔之。惠休又募人出燒虜攻城車，虜力竭不能剋。

…………

初，僞太后馮氏兄昌黎王馮莎二女，大馮美而有疾，爲尼，小馮爲宏皇后，生僞太子詢。後大馮疾差，宏納爲昭儀。宏初徙都，詢意不樂，思歸桑乾。宏制衣冠與之，詢竊毀裂，解髮爲編服左衽。大馮有寵，日夜讒詢。宏出鄴城馬射，詢因是欲叛北歸，密選宮中御馬三千疋置河陰渚。皇后聞之，召執詢，馳使告宏，宏徙詢無鼻城，在河橋北二里，尋殺之，以庶人禮葬。立大馮爲皇后，便立僞太子恪，是歲，僞太和二十年也。

…………

虜得沔北五郡。宏自將二十萬騎破太子率崔慧景等於鄧城，進至樊城，臨沔水而去。還洛陽，聞太尉陳顯達經略五郡，圍馬圈，宏復率大衆南攻，破顯達而死。喪還，未至洛四百餘里，稱宏詔，徵僞太子恪會魯陽。恪至，鬷以宏僞法服衣之，始發喪。至洛，乃宣布州郡，舉哀制服，謚孝文皇帝。

是年,王肅爲虜制官品百司,皆如中國。凡九品,品各有二。肅初奔虜,自說其家被誅事狀,宏爲之垂涕。以第六妹僞彭城公主妻之。封肅平原郡公。爲宅舍,以香塗壁。遂見信用。恪立,號景明元年,永元二年也。

....

頁九八三至九九八、一〇〇一至一〇〇三

《魏書》卷一《序紀第一》

昔黄帝有子二十五人,或内列諸華,或外分荒服,昌意少子,受封北土,國有大鮮卑山,因以爲號。其後,世爲君長,統幽都之北,廣漠之野,畜牧遷徙,射獵爲業,淳樸爲俗,簡易爲化,不爲文字,刻木紀契而已,世事遠近,人相傳授,如史官之紀録焉。黄帝以土德王,北俗謂土爲托,謂后爲跋,故以爲氏。其裔始均,入仕堯世,逐女魃於弱水之北,民賴其勤,帝舜嘉之,命爲田祖。爰歷三代,以及秦漢,獯鬻、獫狁、山戎、匈奴之屬,累代殘暴,作害中州,而始均之裔,不交南夏,是以載籍無聞焉。

積六十七世,至成皇帝諱毛立。〔一〕聰明武略,遠近所推,統國三十六,大姓九十九,威振北方,莫不率服。崩。

【校勘記】

〔一〕至成皇帝諱毛立 《太平御覽》下簡稱《御覽》卷一〇一四八一頁、《册府元龜》下簡稱《册府》卷一九頁、《御覽》、《册府》頁碼據中華書局影印本"毛"均作"屯"。

節皇帝諱貸立,崩。

莊皇帝諱觀立,崩。

明皇帝諱樓立,崩。

安皇帝諱越立,崩。

宣皇帝諱推寅立。南遷大澤,方千餘里,厥土昏冥沮洳。謀更南徙,未行而崩。

景皇帝諱利立,崩。

元皇帝諱俟立,崩。

和皇帝諱肆立,崩。

定皇帝諱機立,崩。

僖皇帝諱蓋立,崩。

皇帝諱儈立,崩。

獻皇帝諱隣立。時有神人言於國曰:"此土荒遐,未足以建都邑,宜復徙居。"帝時年衰老,乃以位授子。

聖武皇帝諱詰汾。獻帝命南移,山谷高深,九難八阻,於是欲止。有神獸,其形似馬,其聲類牛,先行導引,歷年乃出。始居匈奴之故地。其遷徙策略,多出宣、獻二帝,故人並號曰"推寅",蓋俗云"鑽研"之義。初,聖武帝嘗率數萬騎田於山澤,欻見輜軿自天而下。既至,見美婦人,侍衛甚盛。帝異而問之,對曰:"我,天女也,受命相偶。"遂同寢宿。旦,請還,曰:"明年周時,復會此處。"言終而別,去如風雨。及期,帝至先所田處,果復相見。天女以所生男授帝曰:"此君之子也,善養視之。子孫相承,當世爲帝王。"語訖而去。子即始祖也。故時人諺曰:"詰汾皇帝無婦家,力微皇帝無舅家。"帝崩。

始祖神元皇帝諱力微立。生而英叡。

元年,歲在庚子。先是,西部内侵,國民離散,依於没鹿回部大人竇賓。始祖有雄傑之度，時人莫測。後與賓攻西部，軍敗，失馬步走，始祖使人以所乘駿馬給之。賓歸，令其部內求與馬之人，當加重賞，始祖隱而不言。久之，賓乃知，大驚，將分國之半，以奉始祖，始祖不受，乃進其愛女。賓猶思報恩，固問所欲。始祖請率所部北居長川，賓乃敬從。積十數歲，德化大洽，諸舊部民，咸來歸附。

二十九年，賓臨終，戒其二子使謹奉始祖。其子不從，乃陰謀爲逆。始祖召殺之，盡并其衆，諸部大人，悉皆款服，控弦上馬二十餘萬。

三十九年，遷於定襄之盛樂。夏四月，祭天，諸部君長皆來助祭，唯白部大人觀望不至，於是徵而戮之，遠近肅然，莫不震懾。始祖乃告諸大人曰："我歷觀前世匈奴、蹋頓之徒，苟貪財利，抄掠邊民，雖有所得，而其死傷不足相補，更招寇仇，百姓塗炭，非長計也。"於是與魏和親。

四十二年，遣子文帝如魏，且觀風土。魏景元二年也。

文皇帝諱沙漠汗，以國太子留洛陽，爲魏賓之冠。聘問交市，往來不絕，魏人奉遺金帛繒絮，歲以萬計。始祖與隣國交接，篤信推誠，不爲倚伏以要一時之利，寬恕任真，而遐邇歸仰。魏晉禪代，和好仍密。始祖春秋已邁，帝以父老求歸，晉武帝具禮護送。

四十八年，帝至自晉。

五十六年，帝復如晉；其年冬，還國。晉遺帝錦、罽、繒、綵、綿、絹、諸物，咸出豐厚，車牛百乘。行達并州，晉征北將軍衛瓘，以帝爲人雄異，恐爲後患，乃密啓晉帝，請留不遣。晉帝難於失信，不許。瓘復請以金錦賂國之大人，令致間隙，使相危害。晉帝從之,遂留帝。於是國之執事及外部大人,皆受瓘貨。

五十八年,方遣帝。始祖聞帝歸,大悅,使諸部大人詣陰館迎之。酒酣,帝仰視飛鳥,謂諸大人曰:"我爲汝曹取之。"援彈飛丸,應弦而落。時國俗無彈,衆咸大驚,乃相謂曰:"太子風彩被服,同於南夏,兼奇術絕世,若繼國統,變易舊俗,吾等必不得志,不若在國諸子,習本淳樸。"咸以爲然。且離間素行,乃謀危害,並先馳還。始祖問曰:"我子既歷他國,進德何如?"皆對曰:"太子才藝非常,引空弓而落飛鳥,是似得晉人異法怪術,亂國害民之兆,惟願察之。"自帝在晉之後,諸子愛寵日進,始祖年踰期頤,頗有所惑,聞諸大人之語,意乃有疑。因曰:"不可容者,便當除之。"於是諸大人乃馳詣塞南,矯害帝。既而,始祖甚悔之。帝身長八尺,英姿瓌偉,在晉之日,朝士英俊多與親善,雅爲人物歸仰。後乃追謚焉。

其年,始祖不豫。烏丸王庫賢,親近任勢,先受衛瓘之貨,故欲沮動諸部,因在庭中礪鉞斧,諸大人問欲何爲,答曰:"上恨汝曹讒殺太子,今欲盡收諸大人長子殺之。"大人皆信,各各散走。始祖尋崩。凡饗國五十八年,年一百四歲。太祖即位,尊爲始祖。

章皇帝諱悉鹿立,始祖之子也。諸部離叛,國內紛擾。饗國九年而崩。

平皇帝諱綽立,章帝之少弟也。雄武有智略,威德復舉。七年,匈奴宇文部大人莫槐爲其下所殺,更立莫槐弟普撥爲大人。帝以女妻撥子丘不勤。帝饗國七年而崩。

思皇帝諱弗立,文帝之少子也。聰哲有大度,爲諸父兄所重。政崇寬簡,百姓懷服。饗國一年而崩。

昭皇帝諱祿官立,始祖之子也。分國爲三部:① 帝自以一部居東,在上谷北,濡源之西,東接宇文部;以文帝之長子桓皇帝諱猗㐌統一部,居代郡之參合陂北;以桓帝之弟穆皇帝諱猗盧統一部,居定襄之盛樂故城。自始祖以來,與晉和好,百姓乂安,財畜富實,控弦騎士四十餘萬。是歲,穆帝始出并州,遷雜胡北徙雲中、五原、朔方。又西渡河擊匈奴、烏桓諸部。自杏城以北八十里,迄長城原,夾道立碣,與晉分界。

二年,葬文帝及皇后封氏。初,思帝欲改葬,未果而崩。至是,述成前意焉。晉成都王司馬穎遣從事中郎田思,河間王司馬顒遣司馬靳利,并州刺史司馬騰遣主簿梁天,並來會葬。遠近赴者二十萬人。

三年,〔二〕桓帝度漠北巡,因西略諸國。

【校勘記】

〔二〕三年　諸本"三年"作"二年",唯殿本作"三年"。按《北史》卷一《魏本紀》亦作"三年",殿本當依《北史》改。據上文已見"二年",不應重出。下文稱"七年,桓帝至自西略,中略凡積五歲",自三年至七年共五歲,知作"三年"是,今從殿本。

---

① 據中華書局點校修訂本《魏書·序紀》校勘記〔二〕一七頁:分國爲三部　疑此上脫"元年"二字。按《御覽》卷一〇一引《後魏書》有"九年"二字,殿本《北史》卷一《魏本紀》一有"帝元年"三字。此紀自神元皇帝力微始,諸帝並記"元年",獨昭成皇帝祿官始自"二年",於例不合。《御覽》之"九年"當爲"元年"之訛。殿本《北史》當是據史例而補。

四年，東部未耐婁大人倍斤入居遼東。

五年，宇文莫廆之子遜昵延朝貢。帝嘉其誠款，以長女妻焉。

七年，桓帝至自西略，諸降附者二十餘國，①凡積五歲，今始東還。

十年，晉惠帝爲成都王穎逼留在鄴。匈奴別種劉淵反於離石，自號漢王。并州刺史司馬騰來乞師，桓帝率十餘萬騎，帝亦同時大舉以助之，大破淵衆於西河、上黨。會惠帝還洛，騰乃辭師。桓帝與騰盟於汾東而還。乃使輔相衛雄、段繁，於參合陂西累石爲亭，樹碑以記行焉。

十一年，劉淵攻司馬騰，騰復乞師。桓帝以輕騎數千救之，斬淵將綦毋豚，淵南走蒲子。晉假桓帝大單于，金印紫綬。

是歲，桓帝崩。帝英傑魁岸，馬不能勝。常乘安車，駕大牛，牛角容一石。帝曾中蠱，嘔吐之地仍生榆木。參合陂土無榆樹，故世人異之，至今傳記。帝統部凡十一年。後定襄侯衛操，樹碑於大邗城，以頌功德。子普根代立。

十二年，賨人李雄，僭帝號於蜀，自稱大成。

十三年，昭帝崩。徒何大單于慕容廆遣使朝貢。是歲，羯胡石勒與晉馬牧帥汲桑反。

穆皇帝天姿英特，勇略過人，昭帝崩後，遂總攝三部，以爲一統。

元年，劉淵僭帝號，自稱大漢。

---

① 據中華書局點校修訂本《魏書·序紀》校勘記〔四〕一八頁：諸降附者二十餘國　"二十餘國"，《北史》卷一《魏本紀》一、《通鑑》卷八二《晉紀》四元康七年末並作"三十餘國"。

三年,晉并州刺史劉琨遣使,以子遵爲質。帝嘉其意,厚報饋之。白部大人叛入西河,鐵弗劉虎舉衆於雁門以應之,攻琨新興、雁門二郡。琨來乞師,帝使弟子平文皇帝將騎二萬,助琨擊之,大破白部;次攻劉虎,屠其營落。虎收其餘燼,西走度河,竄居朔方。晉懷帝進帝大單于,封代公。帝以封邑去國懸遠,民不相接,乃從琨求句注陘北之地。①琨自以託附,聞之大喜,乃徙馬邑、陰館、樓煩、繁畤、崞五縣之民於陘南,更立城邑,盡獻其地,東接代郡,西連西河、朔方,〔三〕方數百里。帝乃徙十萬家以充之。劉琨又遣使乞師救洛陽,帝遣步騎二萬助之,晉太傅東海王司馬越辭以洛中饑饉,師乃還。是年,劉淵死,子聰僭立。

【校勘記】

〔三〕西連西河朔方　百衲、南、汲、局四本"西"作"南",北、殿二本作"西"。按《北史》卷一《魏本紀》、《册府》卷一一一頁也作"西"。上云"東接",此稱"西連"是對文,且西河、朔方正在陘北五縣之西,作"西"是,今從北、殿本。

四年,劉琨牙門將邢延據新興叛,〔四〕招引劉聰。帝遣軍討之,聰退走。

【校勘記】

〔四〕劉琨牙門將邢延據新興叛　諸本"邢"作"邪",唯局本作"邢"。按下文稱斬劉聰諸將中有"邢延",《資治通鑑》下簡稱《通鑑》卷八七二七七三頁、頁碼據中華書局標點本叙此

---

①據中華書局點校修訂本《魏書·序紀》校勘記〔五〕一八頁:句注陘　原作"句主陘",據他本改。

事較詳,也作"邢延"。"邪"字訛,今據改。

　　五年,劉琨遣使乞師以討劉聰、石勒。帝以琨忠義,矜而許之。會聰遣其子粲襲晉陽,害琨父母而據其城,琨來告難,帝大怒,遣長子六脩、桓帝子普根,及衛雄、范班、姬澹等爲前鋒,帝躬統大衆二十萬爲後繼。粲懼,焚輜重,突圍遁走。縱騎追之,斬其將劉儒、劉豐、簡令、張平、邢延,伏尸數百里。琨來拜謝,帝以禮待之。琨固請進軍,帝曰:"吾不早來,致卿父母見害,誠以相愧。今卿已復州境,然吾遠來,士馬疲弊,且待終舉。賊奚可盡乎?"① 饋琨馬牛羊各千餘,車令百乘,〔五〕又留勁銳戍之而還。〔六〕

【校勘記】

〔五〕車令百乘　《御覽》卷一〇一四八二頁"令"作"牛",《通鑑》卷八八二七八五頁無"令"字。按"車令"無義,"令"字非訛即衍。

〔六〕又留勁銳戍之而還　諸本"留勁"訛"面動",今據《御覽》卷一〇一四八二頁改。

　　是年,晉雍州刺史賈疋、京兆太守閻鼎,以晉懷帝爲劉聰所執,共立懷帝兄子秦王業爲太子,於長安稱行臺。帝復戒嚴,與琨更剋大舉。命琨自列晉行臺,部分諸軍,帝將遣十萬騎從西河鑒谷南出,晉軍從蒲坂東度,會於平陽,就食聰粟,迎復晉帝。事不果行。

---

① 據中華書局點校修訂本《魏書·序紀》校勘記〔八〕一八頁:賊矣可盡乎　"矣",南監本、汲本、局本並作"奚"。周一良《魏晉南北朝史札記·魏書札記》舉證語例,疑"賊矣"二字誤倒,"矣"字屬上讀,"表輕微之命令"。

六年，城盛樂以爲北都，修故平城以爲南都。帝登平城西山，觀望地勢，乃更南百里，於㶟水之陽黃瓜堆築新平城，晉人謂之小平城，使長子六脩鎮之，統領南部。

七年，帝復與劉琨約期，會於平陽。會石勒擒王浚，國有匈奴雜胡萬餘家，多勒種類，聞勒破幽州，乃謀爲亂，欲以應勒，發覺，伏誅，討聰之計，於是中止。

八年，晉愍帝進帝爲代王，置官屬，食代、常山二郡。帝忿聰、勒之亂，志欲平之。先是，國俗寬簡，民未知禁。至是，明刑峻法，諸部民多以違命得罪。凡後期者皆舉部戮之，或有室家相攜而赴死所，人問"何之"，答曰"當往就誅"。其威嚴伏物，皆此類也。

九年，帝召六脩，六脩不至。帝怒，討之，失利，乃微服民間，遂崩。普根先守外境，聞難來赴，攻六脩，滅之。衛雄、姬澹率晉人及烏丸三百餘家，隨劉遵南奔并州。① 普根立月餘而薨。普根子始生，桓帝后立之。其冬，普根子又薨。是年，李雄遣使朝貢。

---

① 據中華書局點校修訂本《魏書·序紀》校勘記〔一一〕一八至一九頁：衛雄姬澹率晉人及烏丸三百餘家隨劉遵南奔并州 "三百餘家"，按本書卷二三《衛操傳》附《衛雄傳》云"雄、澹與劉琨任子遵率烏丸、晉人數萬衆而叛"，《晉書》卷六二《劉琨傳》稱猗盧部落四散，"遵與箕澹等帥盧衆三萬人"歸琨，箕澹即姬澹，二處所記與此大異。《劉琨傳》稱其得姬澹衆而"復振"，周一良《魏晉南北朝史札記·魏書札記》因疑"本紀三百餘之'百'字當是'萬'字之誤"。

平文皇帝諱鬱律立,思帝之子也。① 姿質雄壯,甚有威略。元年,歲在丁丑。

二年,劉虎據朔方,來侵西部,帝逆擊,大破之,虎單騎迸走。其從弟路孤率部落內附,帝以女妻之。西兼烏孫故地,東吞勿吉以西,控弦上馬將有百萬。劉聰死,子粲僭立,爲其將靳準所殺,淵族子曜僭立。帝聞晉愍帝爲曜所害,顧謂大臣曰:"今中原無主,天其資我乎?"劉曜遣使請和,帝不納。是年,司馬叡僭稱大位於江南。

三年,石勒自稱趙王,遣使乞和,請爲兄弟。帝斬其使以絕之。

四年,私署涼州刺史張茂遣使朝貢。

五年,僭晉司馬叡遣使韓暢加崇爵服,帝絕之。治兵講武,有平南夏之意。桓帝后以帝得衆心,恐不利於己子,害帝,遂崩,大人死者數十人。天興初,尊曰太祖。

惠皇帝諱賀傉立,桓帝之中子也。以五年爲元年。未親政事,太后臨朝,遣使與石勒通和,時人謂之女國使。

二年,司馬叡死,子紹僭立。

---

① 據中華書局點校修訂本《魏書·序紀》校勘記〔一二〕一九頁:平文皇帝諱鬱律立思帝之子也 "思帝",原作"惠帝",據北監本、汲本、殿本、局本、《北史》卷一《魏本紀》一改。按《册府》卷一此句作"思帝子平文鬱律立"。據此紀下文,惠帝賀傉爲桓帝中子,上文稱穆帝"使弟子平文皇帝將騎二萬"助劉琨,桓、穆二帝俱文皇帝沙漠汗之子,屬兄弟,平文帝如是惠帝賀傉之子,於穆帝則已是孫輩,不得稱"弟子"。思帝爲沙漠汗少子,亦即穆帝猗盧之幼帝,平文帝爲其子。與稱穆帝"弟子"行輩正合。

四年，帝始臨朝。以諸部人情未悉欵順，乃築城於東木根山，徙都之。是年，張茂死，兄寔子駿立，遣使朝貢。

五年，帝崩。是年，司馬紹死，子衍僭立。

煬皇帝諱紇那立，惠帝之弟也。以五年爲元年。

三年，石勒遣石虎率騎五千來寇邊部，帝禦之於句注陘北，不利，遷於大寧。時烈帝居於舅賀蘭部，帝遣使求之，賀蘭部帥藹頭，擁護不遣。帝怒，召宇文部并勢擊藹頭。宇文衆敗，帝還大寧。

四年，石勒擒劉曜。

五年，帝出居於宇文部。賀蘭及諸部大人，共立烈帝。

烈皇帝諱翳槐立，平文之長子也。以五年爲元年。石勒遣使求和，帝遣弟昭成皇帝如襄國，從者五千餘家。

二年，石勒僭立，自稱大趙王。

五年，勒死，子大雅僭立。慕容廆死，子元真代立。

六年，石虎廢大雅，僭立。李雄死，兄子班立。雄子期，殺班自立。

七年，藹頭不修臣職，召而戮之，國人復貳。煬帝自宇文部還入，諸部大人復奉之。

煬皇帝復立，以七年爲後元年。烈帝出居於鄴，石虎奉第宅、伎妾、奴婢、什物。

三年，石虎遣將李穆率騎五千納烈帝於大寧，國人六千餘落叛煬帝，煬帝出居於慕容部。

烈皇帝復立，以三年爲後元年。城新盛樂城，在故城東南十里。一年而崩。

昭成皇帝諱什翼犍立，平文之次子也。①生而奇偉，寬仁大度，喜怒不形于色。身長八尺，隆準龍顔，立髮委地，卧則乳垂至席。烈帝臨崩顧命曰："必迎立什翼犍，社稷可安。"②烈帝崩，帝弟孤乃自詣鄴奉迎，與帝俱還。事在《孤傳》。十一月，帝即位於繁時之北，時年十九，稱建國元年。是歲，李雄從弟壽殺期僭立，自號曰漢。

二年春，始置百官，分掌衆職。東自濊貊，西及破洛那，莫不款附。夏五月，朝諸大人於參合陂，議欲定都灅源川，連日不决，乃從太后計而止。語在《皇后傳》。娉慕容元真妹爲皇后。

三年春，移都於雲中之盛樂宫。

四年秋九月，築盛樂城於故城南八里。皇后慕容氏崩。冬十月，劉虎寇西境。帝遣軍逆討，大破之，虎僅以身免。虎死，子務桓立，始來歸順，帝以女妻之。十二月，慕容元真遣使朝貢，并薦其宗女。

五年夏五月，幸參合陂。秋七月七日，諸部畢集，設壇埒，講武馳射，因以爲常。八月，還雲中。是年秋，司馬衍死，弟岳僭立。

---

①據中華書局點校修訂本《魏書·序紀》校勘記〔一三〕一九頁：平文之次子　"平文"，原作"平受"，據三朝本、南監本、殿本改。按上文見"平文之長子"。

②據中華書局點校修訂本《魏書·序紀》校勘記〔一四〕一九頁：必迎立什翼犍　"什翼犍"原單作一"諱"字，他本並作"什翼犍"。按《御覽》卷一〇一引《後魏書》、《册府》卷一也作"什翼犍"。百衲本於諸帝名字例書"諱"字，原書未必如此，今從他本書名，不一一出校。

六年秋八月,慕容元真遣使請薦女。是年,李壽死,子勢僭立,遣使朝貢。

七年春二月,遣大人長孫秩迎后慕容氏元真之女於境。夏六月,皇后至自和龍。秋七月,慕容元真遣使奉聘,求交婚,帝許之,九月,以烈帝女妻之。其年,司馬岳死,子聃僭立。

八年,慕容元真遣使朝貢。是年,張駿私署假涼王。①

九年,石虎遣使朝貢。是年,張駿死,子重華代立。

十年,遣使詣鄴觀釁。是年,司馬聃擒李勢。張重華遣使朝貢。

十一年,慕容元真死,子儁代立。

十二年,西巡,至河而還。是年,石虎死,子世立。世兄遵,殺世自立。遵兄鑒,殺遵自立。

十三年,魏郡人冉閔,殺石鑒僭立。

十四年,帝曰:"石胡衰滅,冉閔肆禍,中州紛梗,莫有匡救,吾將親率六軍,廓定四海。"乃敕諸部,各率所統,以俟大期。諸大人諫曰:"今中州大亂,誠宜進取,如聞豪強並起,不可一舉而定,若或留連,經歷歲稔,恐無永逸之利,或有虧損之憂。"帝乃止。是歲,氐苻健僭稱大位,自號大秦。

十五年,慕容儁滅冉閔,僭尊號。

十六年,慕容儁遣使朝貢。是年,張重華死,子曜靈立。重華庶兄祚殺曜靈而自立,稱涼公。

----

① 據中華書局點校修訂本《魏書·序紀》校勘記〔一五〕一九頁:張駿私署假涼王 "王"字原闕,據北監本、汲本、殿本、局本補。按《御覽》卷一〇一引《後魏書》稱駿"私署假涼王"。

十七年，遣使於慕容儁。張祚復稱涼王，置百官，遣使朝貢。

十八年，太后王氏崩。是年，苻健死，子生僭立。羌姚襄自稱大將軍、大單于。張瓘、宋混殺張祚，立重華少子玄靖，稱涼王。

十九年春正月，劉務桓死，其弟閼頭立，潛謀反叛。二月，帝西巡，因而臨河，使人招喻，閼頭從命。冬，慕容儁來請婚，許之。

二十年夏五月，慕容儁奉納禮幣。是年，苻堅殺苻生而僭立。姚襄爲苻眉所殺。

二十一年，閼頭部民多叛，懼而東走。渡河，半濟而冰陷，後衆盡歸閼頭兄子悉勿祈。初，閼頭之叛，悉勿祈兄弟十二人在帝左右，盡遣歸，欲其自相猜離，至是，悉勿祈奪其衆。閼頭窮而歸命，帝待之如初。

二十二年春，帝東巡，至於桑乾川。三月，慕容儁遣使朝貢。夏四月，帝還雲中。悉勿祈死，弟衛辰立。秋八月，衛辰遣子朝貢。

二十三年夏六月，皇后慕容氏崩。秋七月，衛辰來會葬，因而求婚，許之。是歲，慕容儁死，子暐立，遣使致賻。

二十四年春，衛辰遣使朝聘。是年，司馬聃死，衍子千齡僭立。

二十五年，帝南巡，至君子津。冬十月，行幸代。十一月，慕容暐薦女備後宮。

二十六年冬十月，帝討高車，大破之，獲萬口，馬牛羊百餘萬頭。是年，張重華弟天錫殺玄靖而自立。

二十七年春，車駕還雲中。冬十一月，討没歌部，破之，獲牛馬羊數百萬頭。

二十八年春正月,衛辰謀反,東渡河。帝討之,衛辰懼而遁走。冬十二月,苻堅遣使朝貢。是歲,司馬千齡死,弟弈僭立。

二十九年夏五月,遣燕鳳使苻堅。

三十年冬十月,帝征衛辰。時河冰未成,帝乃以葦絙約澌,俄然冰合,猶未能堅,乃散葦於上,冰草相結,如浮橋焉。衆軍利涉,出其不意,衛辰與宗族西走,收其部落而還,俘獲生口及馬牛羊數十萬頭。

三十一年春,帝至自西伐,班賞各有差。

三十二年正月,帝南幸君子津。冬十月,幸代。

三十三年冬十一月,征高車,大破之。是年,苻堅擒慕容暐。

三十四年春,長孫斤謀反,伏誅。斤之反也,拔刃向御座,太子獻明皇帝諱寔格之,傷脅。夏五月,薨,後追諡焉。秋七月,皇孫珪生,大赦。是年,司馬弈臣桓溫,廢弈爲海西公,立叡子昱。

三十五年,司馬昱死,子昌明僭立。

三十六年夏五月,遣燕鳳使苻堅。

三十七年,帝征衛辰,衛辰南走。

三十八年,衛辰求援於苻堅。

三十九年,苻堅遣其大司馬苻洛率衆二十萬及朱肜、[1]張

---

[1] 據中華書局點校修訂本《魏書·序紀》校勘記〔一六〕一九頁:朱肜　殿本、局本並作"朱肜"。按朱肜,又見本書卷六五《邢巒傳》、卷九六《僭晉司馬叡傳》記苻堅將朱肜率軍攻東晉梁益二州,《通鑑》卷一〇三《晉紀》二五寧康元年冬記其事,作"朱肜",《考異》無說,胡《注》:"肜,余冲翻。"或司馬光、胡三省所見史料,其人即名朱肜。今一從底本,後不再出校。

蚝、鄧羌等諸道來寇，侵逼南境。冬十一月，白部、獨孤部禦之，敗績。南部大人劉庫仁走雲中。帝復遣庫仁率騎十萬逆戰於石子嶺，王師不利。帝時不豫，群臣莫可任者，乃率國人避於陰山之北。高車雜種盡叛，四面寇鈔，不得芻牧。復度漠南。堅軍稍退，乃還。十二月，至雲中，旬有二日，帝崩，時年五十七。太祖即位，尊曰高祖。

帝雅性寬厚，智勇仁恕。時國中少繒帛，代人許謙盜絹二匹，守者以告，帝匿之，謂燕鳳曰："吾不忍視謙之面，卿勿泄言，謙或慚而自殺，爲財辱士，非也。"帝嘗擊西部叛賊，流矢中目。賊破之後，諸大臣執射者，各持錐刀欲屠割之。帝曰："彼各爲其主，何罪也。"乃釋之。

是歲，苻堅滅張天錫。

史臣曰：帝王之興也，必有積德累功博利，道協幽顯，方契神祇之心。有魏奄迹幽方，世居君長，淳化育民，與時無競。神元生自天女，桓、穆勤於晉室。靈心人事，夫豈徒然。昭成以雄傑之姿，包君子之量，征伐四克，威被荒遐，乃立號改都，恢隆大業。終於百六十載，光宅區中。其原固有由矣。

頁一至一七、一七至一八

《魏書》卷二《太祖紀第二》（節錄）

太祖道武皇帝，諱珪，昭成皇帝之嫡孫，獻明皇帝之子也。母曰獻明賀皇后。初因遷徙，遊于雲澤，既而寢息，夢日出室內，寤而見光自牖屬天，歘然有感。以建國三十四年七月七日，生太祖於參合陂北，其夜復有光明。昭成大悅，群臣稱慶，大赦，告於祖宗。保者以帝體重倍於常兒，竊獨奇怪。

明年有榆生於埋胞之坎,後遂成林。弱而能言,目有光曜,廣顙大耳,衆咸異之。年六歲,昭成崩。苻堅遣將内侮,將遷帝於長安,既而獲免。語在《燕鳳傳》。堅軍既還,國衆離散。堅使劉庫仁、劉衛辰分攝國事。南部大人長孫嵩及元他等,盡將故民南依庫仁,帝於是轉幸獨孤部。

元年,葬昭成皇帝於金陵,營梓宮,木梂盡生成林。帝雖冲幼,而嶷然不群。庫仁常謂其子曰:"帝有高天下之志,興復洪業,光揚祖宗者,必此主也。"

七年,冬十月,〔一〕苻堅敗于淮南。是月,慕容文等殺庫仁,庫仁弟眷攝國部。

【校勘記】

〔一〕七年冬十月　諸本"七年"都作"二年"。《北史》卷一《魏本紀》一、《册府》卷六六四頁作"七年"。按苻堅淝水之敗在晉太元八年三八三,拓跋珪没有建號前的所謂二年是三七八年,顯誤,今據改。

八年,慕容暐弟冲僭立。姚萇自稱大單于、萬年秦王。慕容垂僭稱燕王。

九年,庫仁子顯殺眷而代之,乃將謀逆。商人王霸知之,履帝足於衆中,帝乃馳還。是時故大人梁蓋盆子六眷,爲顯謀主,盡知其計,密使部人穆崇馳告。帝乃陰結舊臣長孫犍、元他等。秋八月,乃幸賀蘭部。其日,顯果使人求帝,不及。語在《獻明太后傳》。是歲,鮮卑乞伏國仁私署大單于。苻堅爲姚萇所殺,子丕僭立。

登國元年春正月戊申,帝即代王位,郊天,建元,大會於牛川。復以長孫嵩爲南部大人,以叔孫普洛爲北部大人。班爵叙勳,各有差。二月,幸定襄之盛樂。息衆課農。三月,劉顯自善無南走馬邑,其族奴真率所部來降。

夏四月,改稱魏王。五月,車駕東幸陵石。護佛侯部帥侯辰、乙弗部帥代題叛走。諸將追之,帝曰:"侯辰等世修職役,雖有小愆,宜且忍之。當今草創,人情未一,愚近者固應趑趄,不足追也。"

秋七月己酉,車駕還盛樂。代題復以部落來降,旬有數日,亡奔劉顯。帝使其孫倍斤代領部落。是月,劉顯弟肺泥率騎掠奴真部落,〔二〕既而率以來降。初,帝叔父窟咄爲苻堅徙于長安,因隨慕容永,永以爲新興太守。八月,劉顯遣弟亢泥迎窟咄,以兵隨之,來逼南境。於是諸部騷動,人心顧望。帝左右于桓等,〔三〕與諸部人謀爲逆以應之。事泄,誅造謀者五人,餘悉不問。帝慮内難,乃北踰陰山,幸賀蘭部,阻山爲固。遣行人安同、長孫賀使于慕容垂以徵師,垂遣使朝貢,并令其子賀驎帥步騎以隨同等。

【校勘記】

〔二〕劉顯弟肺泥率騎掠奴真部落　北、汲、殿、局四本"肺泥"都作"亢泥",百衲本、南本作"肺泥"。按下文和卷二三《劉顯傳》都稱顯弟"亢泥"或"亢埿",不聞別有弟名"肺泥"。似作"亢泥"是。但《册府》卷六六四頁、《通鑑》卷一〇六三三六七頁此處都作"肺泥"。且這裏才説肺泥來降,次月又稱劉顯遣其弟亢泥迎窟咄,則又並未降拓跋珪,或別有其人,今從百衲本。

〔三〕帝左右于桓等　北、汲、殿、局四本"桓"作"植"。百衲本、南本作"桓"。按《北史》卷一、《通鑑》卷一〇六三三六八頁也作"桓"。今從百衲本。參卷二七校記。

冬十月,賀驎軍未至而寇已前逼,於是北部大人叔孫普洛等十三人及諸烏丸亡奔衛辰。帝自弩山遷幸牛川,屯于延水南,出代谷,會賀驎於高柳,大破窟咄。窟咄奔衛辰,衛辰殺之,帝悉收其衆。十二月,慕容垂遣使朝貢,奉帝西單于印綬,封上谷王。帝不納。

是歲,慕容垂僭稱皇帝於中山,自號大燕。苻丕死,苻登自立於隴東。姚萇稱皇帝於長安,自號大秦。慕容冲爲部下所殺。慕容永僭立。

頁一九至二一、四五

《魏書》卷十三[一]《皇后列傳第一》(節錄)

漢因秦制,帝之祖母曰太皇太后,母曰皇太后,妃曰皇后,餘則多稱夫人,隨世增損,非如《周禮》有夫人、嬪婦、御妻之定數焉。魏晉相因,時有昇降,前史言之具矣。

魏氏王業之兆雖始於神元,至於昭成之前,世崇儉質,妃嬙嬪御,率多闕焉,惟以次第爲稱。而章、平、思、昭、穆、惠、煬、烈八帝,妃后無聞。太祖追尊祖妣,皆從帝謚爲皇后,始立中宮,餘妾或稱夫人,多少無限,然皆有品次。世祖稍增左右昭儀及貴人、椒房、中式數等,後庭漸已多矣。又魏故事,將立皇后必令手鑄金人,以成者爲吉,不成則不得立也。

……

神元皇后竇氏,没鹿回部大人竇之女也。竇臨終,誡其二子速侯、回題,令善事帝。及竇卒,速侯等欲因帝會喪爲變,語頗漏泄,帝聞之,知其終不奉順,乃先圖之。於是伏勇士於宮中,晨起以佩刀殺后,馳使告速侯等,言后暴崩。速侯等驚走來赴,因執而殺之。

文帝皇后封氏,生桓、穆二帝,早崩。桓帝立,乃葬焉。〔三〕高宗初,穿天淵池,獲一石銘,稱桓帝葬母封氏,遠近赴會二十餘萬人。有司以聞,命藏之太廟。

【校勘記】

〔一〕魏書卷十三　諸本目錄此卷注"闕",百衲本、南本、汲本、局本卷末均有宋人校語云:"魏收書《皇后傳》亡,後人補以《北史》,又取《高氏小史》及《修文殿御覽》附益之。"殿本入《考證》,止云:"魏收書亡,後人所補。"

〔三〕桓帝立乃葬焉　諸本"桓"作"和",殿本作"昭",《北史》卷一三、《御覽》卷一三九六六頁作"桓"。按和帝是遠祖,顯誤。本書卷一《序紀》,稱昭帝二年"葬文帝及皇后封氏"。當時昭帝祿官和文帝沙漠汗之子桓帝猗㐌、穆帝猗盧分國爲三部,各統其一,昭帝即位之二年也即是桓帝即位之二年。桓帝乃封氏子,故《傳》稱他即位葬母,今從《北史》、《御覽》改。

次妃蘭氏,生二子,長子曰藍,早卒;次子,思帝也。

桓帝皇后祁氏,〔四〕生三子,長曰普根,次惠帝,次煬帝。平文崩,后攝國事,時人謂之女國。后性猛忌,平文之崩,后所爲也。

【校勘記】

〔四〕桓帝皇后祁氏　《北史》卷一三、《御覽》同上卷頁"祁"作"惟"。

平文皇后王氏,廣寧人也。年十三,因事入宮,得幸於平文,生昭成帝。平文崩,昭成在襁褓。時國有內難,將害諸皇子。后匿帝於袴中,懼人知,呪曰:"若天祚未終者,汝便無聲。"遂良久不啼,得免於難。昭成初欲定都於灅源川,築城郭,起宮室,議不決。后聞之,曰:"國自上世,遷徙爲業。今事難之後,基業未固。若城郭而居,一旦寇來,難卒遷動。"乃止。烈帝之崩,國祚殆危,興復大業,后之力也。十八年崩,葬雲中金陵。太祖即位,配饗太廟。

　　昭成皇后慕容氏,元真之女也。初,帝納元真妹爲妃,未幾而崩。元真復請繼好,遣大人長孫秩逆后,元真送于境上。后至,有寵,生獻明帝及秦明王。后性聰敏多知,沉厚善決斷,專理內事,每事多從。初,昭成遣衛辰兄悉勿祈還部落也,后戒之曰:"汝還,必深防衛辰,辰姦猾,終當滅汝。"悉勿祈死,其子果爲衛辰所殺,卒如后言。建國二十三年崩。太祖即位,配饗太廟。

　　獻明皇后賀氏,父野干,東部大人。后少以容儀選入東宮,生太祖。苻洛之內侮也,后與太祖及故臣吏避難北徙。俄而,高車奄來抄掠,后乘車與太祖避賊而南。中路失轄,后懼,仰天而告曰:"國家胤胄,豈止爾絶滅也!惟神靈扶助。"遂馳,輪正不傾。行百餘里,至七介山南而得免難。

　　後劉顯使人將害太祖,帝姑爲顯弟亢埿妻,知之,密以告后,梁眷亦來告難。后乃令太祖去之。后夜飲顯使醉。向晨,故驚廐中群馬,顯使起視馬。后泣而謂曰:"吾諸子始皆在此,今盡亡失。汝等誰殺之?"故顯不使急追。〔五〕太祖得至賀蘭部,群情未甚歸附,后從弟外朝大人悦,舉部隨從,供奉盡禮。顯怒,將害后,后夜奔亢埿家,匿神車中三日,亢埿舉室請救,乃得免。會劉顯部亂,始得亡歸。

【校勘記】

〔五〕故顯不使急追 《北史》作"故顯使不急追"。按"顯使"指上文所云劉顯派來謀害拓跋珪之使,這裏"不使"二字當是誤倒。

後后弟染干忌太祖之得人心,舉兵圍逼行宮,后出謂染干曰:"汝等今安所置我,而欲殺吾子也?"染干慚而去。

……

頁三二一至三二四、三四一至三四二

《魏書》卷二十三《列傳第十一·衛操》

衛操,字德元,代人也。少通俠,有才略。晉征北將軍衛瓘以操爲牙門將,數使於國,頗自結附。始祖崩後,與從子雄及其宗室鄉親姬澹等十數人,同來歸國,說桓穆二帝招納晉人,於是晉人附者稍衆。桓帝嘉之,以爲輔相,任以國事。及劉淵、石勒之亂,勸桓帝匡助晉氏。東瀛公司馬騰聞而善之,表加將號。稍遷至右將軍,封定襄侯。

桓帝崩後,操立碑於大邗城南,〔一〕以頌功德,云:"魏,軒轅之苗裔。"言:桓穆二帝"馳名域外,九譯宗焉。治國御衆,威禁大行。聲著華裔,齊光純靈。智深謀遠,窮幽極明。治則清斷,沉浮得情。仁如春陽,威若秋零。強不凌弱,隱恤孤煢。道教仁行,化而不刑。國無姦盜,路有頌聲。自西訖東,變化無形。威武所向,下無交兵。南壹王室,北服丁零。招諭六狄,咸來歸誠。超前絕後,致此有成。奉承晉皇,捍禦邊疆。王室多難,天網弛綱。豪心遠濟,靡離其殃。歲聿逆命,姦盜豺狼。永安元年，歲次甲子。姦黨猶逆，東西狼跱。敢逼天王，兵甲屢起。怙衆肆暴，虐用將士。鄴洛邁隙，棄親求疏。乃招暴類，①屠各匈奴。劉淵姦賊，結黨同呼。敢擊并土，殺害無辜。殘破狼籍，城邑丘墟。交刃千里，長蛇塞塗。晉道應天，言展良謨。使持節、平北將軍、并州刺史、護匈奴中郎將、東瀛公司馬騰，才神絕世，規略超遠。時逢多難，懼損皇祀。欲引兵駕，獫狁孔熾。造設權策，濟難奇思。欲招外救，朝臣莫應。高算獨斷，決謀盟意。爰命外國，引軍內備。簡賢選士，命兹良使。遣參軍壺倫、牙門中行嘉、義陽亭侯衛謨、協義亭侯衛鞬等，馳奉檄書，至晉陽城。"

【校勘記】

〔一〕操立碑於大邗城南　錢氏《考異》卷三八云："此《傳》載衛操所立碑……惜爲史臣改竄，失其本真。篇首云：'魏軒轅之苗裔。'考其時未有魏號，以文義度之當云'鮮卑拓跋氏'也。碑爲猗㐌而立，必書晉所授官爵及猗㐌、猗盧二人名，篇乃稱'桓穆二帝'，亦史臣所改。"

又稱：桓穆二帝"心在宸極。輔相二衛，對揚毗翼。操展文謀，雄奮武烈。承命會議，諮論奮發。昔桓文匡佐，功著周室。顯名載籍，列賞備物。大衆迴動，熙同靈集。興軍百萬，期不經日。兄弟齊契，決勝廟算。鼓譟南征，平夷險難"。

又云：二帝到鎮，"言若合符。引接款密，信義不渝。會

---

① 據中華書局點校修訂本《魏書·衛操傳》校勘記〔一〕頁六八一：乃招異類　"異"原作"暴"，據三朝本、南監本、殿本、《北史》卷二〇《衛操傳》、《通志》卷一四六改。

盟汾東，銘篆丹書。永世奉承，慎終如初。契誓命將，精鋭先驅。南救涅縣，東解壽陽。窘迫之邑，幽而復光。太原、西河，樂平、上黨，遽遭寇暴，白骨交横。羯賊肆虐，六郡凋傷。群惡相應，圖及華堂。旌旗輕指，羯黨破喪。遣騎十萬，前臨淇漳。鄴遂振潰，凶逆奔亡。軍據州南，曜鋒太行。翼衛内外，鎮静四方。志在竭力，奉戴天王。忠恕用暉，外動亦攘。[二]於是曜武，振旅而旋。長路匪夷，出入經年。毫毛不犯，百姓稱傳。周覽載籍，自古及今。未聞外域，奔救内患。棄家憂國，以危易安。惟公遠略，臨難能權。應天順人，恩德素宣。和戎静朔，危邦復存。"

【校勘記】

〔二〕外動亦攘　《北史》卷二〇《本傳》"動"作"勳"。按"外勳亦攘"，意爲對外有攘患之功，《碑》末有"勳攘大患"句也是此意。似作"勳"是。

又云："非桓天挺，忠孝自然。孰能超常，不爲異端。回動大衆，感公之言。功濟方州，勳烈光延。升平之日，納貢充蕃。憑瞻鑾蓋，步趾三川。有德無禄，大命不延。年三十有九，以永興二年六月二十四日，寢疾薨殂。背棄華殿，雲中名都。國失惠主，哀感欷歔。悲痛煩冤，載號載呼。舉國崩絶，攀援靡訴。遠近齊軌，奔赴梓廬。人百其身，盈塞門塗。高山其頽，茂林凋枯。仰訴造化，痛延悲夫。"

又云：桓帝"忠於晉室，駿奔長衢。隆冬淒淒，四出行誅。蒙犯霜雪，疹入脈膚。用致薨殞，不永桑榆。以死勤事，經勳同模。垂名金石，載美晉書。平北哀悼，祭以豐廚。考行論勳，謚曰義烈。功施於人，祀典所説。"

又云：桓帝經濟，"存亡繼絕。荒服是賴，祚存不輟。金龜簫鼓，韜蓋殊制。反及二代，莫與同列。并域嘉歎，北國感榮。各竭其心，思揚休名。刊石紀功，圖像存形。靡輟享祀，饗以犧牲。永垂于後，没有餘靈。長存不朽，延於億齡。"

其頌又稱：桓帝"金堅玉剛。應期順會，王有北方。行能濟國，武平四荒。無思不服，區域大康。世路紛糾，運遭播揚。羯胡因釁，敢害并土。哀痛下民，死亡失所。率衆百萬，平夷險阻。存亡繼絕，一州蒙祜。功烈桓桓，龍文虎武。朱邑小善，遺愛桐鄉。勳攘大患，六郡無。闕悉之來，由功而存。刊石勒銘，垂示後昆。"時晉光熙元年秋也。

皇興初，雍州别駕雁門段榮於大邗掘得此碑，文雖非麗，事宜載焉，故録於傳。

桓穆二帝並禮重操。穆帝三年卒。始操所與宗室鄉親入國者：衛勤，安樂亭侯；衛崇、衛清，並都亭侯；衛泥、段繁，① 並信義將軍、都亭侯；王發，建武將軍、都亭侯；范班，折衝將軍、廣武亭侯；賈慶，建武將軍、上洛亭侯；賈循，都亭侯；李壹，關中侯；郭乳，關内侯。皆爲桓帝所表授也。六脩之難，存者多隨劉琨任子遵南奔。衛雄、姬澹、莫含等名，皆見碑。

雄字世遠，澹字世雅，並勇健多計畫，晉世州從事。既與衛操俱入國，桓帝壯其膂力，並以爲將，常隨征伐，大著威名。

---

① 據中華書局點校修訂本《魏書·衛操傳》校勘記〔三〕頁六八一：衛泥　三朝本、北監本作"衛沈"。殿本作"衛沉"，《通志》卷一四六作"衛玳"。

桓帝之赴難也，表晉列其勳效，皆拜將軍。雄連有戰功，稍遷至左將軍、雲中侯。澹亦以勇績著名，桓帝末，至信義將軍、樓煩侯。穆帝初，並見委任。衛操卒後，俱爲左右輔相。

六脩之逆，國內大亂，新舊猜嫌，迭相誅戮。雄、澹並爲群情所附，謀欲南歸，言於衆曰："聞諸舊人忌新人悍戰，欲盡殺之，吾等不早爲計，恐無種矣。"晉人及烏丸驚懼，皆曰："死生隨二將軍。"於是雄、澹與劉琨任子遵率烏丸、晉人數萬衆而叛。琨聞之大悅，率數百騎馳如平城撫納之。會石勒攻琨樂平，太守韓據請救於琨。琨以得雄、澹之衆，欲因其銳，以滅石勒。雄、澹諫曰："亂民飢疲，未可便用，宜休息觀釁而動。"琨不從，使雄、澹率衆討勒，琨屯廣牧爲之聲援。勒率輕騎與雄、澹戰，澹大敗，率騎千餘，奔于代郡。勒遣孔萇追滅之。

頁五九九至六〇三、六〇七

《魏書》卷二十三《列傳第十一·莫含》（節錄）

莫含，雁門繁畤人也。家世貨殖，貲累巨萬。劉琨爲并州，辟含從事。含居近塞下，常往來國中。穆帝愛其才器，善待之。及爲代王，備置官屬，求含於琨。琨遣入國，含心不願。琨諭之曰："當今胡寇滔天，泯滅諸夏，百姓流離，死亡塗地，主上幽執，沉溺醜虜。唯此一州，介在群胡之間，以吾薄德，能自存立者，賴代王之力。是以傾身竭寶，長子遠質，覬滅殘賊，報雪大恥。卿爲忠節，亦是奮義之時，何得苟惜共事之小誠，以忘出身之大益。入爲代王腹心，非但吾願，亦一州所賴。"含乃入代，參國官。後琨徙五縣之民於陘南，含家獨留。含甚爲穆帝所重，常參軍國大謀。卒於左將軍、關中侯。其故宅在桑乾川南，世稱莫含壁，或音訛，謂之莫回城云。

子顯，知名於時。昭成世，爲左常侍。

頁六〇三至六〇四

《魏書》卷二十三《列傳第十一·劉庫仁》

劉庫仁，本字沒根，劉虎之宗也，一名洛垂。少豪爽，有智略。母平文皇帝之女。昭成皇帝復以宗女妻之，爲南部大人。

建國三十九年，昭成暴崩，太祖未立，苻堅以庫仁爲陵江將軍、關內侯，令與衛辰分國部衆而統之。自河以西屬衛辰，自河以東屬庫仁。於是獻明皇后攜太祖及衛秦二王自賀蘭部來居焉。庫仁盡忠奉事，不以興廢易節，撫納離散，恩信甚彰。

苻堅進庫仁廣武將軍，給幢麾鼓蓋，儀比諸侯。處衛辰在庫仁之下。衛辰怒，殺堅五原太守而叛，攻庫仁西部。庫仁又伐衛辰破之，追至陰山西北千餘里，獲其妻子，盡收其衆。庫仁西征庫狄部，大獲畜產，徙其部落，置之桑乾川。苻堅賜庫仁妻公孫氏，厚其資送。庫仁又詣堅，加庫仁振威將軍。

後慕容垂圍苻丕于鄴，又遣將平規攻堅幽州刺史王永于薊，庫仁自以受堅爵命，遣妻兄公孫希率騎三千，助永擊規，大破之，阬規降卒五千餘人。乘勝長驅，進據唐城，與垂子麟相持。庫仁聞希破規，復將大舉以救丕。發雁門、上谷、代郡兵，次於繁畤。先是，慕容文等當徙長安，遁依庫仁部，常思東歸，其計無由。至是役也，知人不樂，文等乃夜率三郡人，攻庫仁。庫仁匿於馬廄，文執殺之。乘其駿馬，奔慕容垂。

公孫希聞亂，自唐城走於丁零。

　　庫仁弟眷，繼攝國事。白部大人絜佛叛，〔三〕眷力不能討。乃引苻堅并州刺史張蚝擊佛，破之。眷又破賀蘭部于善無，又擊蠕蠕別帥肺渥于意親山，①破之，獲牛羊數十萬頭。眷第二子羅辰，性機警，有智謀，謂眷曰："比來行兵，所向無敵，心腹之疾，願早圖之。"眷曰："誰也？"曰："從兄顯，忍人也，爲亂非旦則夕耳。"眷不以爲意。其後，徙牧于牛川，庫仁子顯，果殺眷而代立。羅辰奔太祖，事在《外戚傳》。

【校勘記】

　　〔三〕白部大人絜佛叛　諸本"白"作"日"。《册府》卷三五二四一八〇頁作"白"。按卷一《序紀》力微之三十九年稱："夏四月祭天，諸部君長悉來助祭，唯白部大人觀望不至。"又猗盧之三年稱"白部大人叛入西河"。"日"字訛，今據《册府》改。

　　顯，本名醜伐，既殺眷代立，又欲謀逆，語在《太祖紀》。太祖即位，顯自善無南走馬邑。

　　族人奴真領部來附。②奴真兄犍，先居賀蘭部。至是，

---

①據中華書局點校修訂本《魏書·劉庫仁傳》校勘記〔五〕頁六八一：意親山　本書卷二《太祖紀》登國五年四月、卷一〇三《高車傳》作"意辛山"。

②據中華書局點校修訂本《魏書·劉庫仁傳》校勘記〔六〕頁六八一至六八二：族人奴真領部來附　田餘慶《拓跋史探·劉奴真與劉羅辰》一節考訂云：此下一段文字述奴真事，竄亂於上"顯自善無南走馬邑"與下"後太祖討顯于馬邑"之間。此奴真即上文"眷第二子羅辰"，亦即本書卷八三上《外戚傳》上之劉羅辰。奴真、羅辰，同名異譯。

奴真請召犍而讓部焉。太祖義而許之。犍既領部，自以久託賀訥，德之，乃使弟去斤遺之金馬。訥弟染干因謂之曰："我待汝兄弟厚，汝今領部，宜來從我。"去斤請之奴真。奴真曰："父為國家附臣，世効忠貞。我志全名節，是故推讓。今汝等無狀，乃欲叛主懷貳。"於是殺犍及去斤。染干聞其殺兄，率騎討之，奴真懼，徙部來奔太祖。太祖自迎之，遣使責止染干。奴真感恩，請奉妹充後宮，太祖納之。

後太祖討顯于馬邑，追至彌澤，大破之。衛辰與慕容垂通好，送馬三千匹於垂，垂遣慕容良迎之。顯擊敗良軍，掠馬而去。垂怒，遣子麟、兄子楷討之，顯奔馬邑西山。麟輕騎追之，遂奔慕容永於長子。部眾悉降於麟，麟徙之中山。顯弟亢埿，事在《皇后傳》。

史臣曰：始祖及桓、穆之世也，王迹初基，風德未展。操、含託身馳驟之秋，自立功名之地，〔四〕可謂志識之士矣。劉庫仁兄弟，忠以為心，盛衰不二，純節所存，其意蓋遠，而並貽非命，惜乎！

【校勘記】

〔四〕自立功名之地　諸本無"名"字。殿本《考證》云："'功'字下《北史》卷二〇有'名'字，應以彼為是。"按"功名"與上"馳驟"對文，這裏脫"名"字，今據《北史》補。

頁六〇四至六〇七

《北史》卷一《魏本紀第一》（節錄）

魏之先出自黃帝軒轅氏，黃帝子曰昌意，昌意之少子受封北國，有大鮮卑山，因以為號。其後世為君長，統幽都之北,廣漠之野,畜牧遷徙,射獵爲業,淳樸爲俗,簡易爲化,不爲文字,刻木結繩而已。時事遠近,人相傳授,如史官之紀錄焉。黃帝以土德王,北俗謂土爲托,謂后爲跋,故以爲氏。其裔始均,仕堯時,逐女魃於弱水,北人賴其勳,舜命爲田祖。歷三代至秦、漢,獯鬻、獫狁、山戎、匈奴之屬,累代作害中州,而始均之裔不交南夏,是以載籍無聞。

積六七十代,至成皇帝諱毛立,統國三十六,大姓九十九,威振北方。成帝崩,節皇帝貸立。節帝崩,莊皇帝觀立。莊帝崩,明皇帝樓立。明帝崩,安皇帝越立。安帝崩,宣皇帝推寅立。

宣帝南遷大澤,方千餘里,厥土昏冥沮洳,謀更南徙,未行而崩。景皇帝利立。景帝崩,元皇帝俟立。元帝崩,和皇帝肆立。和帝崩,定皇帝機立。定帝崩,僖皇帝蓋立。僖帝崩,威皇帝儈立。威帝崩,獻皇帝隣立。

時有神人,言此土荒遐,宜徙建都邑。獻帝年老,乃以位授子聖武皇帝,命南移,山谷高深,九難八阻,於是欲止。有神獸似馬,其聲類牛,導引歷年乃出,始居匈奴故地。其遷徙策略多出宣、獻二帝,故時人並號曰推寅,蓋俗云鑽研之義。

聖武皇帝諱詰汾。嘗田於山澤,欻見輜軿自天而下。既至,見美婦人自稱天女,受命相偶。旦日請還,期年周時復會于此。言終而別。及期,帝至先田處,果見天女,以所生男授帝,曰:"此君之子也,當世爲帝王。"語訖而去。即始祖神元皇帝也。故時人諺曰:"詰汾皇帝無婦家,力微皇帝無舅家。"帝崩,神元皇帝立。

神元皇帝諱力微。元年,歲在庚子。先是西部內侵,依於没鹿回部大人竇賓。神元有雄傑之度。後與賓攻西部，賓軍敗，失馬步走，神元使以所乘駿馬給之。賓歸，求馬主，帝隱而不言。賓後知，大驚，將分國之半奉帝，帝不受，乃進其愛女。賓猶思報恩，乃從帝所欲，徙所部北居長川。積數年，舊部人咸來歸附。及賓臨終，戒其二子，使謹奉神元。其子不從，乃陰謀逆。帝召殺之，盡并其衆，諸部大人悉服，控弦之士二十餘萬。

三十九年，遷於定襄之盛樂。四月祭天，諸部君長皆來助祭，唯白部大人觀望不至，徵而戮之，遠近肅然。帝乃告諸大人，爲與魏和親計。

四十二年，遣子文帝如魏，且觀風土。是歲，魏景元二年也。

文帝諱沙漠汗，以國太子留洛陽。後文帝以神元春秋已高，求歸，晉武帝具禮護送。五十六年，文帝復如晉，其冬還國。晉征北將軍衛瓘以文帝雄異，恐爲後患，請留不遣，復請以金錦賂國之大人，令致間隙。五十八年方遣帝。神元使諸部大人詣陰館迎帝。酒酣，帝仰視飛鳥，飛丸落之。時國俗無彈，衆大驚，相謂曰："太子被服同南夏，兼奇術絕人，若繼國統，變易舊俗，吾等必不得志。"乃謀危害帝。並先馳還，曰："太子引空弓而落飛鳥，似得晉人異法。"自帝在晉後，諸子愛寵，神元頗有所惑。及聞諸大人請，因曰："當便除之。"於是諸大人馳詣塞南，矯害帝。

其年，神元不豫。烏丸王庫賢親近任勢，先受衛瓘之貨，欲沮動諸部，因於庭中礪鉞斧，曰："上恨汝曹讒殺太子，欲盡收諸大人長子殺之。"大人皆信，各各散走。神元尋崩，凡饗國五十八年，年一百四歲。道武即位，尊爲始祖。

子章皇帝悉鹿立,時諸部離叛。帝九年而崩。

弟平皇帝綽立,七年而崩。

文帝少子思皇帝立。思皇帝諱弗。政崇寬簡,百姓懷服。一年而崩。

神元子昭帝祿官立。帝元年,分國爲三部。〔一〕一居上谷北,濡源西,東接宇文部,自統之。一居代郡之參合陂北,使文帝長子桓帝諱猗㐌統之。一居定襄之盛樂故城,使桓帝弟穆帝猗盧統之。

【校勘記】

〔一〕帝元年分國爲三部　百衲本、南本、北本、汲本"元"並作"九",殿本改作"元"。按下文有二年、三年直至十三年,則此應作"元年"。又"桓帝統部凡十一年",也是從昭帝即位之年算起。作"九"誤,今從殿本。

自神元以來,與晉和好。是歲,穆帝始出并州,遷雜胡北徙雲中、五原、朔方。又西度河,擊匈奴、烏丸諸部。自杏城以北八十里迄長城原,夾道立碣,與晉分界。

二年,葬文帝及皇后封氏。初,思帝欲改葬,未果而崩,至是述成前意焉。

三年,桓帝度漠北巡,因西略諸國,凡積五歲,諸部降附者三十餘國。桓帝英傑魁岸,馬不能勝,常乘安車,駕大牛,牛角容一石。帝曾中蠱,嘔吐之地仍生榆,參合陂土無榆,故時人異之。

十年,匈奴別種劉元海反晉於離石,自號漢王。并州刺史司馬騰來乞師,桓帝與帝大舉以助之,大破元海衆於西河、上黨。桓帝與騰盟於汾東而還,乃使輔相衛雄、段繁於參合陂西累石爲亭，樹碑以記行焉。

十一年，晉假桓帝大單于金印紫綬。是歲，桓帝崩。桓帝統部凡十一年。後定襄侯衛操樹碑於大邗城，以頌功德。子普根代立。

十三年，昭帝崩。穆帝遂總攝三部爲一統。

帝天姿英峙，勇略過人。元年，劉元海僭帝號，自稱大漢。

三年，晉并州刺史劉琨遣子遵爲質，乞師。帝使弟子平文皇帝助琨破白部大人，次攻鐵弗劉武。晉懷帝進帝大單于，封代公。帝以封邑去國縣遠，從琨求句注陘北地。琨大喜，乃徙馬邑、陰館、樓煩、繁畤、崞五縣人於陘南，更立城邑，盡獻其地，東接代郡，西連西河、朔方數百里。帝乃徙十萬家以充之。

六年，城盛樂以爲北都，修故平城以爲南都。帝登平城西山，觀望地勢，乃更南百里，於灅水之陽黃瓜堆築新平城，晉人謂之小平城，使子六脩鎮之，統領南部。

八年，晉愍帝進帝爲代王，置官屬，食代、常山二郡。先是國俗寬簡，至是明刑峻法，諸部人多以違命得罪。凡後期者皆舉部戮之，或有室家相攜，悉赴死所，人問何之，曰當就誅。其威嚴若此。

九年，帝召六脩不至，怒，討之失利，遂崩。

普根先守外境，聞難，來攻六脩滅之。普根立月餘薨。普根子始生，桓帝后立之，又薨，思帝子平文皇帝立。

平文皇帝諱鬱律。姿質雄壯，甚有威略。元年，歲在丁丑。二年，劉武據朔方，來侵西部，帝大破之。西兼烏孫故地，東吞勿吉以西，控弦上馬將百萬。

是歲,晉元帝即位於江南,劉曜僭帝位。帝聞晉愍帝爲曜所害,顧謂大臣曰:"今中原無主,天其資我乎。"曜遣使請和,帝不納。

三年,石勒自稱趙王,遣使乞和,請爲兄弟,帝斬其使以絶之。五年,晉元帝遣使韓暢加崇爵服,帝絶之。講武,有平南夏志。桓帝后以帝得衆心,恐不利己子,害帝,遂崩,大人死者數十人。天興初,追尊曰太祖。

桓帝中子惠帝賀傉立,以五年爲元年。帝未親政事,太后臨朝,遣使與石勒通和,時人謂之女國使。四年,帝始臨朝,以諸部人情未悉款順,乃築城於東木根山,徙都之。五年,帝崩。

弟煬帝紇那立,以五年爲元年。三年,石勒遣石季龍寇邊部,帝禦之,不利,遷於大甯。

時平文帝長子烈帝居於舅賀蘭部,帝遣使求之,賀蘭部帥藹頭擁護不遣。帝怒,召宇文部并力擊藹頭。宇文衆敗,帝還大甯。五年,帝出居於宇文部,賀蘭及諸部大人共立烈帝。

烈皇帝諱翳槐,以五年爲元年。石勒遣使求和,帝遣弟昭成帝如襄國,徙者五千餘家。七年,藹頭不修臣職,召而戮之,國人復貳。於是煬帝自宇文部還入,諸部大人復奉之。

煬帝以烈帝七年爲後元年。時烈帝出居於鄴。三年,石季龍納烈帝於大甯。國人六千餘家部落叛,煬帝出居於慕容部。

烈帝復立,以煬帝三年爲後元年。城盛樂城,在故城東南十里。一年而崩,弟昭成皇帝立。

昭成皇帝諱什翼犍，平文皇帝之次子也。生而奇偉，寬仁大度，身長八尺，隆準龍顏，立髮委地，卧則乳垂至席。烈帝臨崩，顧命迎帝，曰："立此人則社稷乃安。"故帝弟孤自詣鄴奉迎，與帝俱還。

建國元年十一月，帝即位於繁時北，時年十九。

二年春，始置百官，分掌衆職。東自濊貊，西及破落那，莫不款附。五月，朝諸大人於參合陂，議定都㶟源川，連日不決，乃從太后計而止。娉慕容皝妹爲皇后。

三年春，移都雲中之盛樂宮。

四年，築盛樂城於故城南八里。皇后慕容氏崩。十月，劉武寇西境，帝遣軍大破之。武死，子務桓立，始來歸順，帝以女妻之。

七年二月，遣大人長孫秩迎后慕容氏於和龍，皝送女於境。七月，慕容皝遣使來聘，求交婚，帝許之，以烈帝女妻焉。

十四年，帝以中州紛梗，將親率六軍，乘石氏之亂，廓定中原，諸大人諫，乃止。

十八年，太后王氏崩。

十九年正月，劉務桓死，其弟閼頭立，潛謀反。

二十一年，閼頭部人多叛，懼而東走，度河半濟而冰陷。後衆盡歸其兄子悉勿祈。初，閼頭之叛，悉勿祈兄弟十二人在帝左右，盡遣之歸，欲其自相猜離。至是，悉勿祈奪其衆，閼頭窮而歸命，帝待之如初。

二十二年春，帝東巡桑乾川。四月，悉勿祈死，弟衛辰立。

二十三年六月，皇后慕容氏崩。七月，衛辰來會葬，因求婚，許之。

二十五年,帝南巡君子津。

二十八年正月,衛辰謀反,度河東,帝討之,衛辰懼,遁走。

三十年十月,帝征衛辰。時河冰未成,帝乃以葦絙約渐,俄然冰合,乃散葦於上,冰草相結若浮橋,衆軍利涉。衛辰與宗族西走,收其部落而還。

三十四年春,長孫斤謀反,伏誅。斤之反也,拔刃向御坐,太子寔格之,傷脅,五月薨,後追諡焉,是爲獻明皇帝。七月,皇孫珪生,大赦。

三十九年,苻堅遣其大司馬苻洛帥衆二十萬及其將朱彤、張蚝、鄧羌等諸道來寇,王師不利。帝時不豫,乃率國人避於陰山之北。高車雜種盡叛,四面寇抄,不得芻牧,復度漠南。堅軍稍退,乃還。十二月,至雲中。旬有二日,皇子寔君作亂,帝暴崩,時年五十七。道武即位,尊曰高祖。

帝性寬厚。時國少繒帛,代人許謙盜絹二疋,守者以告,帝匿之,謂燕鳳曰:"吾不忍視謙之面,卿勿洩之,謙或慚而自殺,爲財辱士,非也。"帝嘗擊西部叛賊,流矢中目。賊破後,諸大臣執射者,各持錐刀欲屠割之。帝曰:"各爲其主,何罪也,釋之。"其仁恕若此。

太祖道武皇帝諱珪,昭成皇帝之嫡孫,獻明帝之子也。母曰獻明賀皇后,初因遷徙,游於雲澤,寢,夢日出室內,寤而見光自牖屬天,欻然有感,以建國三十四年七月七日生帝於參合陂北,其夜復有光明。昭成大悅,群臣稱慶,大赦,告于祖宗。保者以帝體重倍於常兒,竊獨奇怪。明年有榆生於藏胞之坎,後遂成林。帝弱而能言,目有光曜,廣顙大耳。六歲而昭成崩,苻堅遣將內侮,將遷帝長安,賴燕鳳乃免。堅軍既還,國衆離散,堅使劉庫仁、劉衛辰分攝國事。南部大人長孫嵩及元他等盡將故人衆南依庫仁,帝於是轉在獨孤部。

元年,葬昭成皇帝於金陵,營梓宮木梯盡生成林。帝雖冲幼,而嶷然不群。劉庫仁常謂其子曰:"帝有高天下之志,必興復洪業。"

七年十月,晉敗苻堅于淮南。慕容文等殺劉庫仁,弟眷代攝國部。

八年,慕容暐弟冲僭立。姚萇自稱大單于、萬年秦王。慕容垂僭稱燕王。

九年,劉庫仁子顯殺眷而代之,乃將謀逆,商人王霸知之,履帝足於衆中,帝乃馳還。是時,故大人梁益子六眷爲顯謀主,盡知其計,密使部人穆崇馳告。帝乃陰結舊臣長孫犍、元他等,因幸賀蘭部。其日,顯果使人殺帝,不及。語在《獻明太后傳》。

是歲,乞伏國仁私署秦、河二州牧、大單于。姚萇殺苻堅,堅子丕僭即皇帝位於晉陽。

登國元年春正月戊申,帝即代王位,郊天建元,大會於牛川。復以長孫嵩爲南部大人,以叔孫普洛爲北部大人。是月,慕容垂僭即皇帝位于中山,國號燕。二月,幸定襄之盛樂,息衆課農。慕容冲爲其部下所殺。

夏四月,改稱魏王。五月,姚萇僭即皇帝位於長安,國號大秦。

秋八月,劉顯遣弟亢泥迎皇叔父窟咄于慕容永,以兵隨之,來逼南境。帝左右于桓等與諸部大人謀應之,事洩,誅造謀者五人,餘悉不問。帝慮內難,乃北踰陰山,幸賀蘭部,阻山爲固。遣行人安同、長孫賀徵師于慕容垂,垂令其子賀驎率師隨同等。軍未至而寇逼,於是北部大人叔孫普洛等十三人及諸烏丸亡奔衛辰。帝自弩山幸牛川,屯于延水,南出代谷,會賀驎於高柳,大破窟咄,悉收其衆。

冬十月,苻丕爲晉將馮該所殺。慕容永僭即皇帝位於長子。十一月,苻登僭即皇帝位於隴東。十二月,慕容垂遣使奉帝西單于印綬,封上谷王,帝不納。

頁一至一一、三六

《北史》卷十三《列傳第一·后妃上》(節錄)

漢因秦制,帝之祖母曰太皇太后,母曰皇太后,妃曰皇后,餘則多稱夫人,隨世增損,非如《周禮》有夫人、嬪婦、御妻之數焉。魏、晉相因,時有升降,前史言之具矣。

魏氏王業之兆,雖始於神元,然自昭成之前,未具言六宮之典,而章、平、思、昭、穆、惠、煬、烈八帝妃后無聞。道武追尊祖妣,皆從帝諡爲皇后。始立中宮,餘妾或稱夫人,多少無限,然皆有品次。太武稍增左右昭儀及貴人、椒房等,後庭漸已多矣。又魏故事,將立皇后,必令手鑄金人,以成者爲吉,不則不得立也。

……

魏神元皇后竇氏,沒鹿回部大人竇之女也。竇臨終,誡其二子速侯、回題,令善事帝。及竇卒,速侯等欲因帝會喪爲變。語泄,帝聞之,晨起以佩刀殺后,馳使告速侯等,言后暴崩。速侯等來赴,因執殺之。

文帝皇后封氏,生桓、穆二帝,早崩。桓帝立,乃葬焉。

文成初,穿天泉池,[四]獲一石銘,稱桓帝葬母氏,遠近赴會二十餘萬。有司以聞,命藏之太廟。次妃蘭氏,是生思帝。

【校勘記】

[四]天泉池 《魏書》、《御覽》卷一三九六七六頁"泉"作"淵",《北史》避唐諱改。

桓皇后惟氏,生三子,長曰普根,次惠帝,次煬帝。平文崩,后攝國事,時人謂之曰"女國"。后性猛忌,平文之崩,后所爲也。

平文皇后王氏,廣寧人也。年十三,因事入宮,得幸於平文,生昭成帝。平文崩,昭成在襁褓,時國有内難,將害帝子。后匿帝於袴中,呪曰:"若天祚未終者,汝無聲。"遂良久不啼,得免於難。昭成初欲定都於灅源川,築城郭,起宮室,議不決。后聞之曰:"國自上世,遷徙爲業。今事難之後,基業未固,若郭而居,一旦寇來,難卒遷動。"乃止。烈帝之崩,國祚殆危,興復大業,后之力也。崩,葬雲中金陵。道武即位,配饗太廟。

昭成皇后慕容氏,慕容皝之女也。初,帝納皝妹爲妃,未幾而崩。皝復請繼好。遣大人長孫秩逆后,皝送于境上。后至,有寵,生獻明帝及秦明王。后性聰敏多智,專夕理内,每事多從。初,昭成遣衛辰兄悉勿祈還部落也,后誡之曰:"汝還,必深防衛辰。辰姦猾,終當滅汝。"悉勿祈死,其子果爲衛辰所殺,卒如后言。建國二十三年,崩。道武即位,配饗太廟。

獻明皇后賀氏,東部大人野干女也。少以容儀選入東宮,生道武。苻洛之内侮也,后與道武及故臣吏避難北徙。俄而高車來抄掠,后乘車避賊而南,中路失轄,[五]乃仰天曰:

"國家胤胄豈正爾絶滅也！惟神靈扶助。"遂馳，輪正不傾。行百餘里，至七个山南而免難。

【校勘記】

〔五〕中路失轄　諸本"轄"作"道"，《魏書》、《御覽》同上卷頁作"轄"。按轄是車鍵，用以束輪，"失轄"與下"輪正不傾"相應。今據改。

後劉顯使人將害帝，帝姑爲顯弟亢埿妻，知之，密以告后。梁眷亦來告難。后乃令帝去之。后夜飲顯使醉，〔六〕向晨，故驚厩中群馬，使起視馬，后泣謂曰："吾諸子始皆在此，今盡亡失，汝等誰殺之？"故顯使不急追。道武得至賀蘭部，群情未甚歸附，后從弟外朝大人悦舉部隨從，供奉盡禮。顯怒，將害后，后奔亢埿家，匿神車中三日。亢埿舉室請救，乃得免。會劉顯部亂，始得亡歸。

後后弟染干忌道武之得人心，舉兵圍逼行宮。后出謂染干曰："汝等今安所置我，而欲殺吾子也？"染干慚而去。

【校勘記】

〔六〕后夜飲顯使醉　諸本脱"使"字，據《魏書》、《御覽》補。"顯使"謂劉顯之使，下文"故顯使不急追"，可證。

……

頁四八六、四九〇至四九二、五〇九

《北史》卷二十《列傳第八·衛操》

衛操字德元，代人也。少通俠，有才略。晉征北將軍衛瓘以操爲牙門將。當魏神元時，頗自結附。及神元崩後，與從子雄及其宗室鄉親姬澹等來歸，説桓、穆二帝招納晉人。

桓帝以爲輔相,任以國事。及劉、石之亂,桓帝匡助晉氏。操稍遷至右將軍,封定襄侯。

桓帝崩後,操立碑於大邗城南,以頌功德,云:"魏,軒轅之苗裔。"言桓、穆二帝"統國御衆,威禁大行。國無姦盜,路有頌聲。威武所向,下無交兵。招喻六狄,咸來歸誠。奉承晉皇,扞禦邊疆。王室多難,天網弛綱。豪心遠濟,靡離其殃。歲翦逆命,姦盜豺狼。永安元年,歲次甲子。姦黨猶逆,東西狼跱。敢逼天王,兵甲屢起。怙衆肆暴,虐用將士。鄴、洛構隙,棄親求疏。乃招異類,屠各、匈奴。交刃千里,長蛇塞塗。晉道應天,言展良謨。使持節、平北將軍、并州刺史、護匈奴中郎將、東嬴公司馬騰,才神絕世,規略超遠。欲求外救,朝臣莫應。簡賢選士,命茲良使。遣參軍壺倫、牙門中行嘉、義陽亭侯衛謨、協義亭侯衛鞬等,馳奉檄書,至晉陽城"。

又稱桓、穆二帝,"心存宸極。輔相二衛,對揚毗翼。操展文謀,雄奮武烈。承命會議,諮論奮發。翼衛内外,鎮靜四方。志在竭力,奉戴天王。忠恕用暉,外動亦攘。功濟方州,勳烈光延。升平之日,納貢充藩。馮瞻鑾蓋,步趾三川。有德無祿,大命不延。年三十九,以永興三年六月二十四日寢疾薨殂。背棄華殿,雲中名都。國失惠主,哀感欷歔。〔一〕悲痛煩冤,載號載呼。〔二〕遠近親軌,奔赴梓廬。仰訴造化,痛延悲夫!"時晉光熙元年也。

【校勘記】

〔一〕哀感欷歔　諸本"欷歔"誤倒,不協韻,據《魏書》卷二三《衛操傳》乙。

〔二〕載號載呼　諸本作"載呼載號"不協韻,據《魏書》乙。

皇興初，雍州別駕雁門段榮於大邗掘得此碑，文雖非麗，事宜載焉，故略附於傳。

操以穆帝三年卒。

始操所與宗室鄉親入國者，衛勤安樂亭侯，衛崇、衛清並都亭侯，衛沈、段繁並信義將軍、都鄉侯，王發建武將軍、都亭侯，范班折衝將軍、廣武亭侯，賈慶建武將軍、上洛亭侯，賈循都亭侯，李壹關中侯，郭乳關內侯，皆為桓帝所表授也。六脩之難，存者多隨劉琨任子遵南奔。

衛雄、姬澹、莫含等名皆見碑。雄字世遠，澹字世雅，並勇健多計，桓帝並以為將，常隨征伐。雄稍遷至左將軍、雲中侯。澹亦以勇績著名，桓帝末，至信義將軍、樓煩侯。穆帝初，並見委任。衛操卒後，俱為左右輔相。六脩之逆，國內大亂，雄、澹並為群情所附，乃與劉遵率烏丸、晉人數萬而叛。劉琨聞之，大悅，如平城撫納之，欲因以滅石勒。後為勒將孔長所滅。

頁七二九至七三一、七六二

《北史》卷二十《列傳第八·莫含》（節錄）

莫含，雁門繁畤人也。劉琨為并州，辟含從事。含居近塞下，常交通國中。穆帝愛其才器。及為代王，備置官屬，求含於琨，琨喻遣之。乃入參國官，常參軍國大謀。卒於左將軍、關中侯。其故宅在桑乾川南，世稱莫含壁，含音訛，或謂之莫回城云。

子顯，昭成世為左常侍。

……

《北史》卷二十《列傳第八・劉庫仁》（節錄）

劉庫仁字没根，獨孤部人，劉武之宗也。少豪俠，有智略。母平文皇帝之女。昭成皇帝復以宗女妻之，爲南部大人。建國三十九年，昭成暴崩，道武未立，苻堅以庫仁爲陵江將軍、關内侯，令與衛辰分國衆統之。河西屬衛辰，河東屬庫仁。於是獻明皇后攜道武及衛、秦二王自賀蘭部來居焉。庫仁盡忠奉事，不以興廢易節。苻堅處衛辰在庫仁下，衛辰怒，叛，攻庫仁。庫仁伐衛辰，破之。苻堅賜庫仁妻公孫氏，厚其資送。

慕容垂圍苻丕於鄴，又遣將平規攻堅幽州刺史王永于薊。庫仁遣妻兄公孫希助永擊規，大破之。庫仁復將大舉以救丕，發雁門、上谷、代郡兵，次於繁畤。先是，慕容文等當徙長安，遁依庫仁部，常思東歸。是役也，文等夜率三郡人，攻殺庫仁，乘其駿馬，奔慕容垂。公孫希聞亂走丁零。

庫仁弟眷，繼攝國事。眷第三子羅辰，機警有智謀，謂眷曰：「從兄顯，忍人也，願早圖之。」眷不以爲意。後庫仁子顯果殺眷而代立。

顯既殺眷，又謀逆。及道武即位，討顯于馬邑，追至彌澤，大破之。後奔慕容驎，驎徙之中山。〔三〕

【校勘記】

〔三〕後奔慕容驎驎徙之中山　《魏書》卷二三《劉庫仁傳》云：「衛辰與慕容垂通好，送馬三千匹於垂，垂遣慕容良迎之。顯擊敗良軍，掠馬而去。垂怒，遣子麟、兄子楷討之。顯奔馬邑西山，麟輕騎追之，遂奔慕容永於長子。部衆悉降於麟,麟徙之中山。"《北史》删節,全失本意。

羅辰即宣穆皇后兄也。顯既殺眷,羅辰遂奔道武。顯恃彊,每謀逆,羅辰輒先聞奏。拜南部大人。

……

頁七三二至七三三、七六二

《通典》卷一百九十六《邊防十二・北狄三・拓跋氏》

拓跋氏亦東胡之後,別部鮮卑也。《後魏史》云:"出自黃帝子昌意之少子,受封北土,亦因鮮卑山以爲號。"《宋》《齊》二史又云"漢降將李陵之後"。或云黃帝之苗胤,以黃帝土德,謂土爲拓,后爲跋,故以爲氏。其裔始均仕堯時,逐女魃於弱水北,人賴其勳,舜命爲田祖。〔三五〕歷三代至秦,不交南夏,是以載籍無聞。六十七代裔孫屯,〔三六〕統國三十六,大姓九十九。其後至詰汾,嘗田於山澤,欻見輜軿自天而下,見美婦人,自稱天女,曰天命相偶。明日請還,期明年復會於此。及期,至先田處,果見天女,以所生男授詰汾曰"此是君之子",即力微也。力微立,諸部大人悉服,控弦之士二十餘萬,遷於定襄之盛樂。子禄官立,分國爲三部:一居上谷北,濡源西,〔三七〕東接宇文部,自統之;一居代郡之參合陂北,在今馬邑郡。兄子猗㐌統之;一居定襄之盛樂故城,亦在今馬邑郡。使猗㐌弟猗盧統之。後晉封爲代王,置官屬,始出并州,遷雜胡北徙雲中、五原、朔方,又西渡河,擊匈奴、烏桓諸部。自杏城以北八十里今中部郡之西迄長城原,夾道碣石,與晉分界。長城原,在今洛交郡三川縣。姪孫什翼犍始建年號,〔三八〕分置百官。至其孫珪,〔三九〕即後魏道武帝也。

【校勘記】

〔三五〕人賴其勳舜命爲田祖　"舜"原脱,據《北史·魏本紀》一一頁、《太平寰宇記》卷一九三補。按:"勳"《魏書·序紀》一頁作"勤"。

〔三六〕六十七代裔孫屯　"屯"明刻本作"毛"。按:《魏書·序紀》一頁、《北史·魏本紀》一一頁作"毛",《御覽》卷一〇一、《太平寰宇記》卷一九三、《册府》卷一九頁作"屯"。"六十七代"唯《北史》作"六七十代"。

〔三七〕一居上谷北濡源西　原"北"下衍"之",據朝鮮本、王吴本及《北史·魏本紀》一四頁删。

〔三八〕姪孫什翼犍　查《魏書·序紀》三頁——一一頁知什翼犍之父爲鬱律,之祖爲弗,之曾祖爲沙漠汗。沙漠汗乃禄官之弟,則什翼犍爲禄官之姪曾孫,非姪孫。

〔三九〕至其孫珪　"珪"上原衍"涉",據《魏書·太祖紀》一九頁、《北史·魏本紀》一九頁删。

宋文帝元嘉中,每歲爲後魏侵境,勑朝臣博議。何承天論曰:

臣以安邊之計,備在史册,李牧言其端,嚴尤申其要,大略舉矣。曹、孫之霸,才均智侔,江淮之間,不居者數百里。〔四〇〕魏捨合肥,退保新城,合肥今廬江郡縣。〔四一〕新城在縣西三十里。吴城江陵,移入南岸,〔四二〕濡須之戍,家停羡溪。〔四三〕濡須在今歷陽郡西南百八十里,羡溪在其東三十里。及襄陽之屯,民居星散,〔四四〕晉宣王謂宜徙沔南,以實水北,曹爽不用,果亡沮中,沮中,即今襄陽南沮水左右地。此皆前代之殷監也。何者?斥候之郊,非畜牧之所;〔四五〕轉戰之地,非耕桑之邑。故堅壁清野,以禦其來,〔四六〕整甲繕兵,以乘其弊。雖時有通否,〔四七〕而勢有强弱,保人全境,不出此塗。約而言之,大歸有四:〔四八〕一曰移遠就近,二曰浚復城隍,三曰纂偶車牛,〔四九〕四曰計丁課仗。〔五〇〕

【校勘記】

〔四〇〕不居者數百里 "者"《宋書·何承天傳》一七〇七頁、《册府》卷四七一五六一三頁作"各"。

〔四一〕合肥今廬江郡縣 "縣"原脱,據朝鮮本及《太平寰宇記》卷一九三補。

〔四二〕移入南岸 "岸"《宋書·何承天傳》一七〇七頁、《册府》卷四七一五六一三頁作"浂"。

〔四三〕家停羨溪 "停"原訛"亭",據明抄本、明刻本、朝鮮本、王吴本改。

〔四四〕民居星散 《宋書·何承天傳》一七〇七頁、《册府》卷四七一五六一三頁作"民夷散雜"。

〔四五〕非畜牧之所 "畜牧"原倒,據《宋書·何承天傳》一七〇七頁、《太平寰宇記》卷一九三、《册府》卷四七一五六一三頁及朝鮮本乙。

〔四六〕以禦其來 "禦"《宋書·何承天傳》一七〇七頁、《册府》卷四七一五六一三頁作"俟"。

〔四七〕雖時有通否 "通否"《宋書·何承天傳》一七〇七頁、《太平寰宇記》卷一九三、《册府》卷四七一五六一三頁作"古今"。

〔四八〕大歸有四 "歸"原作"段",王吴本、殿本同,明人擅改,清人沿之。今據明抄本、明刻本、朝鮮本及《太平寰宇記》卷一九三改回。

〔四九〕纂偶車牛　"偶"原作"耦",據朝鮮本改。下同。按:《宋書·何承天傳》一七〇七頁、《南史·何承天傳》八七〇頁、《太平寰宇記》卷一九三、《册府》卷四七一五六一三頁均作"偶"。

〔五〇〕計丁課仗　《宋書·何承天傳》一七〇七頁、《南史·何承天傳》八七〇頁、《太平寰宇記》卷一九三、《册府》卷四七一五六一三頁同。明抄本、明刻本、朝鮮本、王吴本"仗"作"力",非是。

狄虜之性,食肉衣皮,以馳騁爲容儀,以燎獵爲南畝,〔五一〕非有車輿之安,宮室之衛,櫛風沐雨,不以爲勞,露宿莽寢,實惟其性。猋騎蟻聚,輕兵鳥集,踐蹂禾稼,焚爇閭井,雖邊將多略,未審何以禦之。若盛師連屯,廢農必衆,奔馳起役,赴機必遲,散金開賞,費損必大,換土客戍,〔五二〕怨曠必繁。孰若因人所居,並修農戰,無動衆之勞,有捍衛之實,其爲利害,優劣相懸也。

【校勘記】

〔五一〕以馳騁爲容儀以燎獵爲南畝　《宋書·何承天傳》一七〇七頁、《太平寰宇記》卷一九三、《册府》卷四七一五六一四頁"容儀"作"儀容","燎"作"遊"。

〔五二〕換土客戍　"客"原訛"官",據明抄本、明刻本、朝鮮本改。按:《宋書·何承天傳》一七〇八頁、《太平寰宇記》卷一九三、《册府》卷四七一五六一四頁均作"客"。

一曰移遠就近,以實内地。今青兗舊人,及冀州新附,在界首者二三萬家,〔五三〕此寇之資也。悉可内徙,青州人宋青州今北海郡。移東萊、平昌、北海諸郡,兗州、冀州人宋兗州今魯郡瑕丘縣,冀州今濟南郡歷陽縣。移泰山以南,〔五四〕南至下邳,〔五五〕今臨淮郡縣是。左洙右沂,〔五六〕田良野沃,西阻蘭陵,今琅邪郡承縣界。北陁大峴,今琅邪郡沂水縣北。四塞之内,其險足固。〔五七〕人性重遷,闇於圖始,無虞之時,熹生咨怨。〔五八〕今新被抄掠,餘懼未息,若曉示安危,居以樂土,宜歌忭就路,視遷如歸。

【校勘記】

〔五三〕二三萬家　《宋書·何承天傳》一七〇八頁作"二萬家",《太平寰宇記》卷一九三、《册府》卷四七一五六一四頁作"三萬家"。

〔五四〕兗州冀州人　"人"原脱,據明抄本、明刻本、朝鮮本、王吴本補。

〔五五〕南至下邳　"南"原涉上而脱,據《宋書·何承天傳》一七〇八頁、《册府》卷四七一五六一四頁補。

〔五六〕左洙右沂　"洙"《宋書·何承天傳》一七〇八頁作"沭"。

〔五七〕其險足固　《宋書·何承天傳》一七〇八頁、《太平寰宇記》卷一九三、《册府》卷四七一五六一四頁作"其號險固"。

〔五八〕無虞之時熹生咨怨　"虞"《宋書·何承天傳》一七〇八頁、《太平寰宇記》卷一九三、《册府》卷四七一五六一四頁作"虜",俱通。"咨"原訛"恣",據《宋書》、《寰宇記》、《册府》改。

　　二曰浚復城隍,以增阻防。〔五九〕古之城池,處處皆有,今雖頹毀,猶可修理。粗計户數,量其所容,新徙之家,悉著城内,假其經用,爲之閭伍,納稼築場,還在一處。婦子守家,長吏爲帥,〔六〇〕丁夫匹婦,〔六一〕春夏佃牧,秋冬入保。〔六二〕寇至之時,一城千室,堪戰之士,不下二千,其餘羸弱,[六三]猶能登陴鼓譟。十則圍之,兵家舊説,戰士二千,足抗羣虜二萬矣。

【校勘記】

〔五九〕以增阻防　"阻"原作"岨",據《宋書·何承天傳》一七〇八頁、《南史·何承天傳》八七〇頁、《册府》卷四七一五六一四頁改。按:明刻本、朝鮮本、王吴本作"舊"。

〔六〇〕長吏爲帥　"帥"《宋書·何承天傳》一七〇八頁、《册府》卷四七一五六一四頁作"師"。

〔六一〕丁夫匹婦　"匹婦"原訛"四歸",據朝鮮本、王吴本改。按:《宋書·何承天傳》一七〇八頁、《太平寰宇記》卷一九三、《册府》卷四七一五六一四頁均作"匹婦"。

〔六二〕秋冬入保　此四字原無,據《通鑑》卷一二四三九二五頁增補。

〔六三〕其餘羸弱　"餘"原無,據《宋書·何承天傳》一七〇八頁、《册府》卷四七一五六一四頁、《通鑑》卷一二四三九二五頁增補。

三曰纂偶車牛,以飭戎械。[六四]計千家之資,不下五百耦牛,爲車五百兩。參合鉤連,以衛其衆。設使城不可固,平行趣險,賊所不能干。既以族居,易可檢御。[六五]號令先明,人知夙戒。有急徵召,[六六]信宿可聚。

【校勘記】

〔六四〕纂偶車牛以飭戎械　"飭"朝鮮本、王吴本及《宋書·何承天傳》一七〇八頁、《南史·何承天傳》八七〇頁、《太平寰宇記》卷一九三、《册府》卷四七一五六一四頁均作"飾"。按:作"飭"是。《詩經·六月》"戎車既飭"。

〔六五〕易可檢御　"御"《宋書·何承天傳》一七〇八頁、《册府》卷四七一五六一四頁作"括"。杜佑避德宗嫌名而改。

〔六六〕有急徵召　"召"《宋書·何承天傳》一七〇九頁、《册府》卷四七一五六一四頁作"發"。

四曰計丁課仗，〔六七〕勿使有闕。千家之邑，戰士二千，隨其便能，各自有仗，素所服習，銛利由己，〔六八〕還保輸之武庫，銛，胥廉反。出行請以自衞。弓䂎利鐵，人不辦得者，官以給之，數年之内，軍用粗備矣。

【校勘記】

〔六七〕計丁課仗　"仗"明抄本、明刻本、朝鮮本、王吴本作"役"，誤。《宋書·何承天傳》一七〇九頁、《南史·何承天傳》八七〇頁、《太平寰宇記》卷一九三、《册府》卷四七一五六一四頁、《通鑑》卷一二四三九二五頁均作"仗"。

〔六八〕銛利由己　"銛利"《宋書·何承天傳》一七〇九頁、《太平寰宇記》卷一九三、《册府》卷四七一五六一四頁、《通鑑》卷一二四三九二五頁作"銘刻"。

臣聞軍國異容，施於封畿之内；兵農並備，〔六九〕在於疆埸之表。攻守之宜，皆因其習俗，銓其勇怯。〔七〇〕山陵川陸之形，寒暑温凉之氣，各由本性，易則害生。是故戍申作刺，怨起及瓜，今若以荆、吴鋭師，遠屯清濟，功費既重，嗟苦亦深。〔七一〕以臣料之，未若即用彼衆之易也。管子理齊，寄令於人；商君爲秦，設以耕戰。終能申威定霸，行其志業，非苟任强，實由有數。梁用武卒，其邦日減；〔七二〕齊用技擊，厥衆亦離。漢魏以來，茲制漸弛，蒐田雖復先王之禮，〔七三〕理兵徒逞耳目之欲。有急之日，人不知戰，至乃廣延賞募，奉以厚秩，發遽奔救，天下騷然。方伯刺史，拱手坐聽，自無經略，唯冀朝廷遣軍，此皆忘戰之害，[七四]不教之失也。

【校勘記】

[六九]兵農並備　《宋書·何承天傳》一七〇七頁、《太平寰宇記》卷一九三、《册府》卷四七一五六一四頁"備"作"修"。

[七〇]銓其勇怯　"銓"原作"任"，據明刻本、朝鮮本、王吳本改。按：明抄本作"注"。

[七一]嗟苦亦深　《太平寰宇記》卷一九三同。《宋書·何承天傳》一七〇九頁、《册府》卷四七一五六一四頁、《通鑑》卷一二四三九二五頁"苦"作"怨"。

[七二]梁用武卒其邦日滅　《宋書·何承天傳》一七〇九頁、《册府》卷四七一五六一四頁作"梁用走卒其邦自滅"。

[七三]兹制漸弛蒐田雖復先王之禮　《太平寰宇記》卷一九三同。《宋書·何承天傳》一七〇九頁、《册府》卷四七一五六一五頁"弛"作"絶"，"雖"作"非"。

[七四]此皆忘戰之害　明抄本同。明刻本、朝鮮本、王吳本"害"作"咎"。

今移人實內，浚理城隍，族居聚處，村里比次，課其騎射，通其風俗，長吏簡試，差品能否，甲科上第，漸就優別，明其勳捷，[七五]表言州郡。如此則屯部有常，不遷其業，內護老弱，外通官途，[七六]朋曹素定，同憂等樂，情由習親，藝因事著，[七七]晝戰見貌，足以相識，夜戰聞聲，足以相救，斯教戰之一隅，先哲之遺術也。論者必以古城荒毀，難可修復。[七八]今不謂頓便加功，整麗如舊，但欲先定民居，營其閭術，墉壍存者，因則增之，[七九]其有毀缺，權時栅斷。足禦彼輕兵，防遏遊騎,假以旬時,[八〇]漸就完立。車牛之賦,課仗之宜,[八一]攻守所資,軍國之要,今因人所利,導而率之。耕農之器爲府庫之寶,田甿之氓兼捍城之用,[八二]千室之宰總倍旅之兵,萬户之都具全軍之衆,兵强而敵不戒,國富而人不勞,比於優復隊伍、坐食廩糧者,不可同年而校矣。

【校勘記】

〔七五〕明其勳捷 《宋書·何承天傳》一七〇九頁、《太平寰宇記》卷一九三、《册府》卷四七一五六一五頁"捷"作"才"。

〔七六〕外通官途 "官"原作"宦",據明抄本、明刻本、王吴本改。按:《宋書·何承天傳》各本皆作"官",《太平寰宇記》卷一九三、《册府》卷四七一五六一五頁也都作"官"。

〔七七〕藝因事著 "藝"原作"義",王吴本、殿本同。今據明抄本、明刻本、朝鮮本改。按:《宋書·何承天傳》一七〇九頁、《太平寰宇記》卷一九三、《册府》卷四七一五六一五頁均作"藝"。

〔七八〕難可修復 "修復"原倒,王吴本、殿本同。今據明抄本、明刻本、朝鮮本及《宋書·何承天傳》一七〇九頁、《太平寰宇記》卷一九三、《册府》卷四七一五六一五頁乙。

〔七九〕因則增之 《宋書·何承天傳》一七一〇頁作"因而即之",《册府》卷四七一五六一五頁作"因而葺之"。

〔八〇〕假以旬時 "旬時"《宋書·何承天傳》一七一〇頁、《册府》卷四七一五六一五頁作"方將"。

〔八一〕課仗之宜 "仗"原訛"役",據《宋書·何承天傳》一七一〇頁、《册府》卷四七一五六一五頁改。

〔八二〕田甿之氓 "氓"原作"民",據明抄本、明刻本、朝鮮本、王吴本改。

　　今承平來久,〔八三〕邊令弛縱,弓韜利鐵,既不都斷,往歲棄甲,垂二十年,課其所任,理應消壞。謂宜明申舊科,嚴加禁塞,諸商賈往來,敢挾藏者,以軍法理之。又界上嚴立關候,杜廢間蹊。〔八四〕成保之境,諸所課仗,並加彫鑴,別造程式。若有遺鏃亡刃及私爲竊盜者,皆可立檢,於事爲常。此亦禦敵之要也。

【校勘記】

　　〔八三〕今承平來久　"來"原訛"未",據諸本改。

　　〔八四〕杜廢間蹊　"蹊"原訛"溪",王吴本、殿本亦然。今據明抄本、明刻本、朝鮮本及《宋書·何承天傳》一七一〇頁、《太平寰宇記》卷一九三、《册府》卷四七一五六一五頁改。

文帝不能用。

頁五三七三至五三七七、五三八八至五三九三

《太平寰宇記》卷之一百九十三《四夷·二十二·北狄五·托跋氏》

　　托跋氏。亦東胡之後,別部鮮卑也。《後魏史》云:"出自黄帝之子昌意,意之少子受封此土,國有大鮮卑山,因以爲號。"《宋》《齊》二史又云:"漢降將李陵之後。"或云黄帝之苗裔,以黄帝土德,謂土爲托,后爲跋,故以爲氏。其裔始均,仕堯時,逐女魃于弱水北,人賴其勳,舜命爲田祖。歷三代,至秦漢,不交南夏,是以載籍無聞。積六十七代裔孫屯立,統國三十六,大姓九十九。其後至詰汾,嘗田于山澤,歘見輜軿自天而下。既至,見美婦人,自稱天女,曰"天命相偶",旦日請還,期明年復

會于此。及期至先田處,果見天女,以所生男授詰汾曰"此是君之子",即力微也。力微立,諸部大人悉服,控弦之士二十餘萬,遷于定襄之盛樂。其後晉封爲代王,置官屬,始出并州,遷雜胡北徙雲中、五原、朔方,又西渡河,擊匈奴、烏桓諸部。自杏城以北八十里今中部郡之西。迄長城原,夾道立碣,與晉分界。長城原在今洛交郡三川縣。姪孫什翼犍始建年號,分置百官。至其孫珪,〔九〕即後魏道武帝也。

【校勘記】

〔九〕至其孫珪 底本"珪"上衍"涉"字,萬本、《庫》本同,據《魏書》卷二《太祖紀》、《北史》卷一《序紀·魏本紀》刪。

宋文帝元嘉中,每歲爲後魏侵境,敕朝臣博議。何承天論曰:

臣以安邊之計,備在史策,李牧言其端,嚴尤申其要,大略舉矣。曹、孫之霸,才均智侔,江、淮之間,不居者有數百里。〔一〇〕魏舍合肥,退保新城,合肥今廬江郡縣,新城在縣西三十里。吴城江陵,移入南岸,〔一一〕濡須之戍,家停羨溪。濡須在今歷陽郡西八十里,羨溪在其東三十里。及襄陽之屯,人居星散,〔一二〕晉宣王謂宜徙沔南,以實水北,曹爽不用,果亡沮中。沮中即今襄陽郡南沮水左右地也。沮,音七余切。〔一三〕此皆前代之殷鑒也。何者?斥候之郊,〔一四〕非畜牧之所;轉戰之地,非耕桑之邑。故堅壁清野,以禦其來,〔一五〕整甲繕兵,以乘其弊。雖時有古今,勢有强弱,保民全境,不出此途。約而言之,大歸有四:一曰移遠就近,二曰浚復城隍,三曰纂偶車牛,四曰計丁課仗。

【校勘記】

〔一〇〕不居者有數百里　按《宋書》卷六四《何承天傳》作"不居各數百里"。

〔一一〕移入南岸　《宋書·何承天傳》作"移民南涘"。

〔一二〕人居星散　《宋書·何承天傳》作"民夷散雜"。

〔一三〕沮音七余切　萬本、《庫》本皆無此五字。

〔一四〕斥候之郊　"郊",底本作"交",萬本同,據《庫》本、傅校及《宋書·何承天傳》改。

〔一五〕以禦其來　"禦",《宋書·何承天傳》作"俟"。

狡虜之性,食肉衣皮,以馳騁爲儀容,以遊獵爲南畝,非有車輿之安,宮室之衛,櫛風沐雨,不以爲勞,露宿草寢,實惟其性。焱騎蟻聚,輕兵鳥集,〔一六〕踐蹂禾稼,焚燒閭井,雖邊將多略,未審何以禦之。若盛師連屯,廢農必衆,奔馳起役,赴機必違,〔一七〕散金行賞,費損必大,〔一八〕換土客戍,怨曠必繁。孰若因人所居,並修農戰,無動衆之勞,有扞衛之實,〔一九〕其爲利害,優劣相懸也。

【校勘記】

〔一六〕輕兵鳥集　"鳥",底本作"烏",萬本、《庫》本同,據傅校及《宋書·何承天傳》改。

〔一七〕赴機必違　"違",《宋書·何承天傳》、《通典·邊防》一二皆作"遲"。

〔一八〕費損必大　"損",底本作"捐",萬本同,據《庫》本及《宋書·何承天傳》、《通典·邊防》一二改。

〔一九〕有扞衛之實　"實",底本作"術",萬本、《庫》本同,據《宋書·何承天傳》、《通典·邊防》一二改。

一曰移遠就近,以實內地。今青、兗舊民,及冀州新附,在界首者三萬家,〔二〇〕此寇之資也。今悉可內徙,青州民宋青州理在今北海郡益都縣。移東萊、平昌、北海諸郡,東萊即今郡也,平昌今高密郡也,北海亦今東萊郡地。〔二一〕兗州、冀州人宋兗州理在今魯郡瑕丘,冀州理在今濟南郡歷城縣是也。移泰山以南,南至下邳,〔二二〕下邳,今臨淮郡縣也。〔二三〕左洙右沂,〔二四〕田良野沃,西阻蘭陵,蘭陵在今琅邪郡承縣界。北阨大峴,大峴在琅邪郡沂水縣北。四塞之內,其號險固。民性重遷,闇于圖始,無虞之時,喜生咨怨。今新被抄掠,餘懼未息,若曉示安危,居以樂土,歌抃就路,視遷如歸。

【校勘記】

〔二〇〕在界首者三萬家　"三",《宋書·何承天傳》作"二",《通典·邊防》一二作"二三"。

〔二一〕北海亦今東萊郡地　"地",萬本、《庫》本皆作"也",傅校改同。

〔二二〕南至下邳　"南",底本脫,萬本、《庫》本同,據《宋書·何承天傳》補。

〔二三〕今臨淮郡縣也　"郡",底本脫,據《庫》本及《通典·邊防》一二補。萬本、《庫》本皆無"縣"字,傅校改"縣"爲"郡"字,並誤。《通典》卷一八〇《州郡》一〇,臨淮郡領有下邳縣。

〔二四〕左洙右沂　"洙",《通典·邊防》一二同,《宋書·何承天傳》作"沭"。

二曰浚復城隍,以增阻防。〔二五〕古之城池,處處皆有,今雖頹毀,猶可修理。粗計戶數,量其所容,新徙之家,悉著城内,假其經用,爲之閒伍,納稼築場,[二六]還在一處。婦子守家,長吏爲帥,[二七]丁夫匹婦,春夏佃牧,秋冬入保。[二八]寇至之時,一城千室,堪戰之士,不下二千,其餘羸弱,[二九]猶能登陴鼓譟。十則圍之,兵家舊説,戰士二千,足抗群虜二萬矣。

【校勘記】

〔二五〕以增阻防 "阻",底本作"沮",萬本同,據《庫》本及《宋書·何承天傳》《南史》卷三三《何承天傳》改。

〔二六〕納稼築場 "場",底本作"墻",萬本、《庫》本同,據傅校及《宋書·何承天傳》《通典·邊防》一二改。

〔二七〕長吏爲帥 "帥",《庫》本同,萬本作"師"。按《通典·邊防》一二作"帥",《宋書·何承天傳》作"師"。

〔二八〕秋冬入保 底本脱,萬本、《庫》本同,據《資治通鑑》卷一二四宋元嘉二十三年補。

〔二九〕其餘羸弱 "餘",底本無,萬本、《庫》本同,據《宋書·何承天傳》《資治通鑑》宋元嘉二十三年補。

三曰纂偶車牛,以飾戎械。計千家之資,不下五百耦牛,爲車五百輛。參合鈎連,以衛其衆。設使城不可固,平行趣險,賊所不能干。既以族居,易可檢御。號令先明,人知夙戒。有急徵召,信宿可聚。

四曰計丁課仗,勿使有闕。千家之邑,戰士二千,隨其便能,各自有仗,素所服習,銘刻自由,還保輸之于庫,出行請以自衛。弓犇利鐵,人不辦得者,官以給之,數年之内,軍用粗備矣。

臣聞軍國異容,施於封畿之内;兵農並修,在于疆場之表。攻守之宜,皆因其習俗,任其勇怯。山陵川陸之形,寒暑温涼之氣，各由本性，易則害生。是故戍申作刺，怨起及瓜，[三〇]時今若以荆、吳鋭師遠屯清濟，功費既重，嗟苦亦深。[三一]以臣料之，未若即用彼衆之易也。[三二]管子理齊，寄令于人；商君爲秦，設以耕戰。終能申威定霸，行其志業，非苟任强，實由有數。梁用武卒，其邦日削。[三三]齊用伎擊，衆亦離心。漢、魏以來，兹制漸弛，蒐田雖復先王之禮，[三四]治兵徒逞耳目之欲，有急之日，人不知戰，至乃廣延賞募，[三五]奉以厚秩，發遽奔救，天下騷然。方伯刺史，拱手坐聽，自無經略，唯冀朝廷遣軍，此皆忘戰之害，不教之失也。今移人實内，浚理城隍，族居聚處，[三六]村里比次，課其騎射，通其風俗，長吏簡試，差品能否，甲科上第，漸就優別，[三七]明其勳才，表言州郡。如此則屯部有常，不遷其業，内護老弱，外通官塗，朋曹素定，同憂等樂，情由習親，藝因事著，晝戰見貌，足以相識，夜戰聞聲，足以相救，斯教戰之良法，[三八]先哲之遺術也。論者必以古城荒毀，難可修復。今不謂頓便加功，整理如舊，但欲先定人居，營其閭術，墉壍存者，因即增之，[三九]其有毁缺，權時栅斷。足以禦彼輕兵，防遏遊騎，假以旬時，漸次完立。[四〇]車牛之賦，課仗之宜，[四一]攻守所資，軍國之要，今因人所利，導而率之。耕農之器爲府庫之寶，田壠之氓兼捍城之用，[四二]千室之宰總倍旅之兵，萬户之都具全軍之衆，兵强而敵不戒，國富而人不勞，比于優復隊伍，坐食廩糧者，不可同年而校矣。

【校勘記】

〔三〇〕怨起及瓜　"及"，底本脱，萬本、《庫》本同，據《通典·邊防》一二補。

〔三一〕嗟苦亦深 "苦",《通典·邊防》一二同,《宋書·何承天傳》、《資治通鑑》宋元嘉二十三年皆作"怨"。

〔三二〕未若即用彼衆之易也 "用",底本作"因",萬本、《庫》本同,據《宋書·何承天傳》、《通典·邊防》一二、《資治通鑑》宋元嘉二十三年改。

〔三三〕梁用武卒其邦日削 《通典·邊防》一二同,《宋書·何承天傳》作"梁用走卒,其邦自滅"。

〔三四〕茲制漸弛蒐田雖復先王之禮 "弛"、"雖",《通典·邊防》一二同,《宋書·何承天傳》作"絶"、"非"。

〔三五〕至乃廣延賞募 "賞募",底本作"賓幕",據傅校及《宋書·何承天傳》、《通典·邊防》一二改。

〔三六〕族居聚處 "聚",底本作"衆",據《宋書·何承天傳》、《通典·邊防》一二改。

〔三七〕漸就優別 "別",底本作"則",據傅校及《宋書·何承天傳》、《通典·邊防》一二改。

〔三八〕斯教戰之良法 "良法",《宋書·何承天傳》、《通典·邊防》一二皆作"一隅",傅校據改。

〔三九〕因即增之 《通典·邊防》一二作"因則增之",《宋書·何承天傳》作"因而即之"。

〔四〇〕假以旬時漸次完立 "旬時",《通典·邊防》一二同,《宋書·何承天傳》作"方將";"次",《宋書》、《通典》皆作"就"。

〔四一〕課仗之宜 "仗",底本作"役",據《宋書·何承天傳》改。

〔四二〕田甿之氓 "氓",底本作"民",據《宋書·何承今承平來久,〔四三〕邊令弛縱,弓韜利鐵,既不都斷,往歲棄甲,垂二十年,課其所任,〔四四〕理應消壞。謂宜明申舊科,嚴加禁塞,諸商賈往來,敢挾藏者,皆以軍法理之。又界上嚴立關候,杜廢間蹊。城保之境,諸所課仗,並加雕鐫,別造程式。若有遺鏃亡刃及私爲竊盜者,皆可立驗,于事爲長,亦禦敵之要也。

【校勘記】

〔四三〕今承平來久 "來",底本作"未",據《宋書·何承天傳》、《通典·邊防》一二改。

〔四四〕課其所任 "任",底本作"往",據《通典·邊防》一二改。《宋書·何承天傳》作"住"。

文帝不能行。

四至:按拓跋禄官分國爲三部:一居上谷北,濡源西,東接宇文部,自統之;一居代郡之參合陂北,在今馬邑郡。兄子猗㐌統之;一居定襄之盛樂故城,亦在今馬邑郡。使猗㐌弟猗盧統之。

頁三六九四至三六九八、三七〇六至三七〇八

《太平御覽》卷一〇一《皇王部二六·後魏諸帝》

諸帝

《後魏書·序紀》曰:黃帝有子二十五人,或内列諸華,或外分荒服,昌意少子,受封北國,有大鮮卑山,因以爲號。其後,世爲君長,統幽都之北,廣漠之野,畜牧遷徙,射獵爲業,淳樸爲俗,簡易爲化,不爲文字,刻木紀契而已,世事遠近,人

相傳授，如史官之紀録焉。黄帝以土德王，北俗爲土爲托，謂后爲跋，故以爲氏。其裔始均，入仕堯世，逐女魃於弱水北，民賴其勳，帝舜嘉之，命爲田祖。爰歷三代，以及於秦，薰鬻、獫狁、山戎、匈奴之屬，累代殘暴，作害中州，而始均之裔，不交南夏，是以載籍無聞焉。積六十七世，至成皇帝諱毛立。聰武明智，遠近所推，統國三十六，大姓九十，威振北方，莫不率服。成帝崩，節皇帝諱貸立。節帝崩。其後四世，宣帝諱推寅立。南遷大澤，方千餘里，厥土昏冥沮洳。謀更南徙，未行而崩。其後六世，獻皇帝諱鄰立。時有神人言於國曰："此土方遐，未足以建都邑，宜復徙居。"帝年時衰老，乃以授子。

聖武帝諱詰汾。獻帝命令南移，山谷高深，九難八阻，於是欲止。有神獸，其形似馬，其聲類牛，先行導引，歷年乃出。始居匈奴之故地。其遷徙策略，多出宣、獻二帝，故時人並號曰"推寅"，蓋俗云"鑽研"之義。初，聖武帝常率數萬騎田於山澤，欻見輜軿自天而下。既至，見美婦人，侍衛甚盛。帝異而問之，對曰："我，天女也，受命相偶。"遂同宿。旦，請還，曰："明年同時，復會於此。"言終而别，去如風雨。及期，帝至先所遊處，果復相見。天女以所生男授帝曰："此君之子也，善視之。子孫相承，當世爲帝王。"語訖而去。即始祖神元皇帝也。故時人諺曰："詰汾皇帝無婦家，力微皇帝無舅家。"帝崩。神元皇帝立，諱力微。生而聰叡。元年，歲在庚子。先是，西部内侵，國民離散，依於没鹿回部大人竇賓。始祖有雄傑之度，時人莫測。後與賓攻西部，賓軍敗，失馬步走，始祖使人以所乘駿馬給之。賓歸，令其部内求與馬之人賞，當加重賞，始祖隱而不言。賓後知，大驚，將分國之半，以奉始祖，不受。賓臨終，戒其二子使謹奉始祖。其子不從，乃陰謀爲逆。始祖召而殺之，盡幷其衆，部大人悉皆從服，控弦士馬二十餘萬。三十九年，遷於定襄之盛樂。始祖乃告諸大人曰："我歷觀前世匈奴、蹋頓之徒，苟貪財利，抄掠邊民，雖有所得，而多其死傷復不足相補，更招寇仇，百姓塗炭，非長計也。"於是與魏和親。四十二年，遣子文帝如魏，且觀風土。是歲，魏景元二年也。文皇帝諱沙漠汗，以國太子留洛陽，爲魏賓之冠。魏晉禪代，和好仍密。始祖春秋已邁，帝以父老求歸，晉武帝具禮護送。四十八年，帝至自晉。五十六年，帝復如晉；其年冬，還國。晉遺帝錦、罽、繒、綵、綿、絹，諸物豐厚，車牛馬百乘。行達并州，晉征北將軍衛瓘，以帝爲人雄異，恐爲後患，乃密白晉帝，請留不遣。晉帝難於失信，不許。瓘復請以金帛賂國之大人，令致間隙，使相厄害。晉帝從之，遂留帝。於是國之執事及部人，皆受瓘貨。五十八年，方遣帝。始祖聞帝歸，大悅，使諸部大人詣陰館迎之。酒酣，帝仰視飛鳥，謂諸大人曰："我爲女曹取之。"授彈飛丸，應弦而落。時國俗無彈，衆咸大驚，並先馳還。始祖曰："我子既歷他國，進德何如？"皆對曰："太子才藝非常，引空弓而落飛鳥，似得晉人異法術，亂國害民之兆，惟願察之。"自帝在晉之後，諸子愛寵日進，始祖年踰期頤，頗有所惑，聞諸大人語，意乃有疑。因曰："不可容者，便當除之。"於是大人乃馳詣塞南，害帝，後乃追諡焉。始祖尋崩。凡饗國五十八年，年一百四歲。太祖即位，尊爲始祖。

　　章皇帝諱悉鹿立，始祖之子也。饗國九年而崩。平皇諱綽立，章帝之少弟也。饗國七年而崩。惠帝弗立，文帝少子思,即位一年崩。昭皇帝立,諱祿官,始祖神元之子也。九年,分國爲三部:帝自以一部居東,在上谷北,濦源之西,東接宇文部;以文帝之長子桓皇帝諱猗㐌統一部,居代郡之參合陂北;以桓帝之弟穆皇帝諱猗盧統一部,居定襄之盛樂故城。自始祖以來,與晉和好,百姓乂安,財畜富實,控引騎士四十餘萬。十年,晉惠帝爲城都王穎逼留在鄴。匈奴別種劉淵反於離石,號漢王。并州刺吏司馬騰來乞師,帝與桓帝同時大舉以助之,大破淵衆於西河、上黨。晉假桓帝大單于,金印紫綬。是歲,桓帝崩。帝英傑魁岸,馬不能勝。常乘安車,駕大牛,牛角容一石。帝曾中蠱,嘔吐之地仍生榆木。參合陂土無林樹,故世人異之,至今傳記。十三年,昭帝崩。是歲,羯胡石勒與晉馬牧帥汲桑反。穆皇帝天資英峙,勇略過人,昭帝崩後,遂揔攝三部,以爲一統。元年,劉淵僭帝,自稱大漢。三年,晉并州刺史劉琨遣使,以子爲質。又遣使乞師救洛陽,帝遣步騎二萬助之,晉太傅東海王司馬越辭以洛中饑饉,師還。是年,劉淵死,子聰僭立。五年,劉琨遣使乞師以討劉聰、石勒。以琨忠義,矜而許之。會聰遣其子粲攻洛陽,害琨父母而據其城,琨來告難,帝大怒,遣長子六脩、桓帝子普根,及衛瓘、范班、姬澹等爲前鋒,帝統大衆二十四萬爲後繼。粲懼,弃輜重,突圍遁走。縱騎追,斬其將劉豐,伏尸數百里。琨來拜謝,帝以禮待之。琨固請進軍,帝曰:"吾不早來,致卿父母見害,誠以後時相愧。今卿已復州境,然吾遠來,士馬疲弊,且待後期。賊豈可盡乎?"與琨馬牛羊各千餘,車牛百乘,又留勁銳戍之而還。六年,城盛樂以爲北郡,脩故平城以爲南郡。帝登平城西山,望觀地勢,乃更南百里,於灅水之陽黄瓜堆築新平城，晉人謂之小平城，使子六脩鎮之，統領南部。九年，帝召六脩，不至，帝怒，討之，失利，乃微服民間，遂崩。普根先守外境，聞難來赴，功六脩，滅之。普根立，月餘而薨也。

平文皇帝諱鬱律立，惠帝之子也。二年，西兼烏孫故地，東吞勿吉以西，控弦上馬將有百萬。劉聰死焉，族子曜僭立。帝聞晉愍帝爲曜所害，顧謂大目曰："今中原無主，天其資我乎？"劉曜遣使請和，帝不納。是年，司馬叡稱大位於江南。四年，桓帝后以帝得衆心，恐不利於巳子，帝遂崩，大人死者數十人。天興初，尊曰太祖。惠皇帝諱賀傉立，桓帝之中子也。未親政事，太后臨朝，遣使與石勒通和，時人謂之女國使。四年，帝始臨朝。五年，崩。煬皇帝諱紇那立，惠帝之弟也。五年，出居於宇文部。賀蘭及諸部大人，共立烈帝。烈皇帝諱翳槐立，平文之長子也。石勒遣使來和，帝遣弟昭成皇帝如襄國。二年，石勒僭立，自稱大趙王。烈皇帝崩，昭武皇帝諱什翼犍立，平文之次子也。生而奇偉，寬仁大度，喜怒不形于色。身長八尺，隆準龍顔，立髮委地，卧則乳垂至席。烈帝崩，顧命曰："必迎立什翼犍，社稷可安。"烈帝崩，帝弟彌乃自詣鄴奉迎，與帝俱還。建國元年十一月，帝即位於繁畤之北，時年十九。二年，始置百官，分掌衆職。八年，張駿私署假涼王。十三年，魏郡人冉閔，殺石鑒僭立。十四年，氐符健僭稱天王，自號大秦。十五年，慕容雋滅冉閔，僭稱尊號。二十七年春，車駕還雲中。冬十一月，討沒歌部，破之，獲牛馬羊數百萬頭。三十四年春，長孫斤謀反，伏誅。斤之反也，拔刃向御座，太子獻明皇帝諱寔格之，傷脅。夏五月，薨，後追謚焉。秋七月，皇孫珪生，大赦。三十九年，苻堅遣其大司馬符洛率衆二十萬、朱彤、張蚝音郭、鄧羌等諸道來寇，侵逼南境。冬十一月，白部、獨孤部禦之，敗績。南部大人劉庫仁走雲中。復遣庫仁率騎十萬逆戰於石子嶺，王師不利。帝時不豫。十二月，至雲中，旬有二日，帝崩，時年五十七。太祖即位，尊曰高祖。帝雅性寬厚，智通仁恕。時國中少繒帛，代人許謙盜絹二疋，守者以告，帝匿之，謂燕鳳曰："吾不忍視謙之面，卿勿泄言，謙或漸而自殺，爲財辱士，非也。"

頁四八一上至四八三上

《太平御覽》卷一〇一《皇王部二六・太祖道武皇帝》（節錄）

《後魏書》曰：太祖道武皇帝，諱珪，昭成皇帝之嫡孫，獻明皇帝之子也。母曰獻明賀皇后。初因迁徙，遊于雲澤，即而寢，因夢日出室內，寤而見光自牖屬天，欻然有感。以建國三十四年七月七日，生太祖於參合陂北，其夜復有光明。昭成大悅，群臣稱慶，大赦，告於祖宗。保者以帝體重倍於常兒，竊獨奇怪。明年有榆生於埋胞之坎，後遂成林。弱而能言，目有光曜，廣顙大耳，衆咸異之。年六歲，昭成崩。元年，葬昭成皇帝於金陵，營梓宮，木材盡生成林。帝雖冲幼，而嶷然不群。劉庫仁常謂其子曰："帝有高天下之志，興復洪業，光揚祖宗者，必此主也。"登國元年春正月，帝即代王位，郊天，建元，大會於牛川。復以長孫嵩爲南部大人，以叔孫普洛爲北部大人。班叙勳舊，各有差。夏四月，改稱魏王。是歲，慕容垂僭稱皇帝於中山，自號大燕。姚萇僭稱皇帝於長安，自號大秦。

頁四八三上至四八三下

《太平御覽》卷一三九《皇親部五·後魏》（節錄）

叙后事

《後魏書》：魏故事，將立皇后，必令手鑄金人，以成者爲吉，不成則不得立也。又世祖高宗緣報母劬勞之恩，極尊崇之義，雖事乖典禮，而觀過知仁。

魏神元竇皇后

《後魏書》曰：神元竇皇后，没鹿回部大人竇之女。竇臨終，誡其二子速侯、回題，令其善事帝。及竇卒，速侯等欲因帝會喪爲變，語頗漏泄，帝聞之，知其終不奉順，乃先圖之。於是使勇士於中營，晨起以佩刀殺后，馳使告速侯等言曰："后暴崩。"速侯等驚走赴，因執而殺之。

文封皇后

《後魏書》曰：文帝皇后封氏，生桓、穆二帝，後早崩。桓帝立，乃葬。高宗初，穿天淵池，獲一石銘，稱桓帝葬母氏，遠近赴會二十餘萬人。有司以聞，命藏之太廟。次妃蘭氏，生二子，長子曰藍，早卒；次子，思帝也。

桓維皇后

《後魏書》曰：桓帝后維氏，生三子，長曰普根，次惠帝，次煬帝。平文崩，后攝國事，時人謂之曰"女國"。后性猛忌，平文之崩，后所爲也。

平文王皇后

《後魏書》曰：平文皇后王氏，廣甯人。平十三，因事入宮，得幸於平文，生昭成。平文崩，昭成在襁褓。時國有内難，將害諸皇子。后匿帝於袴中，懼人知，祝曰："若天祚未終者，汝便無聲。"遂良久不啼，得免於難。烈帝之崩，國祚殆危，興復大業，后之力也。十八年崩，葬雲中金陵。太祖即位，配饗太廟。

昭成慕容皇后

《後魏書》曰：昭成皇后慕容氏，慕容天真之女也。有寵，生獻明帝及秦明王。后性聰敏多智，沉厚善決斷，專理内，每事多從。建國二十三年，崩。太祖即位，配饗太廟。

獻明賀皇后

《後魏書》曰：獻明皇后賀氏，父野干，東部大人。后少以容儀選入東宮，生太祖。苻洛之内侮也，后與太祖及故臣民避難北徙。俄而，高車奄來抄掠，后乘車與太祖避賊而南。輅失轄，后懼，仰天告曰："國家胤胄，豈正爾絶滅也！惟神靈扶助。"遂馳，輪正不傾，而免難。其後劉顯使人將害太祖，帝姑爲顯弟亢埿妻，知之，密以告后。后乃令太祖去之，后夜飲顯使醉之。向晨，故驚廐中羣馬，使起視馬，后泣而謂曰："吾諸子始皆在此，今盡亡失，汝等誰殺之也？"故顯不使急追。太祖至賀蘭部。顯怒，將害后，后夜奔亢埿家，匿神車中三日,亢泥舉室請救,乃得免。會劉顯部亂,始得亡去。

……

頁六七六上至六七七上

《太平御覽》卷八〇一《四夷部二二·北狄三·託跋氏》

《宋書》曰:託跋氏,其先漢將李陵之後也。陵降匈奴,單于妻之以女,字託跋,其後因氏焉。世豪强,分建種落也。

又曰:索頭虜姓託跋氏。匈奴有數百千種,各立名號,索頭亦其一也。晉初,索頭種有部落數萬家在雲中。惠帝末,并州刺史司馬騰於晉陽爲匈奴所圍,索頭虜單于猗䤛遣軍助騰。懷帝永嘉三年,䤛弟盧率部落自雲中入雁門,就并州刺史劉琨求樓煩等五縣,琨不能制,且欲倚盧爲援,乃上言:"盧兄䤛有救騰之功,宜請移五縣民於新興,以其地處之。"愍帝進盧爲代王,盧孫十翼犍據陰山,衆數十萬。犍死,子開字涉圭。即後魏道武皇帝。

又曰:虜俗以四月祠火,六月末,率大衆至陰山,謂之却霜。陰山去平城六百里,深邃饒樹木,霜雪未嘗釋,盖欲以暖氣禦寒也。

《後魏書》曰:黄帝子昌意少子,受封北土,國有大鮮卑山,因以爲號。其後,世爲君長,統幽都之北。黄帝以土德王,北俗謂土爲托,謂后爲跋,故以爲氏。其裔始均,仕堯世,逐女魃於弱水北,民賴其勳,帝舜嘉之,命爲田祖。歷三代,至秦漢,獫鬻、獯狁、山戎、匈奴之屬,累代殘暴,作害中州,而始均之裔,不交南夏,是以載籍無聞焉。積六七十世裔孫即成皇帝諱毛也。毛,統國三十六,大姓九十九,威振北方,莫不率服。至力微立,即成元皇帝也。諸部大人悉服,控弦之士二十餘萬,遷於定襄之盛樂也。

又曰:禄官立,始祖子也。分國爲三部。一居上谷北,濡源之西,東接宇文部,自統之。一居代郡之參合陂北,兄子猗㐌統之。一居定襄之盛樂故城,使猗㐌弟猗盧統之。

頁三五五四上至三五五四下

《册府元龜》卷一《帝王部‧帝系》

後魏道武,姓拓跋氏,其先出自黄帝。黄帝有子二十五人,或内列諸華,或外分一服,昌意少子,受封北土,國有大鮮卑山,因以爲號。其後,世爲君長,統幽都之北,廣漠之野,畜牧遷徙,射獵爲業,淳樸爲俗,簡易爲化,不爲文字,刻木紀契而已,世事遠近,人相傳授,如史官之紀録焉。黄帝以土德王,北俗謂土爲拓,謂后爲跋,故以爲氏。其裔始均,入仕堯世,逐女魃於弱水之北,民賴其勤,帝舜嘉之,命爲田祖。爰歷三代,以及秦漢,獯鬻、獫狁、山戎、匈奴之屬,累代殘暴,作害中州,而始均之裔,不交南夏,是以載籍無聞焉。積六十七世,至成皇帝屯立。聰明武略,遠近所推,統國三十六,大姓九十九,威振北方,莫不率服。其後有節帝貸、莊帝觀、明帝樓、安帝越、宣帝推寅。於是南遷大澤,方千餘里,厥土昏冰沮。又有景帝利、元帝侯、和帝肆、定帝機、僖帝蓋、威帝儈、獻帝隣。時有神人言於國曰:"此土荒遐,未足以建都邑,宜復徙居。"獻帝年時衰老,乃以位授子聖武帝詰汾。獻帝命令南移,山谷高深,九難八阻,於是欲止。有神獸,其形似馬,其聲類牛,先行導引,歷年乃出。始居匈奴之故地。其遷徙策略，多出宣、獻二帝，故時人并號曰"推寅"，蓋俗云"鑽研"之義。初，聖武帝嘗率數萬騎田於山澤，欻見輜軿自天而下。既至，見美婦人，侍衛甚盛。帝異而問之，對曰："我，天女也，受命相偶。"遂同寢宿。旦，請還，曰："明年周時，復會此處。"言終而別，去如風雨。及期，帝至先所田處，果復相見。天女以所生男授帝曰："此君之子也，善養視之。子孫相承，當世爲帝王。"語訖而去。子即始祖神元力微也。故時人諺云："詰汾皇帝無婦家，力微皇帝無舅家。"神元生而英睿。元年，歲在庚子。先是，西部内侵，國民離散，依於没鹿回部大人竇賓。始祖有雄傑之度，時人莫測。後與賓攻西部，賓軍敗，失馬步走，始祖使人以所乘駿馬給之。賓歸，令其部内求與馬之人，當加重賞，始祖隱而不言。久之，賓乃知，大驚，將分國之半，以奉始祖，始祖不受，乃進其愛女。賓猶思報恩，故問所欲。始祖請率所部北居長川，賓乃敬從。積十數歲，德威大洽，諸舊部民，咸來歸服。二十九年，賓臨終，戒其二子使謹奉始祖。其子不從，乃陰謀爲逆。始祖召殺之，盡并其衆，諸部大人，悉皆款服，控弦上馬二十餘萬。三十九年，遷於定襄之盛樂。四月，祭天，諸部君長皆來助祭，唯白部大人觀望不至，於是徵而戮之，遠近肅然，莫不震慴。始祖乃告諸大人曰："我歷觀前世匈奴、蹋頓之徒，苟貪財利，抄掠邊民，雖有所得，而其死傷不足相補，更招寇讎，百姓塗炭，非長計也。"於是與魏相親。神元饗國五十八年，年百四歲。子章帝悉鹿立，諸部離叛，國内紛擾。饗國九年。弟平帝綽立，雄武有謀略，威德復舉。饗國七年。神元孫太子追諡文帝沙漠汗之子。惠帝弗立，聰哲大度，爲諸父兄所重。政崇寬簡，百姓懷服。饗國一年。神元子昭帝禄官立,分國爲三部:帝自以一部居東,在上谷北,濡源之西,東接宇文部;以文帝之長子桓帝猗㐌統一部,居代郡之參合陂北;以桓帝弟穆帝猗盧統一部,居定襄之盛樂故城。自始祖以來,與晉和好,百姓乂安,財畜富實,控弦騎士四十餘萬。昭帝統部十三年。穆帝天資英特,勇略過人,遂總攝三部爲一統。三年,白部大人叛入西河,鐵弗劉虎舉衆於雁門應之,攻晉新興、雁門三郡。并州刺史劉琨來乞師,帝使弟子平文皇帝率騎二萬,助琨擊之,大破白部;次攻劉虎,屠其營落。虎收其餘燼,西走渡河,竄居朔方。晉懷帝進帝大單于,封代公。帝以封邑去國懸遠,民不相接,乃從琨求句注、陘北之地。琨自以託附,聞之大喜,乃徙馬邑、陰館、樓煩、繁畤、崞五縣之民於陘南,更立城邑,盡獻其地,東接代郡,西連西河、朔方,方數百里。帝乃徙十萬家以充之。八年,晉愍帝爲代王,置官屬,食代、恒山二郡。帝饗國九年。子普根立月餘而薨。普根子始生,桓帝后立之。其冬,晉根子又薨。思帝子平文帝鬱律立,姿質雄壯,甚有威略。元年,歲在丁丑。二年,劉虎據朔方,來侵西部,帝逆擊,大破之,虎單騎迸走。其從弟路孤率部落內附,帝以女妻之。西兼烏孫故地,東吞勿吉以西,控弦上馬將有百萬。饗國五年。桓帝中子惠帝賀傉立,以五年爲元年。政事太后臨朝。四年,帝始臨朝。以諸部人情未悉款順,乃築城於東木狼山,徙都之。饗國五年。弟煬帝紇那立。五年,出居於宇文部。賀蘭及諸部大人,共立平文帝長子翳槐,是爲烈帝。三年,石虎遣將李穆率騎五千納烈帝於大甯,國人六千餘落叛煬帝,煬帝出居於慕容部。烈帝復位,以三年爲後元年。城新盛樂城,在城東南十里。是年,平文帝次子昭成帝什翼犍立,帝生而奇偉,寬仁大度,喜怒不形于色。身長八尺,隆準龍顏,立髮委地,臥則乳垂至席。烈帝顧命,使弟彌自詣鄴奉迎,即位於繁畤之北,時年十九,稱建國元年。二年春,始置百官,分掌衆職。三年春,移都於雲中之盛樂宮,饗國二十九年,爲苻堅所破,國衆離散。堅使劉庫仁、劉衛辰攝國事。七年,堅敗于淮南。慕容文等殺庫仁,庫仁弟眷攝國事。九年,庫仁子顯殺眷而代之。明年,昭成嫡孫即位於牛川,建元登國,凡九年;又改皇始,凡二年;又改天興,是年即皇帝位,改國號魏,遷都平城,是爲道武皇帝。父曰獻明皇帝,母曰獻明賀皇后,并追尊成帝已下及后號謚。道武在位十四年,年三十九。長子相國大將軍齊王立,是爲明元帝,母曰劉貴人,在位十五年,年三十二。長子太平王監國,是爲大武帝,母曰密杜皇后,在位二十九年,年四十五。嫡孫立,是爲文成帝,父曰景穆皇帝,母曰宮閭皇后,在位十四年,年二十六。太子立,是爲獻文帝,母曰李貴人,在位六年,傳國於太子,是爲孝文帝,年二十二。孝文母曰李夫人,在位二十九年,改國姓曰元氏,年三十三。太子立,是爲宣武帝,母曰高夫人,在位十六年,年三十三。太子立,是爲孝明帝,母曰胡充華,在位十三年,年十九。孝文曾孫、京兆王愉孫、洮王寶暉子劉立,爲幼帝,在位六十日,爲爾朱榮所害。獻文孫、彭城王勰第三子立,是爲孝莊帝,母曰李妃,在位三年,年二十四,爲爾朱兆所害。爾朱世隆立太武玄孫長平王曄,在位六十日,廢之。又立獻文之孫、廣陵王羽之子,是爲前廢帝,母曰王氏,在位一年,年二十五,爲高歡所害。立章武王馳第三子,是爲後廢帝,母曰程氏,在位二年,年二十,遜位於孝文之孫、廣平王懷第三子,是爲出帝,母曰李氏,遷都長安,爲宇文泰所酖,在位五年,年二十五。泰立孝文孫、京兆王愉之子,是爲西魏文帝,母曰楊氏,在位十七年,年四十五。長子立,是爲廢帝,母曰乙弗后,在位三年。弟立,是爲恭帝,在位三年,禪於後周。後魏自丙申歲道武建國至恭帝丙子歲,凡七代,十八帝,共一百六十一年。

頁九下至一二上

《册府元龜》卷六《帝王部・創業二》(節錄)

後魏道武皇帝拓拔氏,昭成皇帝嫡孫,臣欽若等曰:昭成以上事起立,悉具帝王帝系門。始六歲居,昭成喪,僞秦苻堅使劉庫仁、劉衛辰分攝國事。南部大人長孫嵩盡將故民南依庫仁,帝轉辛獨孤部。其後,七年,十月,苻堅敗於淮南。是月,庫仁爲慕容文等所殺,以其弟眷攝國部。九年,庫仁子顯殺眷而代之,乃將謀逆。臣欽若等曰:將謀逆謂將殺道武。商人王霸知之,履帝足於衆中,帝乃馳還。是時故大人梁盖盆子六春,爲顯謀主,盡知其計,密使部人穆崇馳告。帝乃陰結舊臣長孫捷、元他等幸賀蘭部。顯使人求帝,不及。明年正月戊申,帝即代王位于牛川,建元登國元年。復以長孫嵩爲南部大人,以叔孫普雒爲北部大人。班叙勳勞,各有差。二月,幸定襄之盛樂。息衆課農。三月,劉顯臣欽若等曰:劉顯即劉庫仁之子是也。自善無南走馬邑,其族奴真率部來降。四月,改稱魏王。五月,車駕東幸陵石。護佛侯部帥侯辰、乙弗部帥代題叛走。諸將請追之,帝曰:"侯辰等世修職役,雖有小愆,宜且忍之。當今草刱，人情未一，愚近者固應趑趄，不足追也。"七月巳酉，車駕還盛樂。代題復以部落來降，旬有數日，亡奔劉顯。帝使其孫倍斤代領部落。是月，劉顯弟肺泥率騎掠奴真部落，既而率以來降。初，帝叔父窟咄爲苻堅徙于長安，因隨慕容永，以爲新興太守。八月，劉顯遣弟亢泥迎窟咄，以近隨之，來逼南境。於是諸部騷動，人心顧望。帝左右于桓等，與諸部人謀爲逆以應之。事泄，誅造謀五人，餘悉不問。帝慮內難，乃北踰陰山，幸賀蘭部，阻山爲固。遣行人安同、長孫賀使于慕容垂以徵師，垂遣使朝貢，并令其子賀驎率步騎以隨同等。十月，賀驎軍未至而寇巳前逼，於是北部大人叔孫普雒等十三人及諸烏丸亡奔衛辰。帝自弩山遷幸牛川，屯于延水南，出代谷，會賀驎於高柳，大破窟咄。窟咄奔衛辰，衛辰殺之，帝悉收其眾。十二月，慕容垂遣使朝貢，奉帝西單于印綬，封上谷王。帝不納。是歲，慕容垂僭稱皇帝於中山，自號大燕；苻丕死，苻登自立於壟東；姚萇稱皇帝於長安，自號大秦；慕容冲爲部下所殺，慕容永僭立也。

頁六四上至六四下

《通志》卷十五上《後魏紀第十五上》（節錄）

聖武帝　神元帝　思帝　昭帝　桓帝　穆帝　平文帝　惠帝　煬帝　烈帝　昭成帝

　　魏之先出自黃帝軒轅氏，黃帝子曰昌意，昌意之少子受封北國，有大鮮卑山，因以爲號。其後世爲君長，統幽都之北，廣漠之野，畜牧遷徙，射獵爲業，淆樸爲俗，簡易爲化，不爲文字，刻木結繩而已。時事遠近，人相傳授，如史官之紀錄焉。黃帝以土德王，北俗謂土爲托，謂后爲跋，故以爲氏。其裔始均，仕堯時，逐女魃於弱水，北人賴其勳，舜命爲田祖。歷三代至秦、漢，獯鬻、獫狁、山戎、匈奴之屬，累代作害中州，而始均之裔不交南夏，是以載籍無聞。

積六七十代，至成皇帝諱毛立，統國三十六，大姓九十九，威振北方。成帝崩，節皇帝貸立。節帝崩，莊皇帝觀立。莊帝崩，明皇帝樓立。明帝崩，安皇帝越立。安帝崩，宣皇帝推寅立。

宣帝南遷大澤，方千餘里，厥土昏冥沮洳，謀更南徙，未行而崩。景皇帝利立。景帝崩，元皇帝俟立。元帝崩，和皇帝肆立。和帝崩，定皇帝機立。定帝崩，僖皇帝蓋立。僖帝崩，威皇帝儈立。威帝崩，獻皇帝鄰立。

時有神人，言此土荒遐，宜徙建都邑。獻帝年老，乃以位授子聖武皇帝，命南移，山谷高深，九難八阻，於是欲止。有神獸似馬，其聲類牛，導引歷年乃出，始居匈奴故地。其遷徙策略多出宣、獻二帝，故時人並號曰推寅，蓋俗云鑽研之義。

聖武皇帝諱詰汾。嘗田於山澤，欻見輜軿自天而下。既至，見美婦人自稱天女，受命相偶。旦日請還，期年周時復會于此。言終而別。及朞，帝至先田處，果見天女，以所生男授帝，曰："此君之子也，當世爲帝王。"語訖而去。即始祖神元皇帝，也。故時人諺曰："詰汾皇帝無婦家，力微皇帝無舅家。"帝崩，神元皇帝立。

神元皇帝諱力微。元年，歲在庚子。先是西部內侵，依於沒鹿迴部大人竇賓。神元有雄傑之度。後與賓攻西部，賓軍敗，失馬步走，神元使以所乘駿馬給之。賓歸，求馬主，帝隱而不言。賓後知，大驚，將分國之半奉帝，帝不受，乃進其愛女。賓猶思報恩，乃從帝所欲，徙所部北居長川。積數年，舊部人咸來歸附。及賓臨終，戒其二子，使謹奉神元。其子不從，乃陰謀逆。帝召殺之，盡并其衆，諸部大人悉服，控弦之士二十餘萬。

　　三十九年，遷於定襄之盛樂。四月祭天，諸部君長皆來助祭，唯白部大人觀望不至，徵而戮之，遠近肅然。帝乃告諸大人，爲與魏和親計。

　　四十二年，遣子文帝如魏，且觀風土。是歲，魏景元二年也。

　　文帝諱沙漠汗，以國太子留洛陽。後文帝以神元春秋已高，求歸，晉武帝具禮護送。五十六年，文帝復如晉，其冬還國。晉征北將軍衛瓘以文帝雄異，恐爲後患，請留不遣，復請以金錦賂國之大人，令致間隙。五十八年方遣帝。神元使諸部大人詣陰館迎帝。酒酣，帝仰視飛鳥，飛丸落之。時國俗無彈，衆大驚，相謂曰："太子被服同南夏，兼奇術絕人，若繼國統，變易舊俗，吾等必不得志。"乃謀危害帝。並先馳還，曰："太子引空弓而落飛鳥，似得晉人異法。"自帝在晉後，諸子愛寵，神元頗有所惑。及聞諸大人請，因曰："當便除之。"於是諸大人馳詣塞南，矯害帝。

　　其年，神元不豫。烏丸王庫賢親近任勢，先受衛瓘之貸，欲沮動諸部，因於庭中礪鉞，謂諸大人曰："上恨汝曹讒殺太子，欲盡收諸大人長子殺之。"大人皆信，各各散走。神元尋崩，凡饗國五十八年，年一百四歲。道武即位，尊爲始祖。

　　子章皇帝悉鹿立，時諸部離散。帝九年而崩。

弟平皇帝綽立，七年而崩。

文帝少子思皇帝立。思皇帝諱弗。政崇寬簡，百姓懷服。一年而崩。

昭皇帝諱禄官，神元帝之子也。帝立九年，分國爲三部。一居上谷北，濡源西，東接宇文部，自統之。一居代郡之參合陂北，使文帝長子桓帝諱猗㐌統之。一居定襄之盛樂故城，使桓帝弟穆帝猗盧統之。

自神元以來，與晉和好。是歲，穆帝始出并州，遷雜胡北徙雲中、五原、朔方。又西度河，擊匈奴、烏丸諸部。自杏城以北八十里迄長城原，夾道立碣，與晉分界。

二年，葬文帝及皇后封氏。初，思帝欲改葬，未果而崩，至是述成前意焉。

三年，桓帝度漠北巡，因西略諸國，凡積五歲，諸部附降者三十餘國。桓帝英傑魁岸，馬不能勝，常乘安車，駕大牛，牛角容一石。帝曾中蠱，嘔吐之地仍生榆，參合陂土無榆，故時人異之。

十年，匈奴別種劉淵反晉於離石，自號漢王。并州刺史司馬騰來乞師，桓帝與帝大舉以助之，大破淵衆於西河、上黨。桓帝與騰盟於汾東而還，乃使輔相衛雄、段繁於參合陂西累石爲亭，樹碑以紀行焉。

十一年，晉假桓帝大單于金印紫綬。是歲，桓帝崩。桓帝統部凡十一年。後定襄侯衛操樹碑於大邗城，以頌功德。子普根代立。

十三年，昭帝崩。穆帝總攝三部爲一統。

帝天姿英峙，勇略過人。元年，劉淵僭帝號，自稱大漢。

三年，晉并州刺史劉琨遣子導爲質，乞師。帝使弟子平文皇帝助琨破白部大人，次攻鐵弗劉虎。晉懷帝進帝大單于，封代公。帝以封邑去國縣遠，從琨求句注陘北地。琨大喜，乃徙馬邑、陰館、樓煩、繁畤、崞五縣人於陘南，更立城邑，盡獻其地，東接代郡，西連西河、朔方數百里。帝乃徙十萬家以充之。

六年，城盛樂以爲北都，修故平城以爲南都。帝登平城西山，觀望地勢，乃更南百里，於灅水之陽黃瓜堆築新平城，晉人謂之小平城，使子六修鎮之，統領南部。

八年，晉愍帝進帝爲代王，置官屬，食代、常山二郡。先是國俗寬簡，至是明刑峻法，諸部人多以違命得罪。凡後期者皆舉部戮之，或有室家相攜，悉赴死所，人問何之，曰當就誅。其威嚴若此。

九年，帝召六修不至，怒，討之失利，遂崩。

普根先守外境，聞難，來攻六脩滅之。普根立月餘薨。普根子始生，桓帝后立之，又薨，思帝子平文皇帝立。

平文皇帝諱鬱律。姿質雄壯，甚有威略。元年，歲在丁丑。二年，劉虎據朔方，來侵西部，帝大破之。西兼烏孫故地，東吞勿吉以西，控弦上馬將百萬。

是歲，晉元帝即位於江南，劉曜僭帝位。帝聞晉愍帝爲曜所害，顧謂大臣曰："今中原無主，天其資我乎。"曜遣使請和，帝不納。

三年，石勒自稱趙王，遣使乞和，請爲兄弟，帝斬其使以絕之。五年，晉元帝遣使韓暢加崇爵服，帝絕之。講武，有平南夏志。桓帝后以帝得衆心，恐不利巳子，害帝，遂崩，大人死者數十人。天興初,追尊曰太祖。

惠皇帝諱賀傉,桓帝中子也,以五年爲元年。帝未親政事,太后臨朝,遣使與石勒通和,時人謂之女國使。四年,帝始臨朝,以諸部人情未悉款順,乃築城於東木根山,徙都之。五年,帝崩。

煬皇帝諱紇那,惠帝之弟也,以五年爲元年。三年,石勒遣石虎寇邊部,帝禦之,不利,遷於大寧。

時平文帝長子烈帝居於舅賀蘭部,帝遣使求之,賀蘭部帥藹頭擁護不遣。帝怒,召宇文部并力擊藹頭。宇文衆敗,帝還大寧。五年,帝出居於宇文部,賀蘭及諸部大人共立烈帝。

烈皇帝諱翳槐,以五年爲元年。石勒遣使求和,帝遣弟昭成帝如襄國,徙者五千餘家。七年,藹頭不修臣職,召而戮之,國人復貳。於是煬帝自宇文部還入,諸部大人復奉之。

煬帝以烈帝七年爲後元年。時烈帝出居於鄴。三年,石虎納烈帝於大寧。國人六千餘家部落叛,煬帝出居於慕容部。

烈帝復立,以煬帝三年爲後元年。城盛樂城,在故城東南十里。一年而崩,弟昭成皇帝立。

昭成皇帝諱什翼犍,平文皇帝之次子也。生而奇偉,寬仁大度,身長八尺,隆準龍顏,立髮委地,卧則乳垂至席。烈帝臨崩,顧命迎帝,曰:"立此人則社稷乃安。"故帝弟孤自詣鄴奉迎,與帝俱還。

十一月,即位於繁畤北,始稱建國元年,時年十九。

二年春,始置百官,分掌衆職。東自濊貊,西及破落那,莫不款附。五月，朝諸大人於參合陂，議定都灅源川，連日不決，乃從太后計而止。聘慕容皝妹爲皇后。

三年春，移都雲中之盛樂宮。

四年，築盛樂城於故城南八里。皇后慕容氏崩。十月，劉虎寇西境，帝遣軍大破之。虎死，子務桓立，始來歸順，帝以女妻之。

五年五月，幸參合陂。七月七日，諸部畢集，設壇墠，講武騎射，因以爲常。八月，還雲中。

七年二月，遣大人長孫秩迎后慕容氏於和龍，皝送女於境。七月，慕容皝遣使來聘，求交婚，帝許之，以烈帝女妻焉。

十四年，帝以中州紛梗，將親率六軍，乘石氏之亂，廓定中原，諸大人諫，乃止。

十八年，太后王氏崩。

十九年正月，劉務桓死，其弟閼頭立，潛謀反。

二十一年，閼頭部人多叛，懼而東走，度河半濟而冰陷。後衆盡歸其兄子悉勿祈。初，閼頭之叛，悉勿祈兄弟十二人在帝左右，盡遣之歸，欲其自相猜離。至是，悉勿祈奪其衆，閼頭窮而歸命，帝待之如初。

二十二年春，帝東巡桑乾川。四月，悉勿祈死，弟衛辰立。

二十三年六月，皇后慕容氏崩。七月，衛辰來會葬，因求婚，許之。

二十五年，帝南巡君子津。

二十八年正月，衛辰謀反，度河東，帝討之，衛辰懼，遁走。

三十年十月，帝征衛辰。時河冰未成，帝乃以葦絙約漸，俄然冰合，乃散葺於上，冰草相結若浮橋，然衆軍利涉。衛辰與宗族西走，收其部落而還。

三十四春，長孫斤謀反，伏誅。斤之反也，拔刃向御坐，太子寔格之，傷脇，五月薨，後追謚焉，是爲獻明皇帝。七月，皇孫珪生，大赦。

三十九年，秦王苻堅遣其大司馬苻洛帥衆二十萬及其將朱彤、張蚝、鄧羌等諸道來寇，王師不利。帝時不豫，乃率國人避於陰山之北。高車雜種盡叛，四面寇鈔，不得芻牧，復度漠南。堅軍稍退，乃還。十二月，至雲中。旬有二日，皇子寔君作亂，帝暴崩，時年五十七。道武即位，尊曰高祖。

帝性寬厚。時國少繒帛，代人許謙盜絹二疋，守者以告，帝匿之，謂燕鳳曰："吾不忍視謙之面，卿勿洩之，謙或漸而自殺，爲財辱士，非也。"帝嘗擊西部叛賊，流矢中目。賊破後，諸大臣見執射者，各持錐刀欲屠割之。帝曰："各爲其主，何罪也，釋之。"其仁恕若此。

道武帝

太祖道武皇帝諱珪，昭成皇帝之嫡孫，獻明帝之子也。母曰獻明賀皇后，初后因遷徙，游於雲澤，寢，夢日出室內，寤而見光自牖屬天，欻然有感，以建國三十四年七月七日生帝於參合陂北，其夜復有光明。昭成大悅，群臣稱慶，大赦，告于祖宗。保母以帝體重倍於常兒，竊獨奇怪。明年有榆生於藏胞之坎，後遂成林。帝弱而能言，目有光曜，廣顙大耳。六歲而昭成崩，苻堅遣將内侮，將遷帝長安，賴燕鳳乃免。堅軍既還，國衆離散，堅使劉庫仁、劉衛辰分攝國事。南部大人長孫嵩及元他等盡將故人衆南依庫仁，帝於是轉在獨孤部。

元年，葬昭成皇帝於金陵，營梓宮木枿盡生成林。帝雖冲幼，而嶷然不群。劉庫仁常謂其子曰："帝有高天下之志，必興復洪業。"

七年十月，晉敗苻堅于淮南。慕容文等殺劉庫仁，弟眷代攝國部。

八年，燕慕容暐弟冲僭立。苻堅將姚萇自稱大單于、萬年秦王。慕容垂僭稱燕王。

九年，劉庫仁子顯殺眷而代之，乃將謀逆，商人王霸知之，履帝足於衆中，帝乃馳還。是時，故大人梁盆子六眷爲顯謀主，盡知其計，密使部人穆崇馳告。帝乃陰結舊臣長孫犍、元他等，因幸賀蘭部。其日，顯果使人殺帝，不及。語在《獻明太后傳》。

是歲，乞伏國仁私署秦、河二州牧、大單于。姚萇殺苻堅，堅子丕僭即皇帝位於晉陽。

登國元年春正月戊申，帝即代王位，郊天建元，大會於牛川。復以長孫嵩爲南部大人，以叔孫普洛爲北部大人。是月，慕容垂僭即皇帝位于中山，國號燕。二月，幸定襄之盛樂，息衆課農。慕容冲爲其部下所殺。

夏四月，改稱魏王。五月，姚萇僭即皇帝位於長安，國號大秦。

秋八月，劉顯遣弟亢泥迎皇叔父窟咄于慕容永，以兵隨之，來逼南境。帝左右于桓等與諸部大人謀應之，事洩，誅造謀者五人，餘悉不問。帝慮内難，乃北踰陰山，幸賀蘭部，阻山爲固。遣行人安同、長孫賀徵師于慕容垂,垂令其子賀驎率師隨同等。軍未至而寇逼,於是北部大人叔孫普洛等十三人及諸烏丸亡奔衛辰。帝自弩山幸牛川,屯于延水,南出代谷,會賀驎於高柳,大破窟咄,悉收其衆。

冬十月,苻丕爲晉將馮該所殺。慕容永僭即皇帝位於長子。十一月,苻登僭即皇帝位於隴東。十二月,慕容垂遣使奉帝西單于印綬,封上谷王,帝不納。

頁二六九上至二七一中

《通志》卷二十《后妃傳二·後魏》(節錄)

自典午氏南遷,下逮宋齊梁陳六宮制度,前史言之審矣。魏氏王業之兆,雖基於神元,而其時章國典,百不一具,故自昭成以前,未有及内職之事,章、平、思、昭、穆、惠、煬、烈傳禪八君,妃后無聞焉。及道武建國始追尊祖妣,皆從帝謚爲皇后。爰立中宮以配宸極,中宮而下或稱夫人,其員數多寡,悉無準限。然粗有品秩,可以銓次。太武統寓,國家殷盛,稍增左右昭儀及貴人、椒房等,自是後庭漸已充實矣。又魏世故事,將立皇后,必令手鑄金人,以成者爲吉,不則不得立也。

……

神元皇后竇氏,没鹿回部大人竇之女也。竇臨終,誡其二子速侯、回題,令善事帝。及竇卒,速侯等欲因帝會喪爲變。語泄,帝聞之,晨起以佩刀殺后,馳使告速侯等,言后暴崩。速侯等來赴,因執殺之。

文帝皇后封氏,生桓、穆二帝,早崩。桓帝立,乃葬焉。文成初,穿天泉池,獲一石銘,稱桓帝葬母氏,遠近赴會二十餘萬。有司以聞，命藏之太廟。次妃蘭氏，是生思帝。

桓皇后惟氏，生三子，長曰普根，次惠帝，次煬帝。平文崩，后攝國事，時人謂之曰"女國"。后性猛忌，平文之崩，后所爲也。

平文皇后王氏，廣寧人也。年十三，因事入宮，得幸於平文，生昭成帝。平文崩，昭成在襁褓。時國有內難，將害帝子。后匿帝於袴中，咒曰："若天祚未終者，汝無聲。"遂良久不啼，得免於難。昭成初欲定都於灅源川，築城郭，起宮室，議不決。后聞之曰："國自上世，遷徙爲業。今事難之後，基業未固，若郭而居，一旦寇來，難卒遷動。"乃止。烈帝之崩，國祚殆危，興復大業，后之力也。崩，葬雲中金陵。道武即位，配饗太廟。

昭成皇后慕容氏，慕容皝之女也。初帝納皝妹爲妃，未幾而崩。皝復請繼好。遣大人長孫秩逆后，皝送于境上。后至，有寵，生獻明帝及秦明王。后性聰敏多智，專夕理內，每事多從。初，昭成遣衛辰兄悉勿祈還部落也，后誡之曰："汝還，必深防衛辰。辰姦猾，終當滅汝。"悉勿祈死，其子果爲衛辰所殺，卒如后言。建國二十三年，崩。道武即位，配饗太廟。

獻明皇后賀氏，東部大人野干女也。少以容儀選入東宮，生道武。苻洛之內侮也，后與道武及故臣吏避難北徙。俄而高車來抄掠，后乘車避賊而南，中路失道，乃仰天曰："國家允胄豈正爾絕滅也！惟神靈扶助。"遂馳，輪正不傾。行百餘里，至七个山南而免難。後劉顯使人將害帝，帝姑爲顯弟亢埿妻，知之，密以告后。梁眷亦來告難。后乃令帝去之。

后夜飲顯醉，向晨，故驚厩中群馬，使起視馬，后泣謂曰："吾諸子始皆在此，今盡亡矣，汝等誰殺之？"故顯使不急追。道武得至賀蘭部，群情未甚歸附，后從弟外朝大人悦舉部隨從，供奉盡禮。顯怒，將害后，后奔亢埿家，匿神車三日。亢埿舉室請救，乃得免。會劉顯部亂，始得亡歸。後后弟染干忌道武之得人心，舉兵圍逼行宫。后出謂染干曰："汝等今安所置我，而欲殺吾子也？"染干漸而去。

……

頁三九二下至三九三上、三九四上至三九四中

《通志》卷一百四十六《列傳五十九·後魏·衛操》

衛操字德元，代人也。少通俠，有才略。晉征北將軍衛瓘以操爲牙門將。當神元時，頗自結附。及神元崩後，與從子雄及其宗室鄉親姬澹等數十人，同來歸國，説桓、穆二帝招納晉人，於是晉人附者稍衆。桓帝嘉之，以爲輔國，任以國事。及劉、石之亂，勸桓帝匡助晉氏。司馬騰聞而喜之，表加將號。稍遷至右將軍，封定襄侯。桓帝崩後，操立碑於大邗城南，以頌功德，云："魏，軒轅之苗裔。"言：桓穆二帝"統國御衆，威禁大行。國無姦盜，路有頌聲。威武所向，下無交兵。招諭六狄，咸來歸誠。奉承晉皇，扞禦邊疆。王室多難，天網弛綱。豪心遠濟，靡離其殃。歲薦逆命，姦盜豺狼。永安元年，歲次甲子。姦黨猶逆，東西狼跱。敢逼天王，兵甲屢起。怙衆肆暴，虐用將士。鄴、洛構隙，棄親求疏。乃招異類，屠各、匈奴。交刃千里，長蛇塞塗。晉道應天，言展良謨。使持節、平北將軍、并州刺史、護匈奴中郎將、東嬴公司馬騰，

才神絕世,規略超遠。欲求外救,朝臣莫應。簡賢選士,命茲良使。遣參軍壺倫、牙門中行嘉、義陽亭侯衛謨、協義亭侯衛鞬等,馳奉檄書,至晉陽城"。又稱桓、穆二帝,"心存宸極。輔相二衛,對揚毗翼。操展文謀,雄奮武烈。承命會議,諮論奮發。翼衛内外,鎮静四方。志在竭力,奉戴天王。忠恕用綈,外勤亦攘。功濟方州,勳烈光延。升平之日,效貢充藩。馮瞻鑾蓋,步趾三川。有德無禄,大命不延。年三十九,以永興三年六月二十四日寢疾薨殂。背棄華殿,雲中名都。國失惠主,哀感歔欷。悲痛煩冤,載呼載號。遠近親軌,奔赴梓廬。仰訴造化,痛延悲夫!"時晉光熙元年也。皇興初,雍州别駕雁門段榮於大邗掘得此碑,文雖非麗,事宜載焉,故略附於傳。操以穆帝三年卒。始操所與宗室鄉親入國者,衛勤安樂亭侯,衛崇、衛清並都亭侯,衛玩、段繁並信義將軍、都鄉侯,王發建武將軍、都亭侯,范班折衝將軍、廣武亭侯,賈慶建武將軍、上洛亭侯,賈循都亭侯,李壹關中侯,郭乳關内侯,皆爲桓帝所表授也。六修之難,存者多隨劉琨任子遵南奔。衛雄、姬澹、莫含等名皆見碑。雄字世遠,澹字世雅,並勇健多計,桓帝並以爲將,常隨征伐。雄稍遷至左將軍、雲中侯。澹亦以勇績著名,桓帝末,至信義將軍、樓煩侯。穆帝初,並見委任,衛操卒後,俱爲左右輔相。六修之逆,國内大亂,雄、澹並爲群情所附,乃與劉遵率烏丸、晉人數萬而部。刺史聞之,大悅,如平城撫納之,欲因以滅石勒。後爲勒將所害。

頁二三〇三上至二三〇三中

《通志》卷一百四十六《列傳五十九・後魏・莫含》（節錄）

莫含，雁門繁畤人。家世貨殖，貲累鉅萬。劉琨爲并州，辟爲從事。含居近塞，常往來國中。穆帝愛其才器。及爲代王，備置官署，求含於琨。琨遣含入國，含心不願。琨喻之，乃入代，參國官。甚爲穆帝所重，常參軍國大議。卒於左將軍、關內侯。其故宅在桑乾川南，世稱莫含壁，含音訛，或謂之莫回城云。子顯，昭成世，爲左常侍。

頁二三○三中至二三○三下

《通志》卷一百四十六《列傳五十九・後魏・劉庫仁》（節錄）

劉庫仁字沒根，獨孤部人，劉虎之宗也。少豪俠，有智略。母平文皇帝之女。昭成皇帝復以宗女妻之，爲南部大人。始建國三十九年，皇子寔君弑逆，昭成暴崩。道武時年六歲，秦苻堅伐亂，遂取其國，乃以庫仁爲陵江將軍、關內侯，令與衛辰分國部衆而統之。自河以西屬衛辰，自河以東屬庫仁。於是獻明皇后攜道武及衛、秦二王自賀蘭部來依庫仁。庫仁盡忠奉事，不以廢興易節。庫仁又竭誠事堅，故堅以爲廣武將軍，給幢麾鼓蓋，儀比諸侯。衛辰恥在庫仁之下，殺堅五原太守而叛，庫仁破之，追至陰山西北千餘里，獲其妻子，盡收其衆及畜產，徙其部落，置之桑乾川。苻堅賜庫仁妻公孫氏，厚其資送，加庫仁振威將軍。後慕容垂圍苻丕於鄴，又遣將平規攻堅幽州刺史王永于薊，庫仁遣妻兄公孫希率騎三千人，助永擊規，大破之，坑規降卒五千餘人。乘勝長驅，進據唐城，與垂子麟相持。庫仁聞希破規，復將大舉以救丕。發雁門、上谷、代郡兵，次於繁畤。先是，慕容文等當徙長安，遁依庫仁部，常思東歸。是役也，文等夜率三郡人，攻庫仁。庫仁匿於馬廄，文執而殺之。乘其駿馬，奔慕容垂。公孫希聞亂，走丁零。庫仁弟頭眷，繼攝事。頭眷第二子羅辰，有智謀，謂眷曰："此來行兵，所向無敵，心腹之疾，願早圖之。"眷曰："誰也？"對曰："從兄顯，忍人也，為亂非旦則夕耳。"眷不以為意。顯果殺眷代立。顯，庫仁子也。顯既殺眷，又謀逆。及道武即位，討顯于馬邑，追至彌澤，大破之。後奔慕容驎，驎徙之中山。羅辰即宣穆皇后兄也。顯既殺眷，羅辰遂奔道武。顯恃彊，每欲謀逆，羅辰輒先聞奏。拜南部大人。

……

頁二三〇三下至二三〇四上

《文獻通考》卷三百四十二《四裔十九·托跋氏》

托跋氏亦東胡之後，別部鮮卑。《後魏史》云："出自黃帝子昌意之少子，受封北土，亦國鮮卑山以為號。"《宋》《齊》二史又云"漢降將李陵之後"。或云黃帝之苗允，以黃帝土德，謂土為托，后為拔，故以為氏。其裔始均仕堯時，逐女魃於弱水北，人賴其勳，命為田祖。歷三代至秦，不交南夏，是以載籍無聞。六十七代裔孫屯，統國三十六，大姓九十九。其後至詰汾，嘗田於山澤，欻見輻軿自天而下，見美婦人，自稱天女，曰："天命相偶"。明日請還，期明年復會此。及期，至先田處，果見天女，以所生男授詰汾曰："此是君之子"，即力微也。力微立,諸郡大人悉服,控弦之士二十餘萬,遷於定襄之盛樂。子祿官立,分國爲三部:一居上谷北,濡源西,東接宇文部,自統之;一居代郡之參合陂北,在今馬邑郡。兄子猗㐌統之;一居定襄之盛樂故城,亦在今馬邑郡。使猗㐌弟猗盧統之。後晉封爲代王,置官屬,始出并州,遷雜胡北徙雲中、五原、朔方,又西度河,擊匈奴、烏桓諸部。自杏城以北八十里今中部郡之西迄長城原,夾道立碣,與晉分界。長城原,在今洛交郡三川縣。姪孫什翼犍始建年號,分置百官。至其孫涉珪,即後魏道武皇帝也。

頁二六八三下至二六八四上

《讀史方輿紀要》卷四《歷代州域形勢四·南北朝》(節錄)

後魏起自北荒,

史略:後魏之先爲鮮卑索頭部,世居北荒,後漸徙而南,居匈奴故地,至拓跋力微遂徙居定襄之盛樂。今大同府西北三百餘里有盛樂故城。四傳至祿官,祿官,力微之少子,四傳始及之。分其國爲三部,一居上谷之北濡源之西,濡源,濡水之源也,其地在今北直宣府之西。自統之;一居代郡參合陂之北,參合陂,今大同府東百里有參合城。使兄子猗㐌統之;一居盛樂,使猗㐌弟猗盧統之。其後猗盧遂總攝三部。晉永嘉四年,并州刺史劉琨討劉虎及白部,皆鮮卑種,在并州西北。請兵於猗盧,大破之,琨因表猗盧爲大單于,以代郡封之爲代公。猗盧以封邑去國懸遠,乃帥部落自雲中入雁門,從琨,求陘北地,陘嶺以北也。陘嶺,即太原府代州西二十五里之勾注山,見前。琨與之,由是益盛。

建興二年，進猗盧爲代王，食代、常山二郡。其後國亂，四傳至鬱律，築城於東木根山，徙居之。在今大同府北境。其後孝文言："遠祖世居北荒，平文皇帝始居東木根山。"平文，鬱律謚也。《魏書》云："賀傉始城東木根山而居之。"又再傳至紇那，爲石虎所敗，徙都大甯。今北直永寧州西北故廣甯城是也。紇那國亂，翳槐有其地，翳槐，鬱律子也。乃復城盛樂而居之。其弟什翼犍代立，國益強。東自濊貊，今朝鮮北境，古東夷國。西及破落那，今甘肅西北塞外，唐曰寧遠國。南距陰山，北盡沙漠，悉皆歸服。晉咸康六年，什翼犍始都雲中之盛樂宮。其後孝文言："昭成皇帝更營盛樂。"謂什翼犍也。既而劉衛辰引苻秦兵擊代，代亂，秦兵趨雲中，遂定代地，分代民爲二部，自河以東屬別部大人劉庫仁，庫仁，什翼犍之甥，亦劉衛辰族也。自河以西屬劉衛辰。太元九年，苻秦亂。十一年，諸部共推拓跋珪爲主，即代王位。珪，什翼犍之孫。珪復居定襄之盛樂，定襄之盛樂，即雲中之盛樂也。自前漢而言則屬定襄，自後漢而言則屬雲中。改稱魏王，尋平劉顯，顯，庫仁之子，乘亂欲據代地并殺珪。珪既立，顯自善無走馬邑，珪請兵於後燕，共擊之，顯自馬邑西山奔西燕。善無，今大同府朔州北境有故城。馬邑，今朔州東北有故城。滅劉衛辰，珪襲擊衛辰於悅跋城，滅之。悅跋城，在今陝西榆林衛北，衛辰所居也。自河以南諸部悉降，自此雄於北方矣。

……

《都邑考》：拓跋力微始自北荒遷盛樂，猗盧復徙馬邑，城盛樂爲北都，修故平城爲南部。賀傉都東木根山。賀傉應作"鬱律"。什翼犍更城盛樂，其孫珪復都雲中，即盛樂也，亦謂之雲中宮。改代曰魏，尋徙平城。

頁一六九至一七〇、一七二

散見史料繫年録

公元二六一年　魏元帝景元二年

（景元二年）是歲，鮮卑索頭部大人拓跋力微始遣其子沙漠汗入貢，因留爲質。索，昔各翻。汗，音寒。質，音致。力微之先，世居北荒，不交南夏。魏收曰：魏之先出自黄帝，黄帝子曰昌意，昌意少子受封北國，有大鮮卑山，因以爲號。黄帝以土德王，北人謂土爲"托"，謂后爲"拔"，故以爲氏。或曰：自謂托天而生，拔地而長，故爲托拔氏。蕭子顯曰：匈奴女名托跋，妻李陵，胡俗以母爲姓，故爲李陵之後而甚諱之，有言其是陵後者，輒見殺。夏，户雅翻。至可汗毛，始强大，可汗，北方之尊稱，猶漢時之單于也。宋白曰：虜俗呼天爲汗。可，讀如渴。汗，何干翻。統國三十六，大姓九十九；後五世至可汗推寅，《魏書》曰：漢桓帝時，鮮卑檀石槐分其地爲東西三部，其大人曰置鞬落羅，曰律推演、宴荔游等，皆爲大帥。推演，蓋即推寅也。按魏收《魏書·帝紀》：毛死，貸立；貸死，觀立；觀死，樓立；樓死，越立；越死，推寅立。推寅，蓋俗云鑽研之義。南遷大澤；又七世至可汗鄰，推寅死，利立；利死，俟立；俟死，肆立；肆死，機立；機死，蓋立；蓋死，儈立；儈死，鄰立。使其兄弟七人及族人乙旃氏、車焜氏車，昌遮翻。焜，胡昆翻，又公渾翻，又古本翻。分統部衆爲十族，按《魏書·官氏志》：毛統國有九十九姓，至鄰，七分國人，使諸兄弟各攝領之。乃分其民，以兄爲紇骨氏，後改爲胡氏；次兄爲普氏，後改爲周氏；次兄爲拔拔氏，後改爲長孫氏。弟爲達奚氏，後改爲奚氏；次弟爲伊婁氏，後改爲伊氏；次弟爲丘敦氏，後改爲丘氏；次弟爲侯氏，後改亥氏。七族之興，自此始也。又命叔父之胤曰乙旃氏，後改爲叔孫氏。又命疏族爲車焜氏，後改爲車氏。凡與托拔氏爲十姓，百世不通婚。鄰老，以位授其子詰汾，使南遷，遂居匈奴故地。詰汾卒，力微立，復徙居定襄之盛樂，漢定襄郡有成樂縣，後漢屬雲中郡。建安二十年，併雲中、定襄、五原、朔方爲新興郡，郡止置一縣，以屬新興；而盛樂故縣棄之荒外，故力微得居之。後魏既盛，南都平城，置盛樂宮於其地，永熙中，又置盛樂郡。復，扶又翻。部衆浸盛，諸部皆畏服之。拓跋氏始見于此。鮮卑軻比能與魏爲敵者也。軻比能死，北邊差安，而拓跋氏盛矣，爲後魏張本。

《資治通鑑》卷七十七《魏紀九·元帝景元二年》頁二四五九至二四六〇

（鮮卑）景元中，鮮卑索頭部大人拓跋力微復雄于代北，即北魏之先也。

《讀史方輿紀要》卷十八《北直九·萬全行都司·鮮卑》頁八六二

（盛樂城）鮮卑拓拔力微始居其地。

《讀史方輿紀要》卷四十四《山西六·大同府·盛樂城》頁一九九七

公元二六五年　西晉武帝泰始元年

（泰始初）于時幽并東有務桓，西有力微，並爲邊害。①
　　　　《晉書》卷三十六《列傳第六·衛瓘》頁一〇五七

（泰始初）于時幽并東有務桓，西有力微，並爲邊害。
《通志》卷一百二十一下《列傳三十四下·晉·衛瓘》頁一八六三中

公元二六七年　西晉武帝泰始三年

（泰始三年）是歲，遣鮮卑拓跋沙漠汗歸其國。沙漠汗入質，見七十七卷魏元帝景元二年。汗，音塞。
《資治通鑑》卷七十九《晉紀一·武帝泰始三年》頁二五〇五

公元二七五年　西晉武帝咸寧元年

（咸寧元年）六月，鮮卑力微遣子來獻。
　　　　　　《晉書》卷三《帝紀第三·武帝》頁六五

咸寧元年六月，鮮卑力微遣子來獻。
《册府元龜》卷九六八《外臣部·朝貢一》頁一一三八〇上

---

① 由於此條史料前有"泰始初"字樣，因此將其置於泰始元年。下不贅述。

（咸寧元年）夏，六月，鮮卑拓跋力微復遣其子沙漠汗入貢，沙漠汗初入貢，見七十八卷元帝景元二年。汗，音寒。將還，幽州刺史衛瓘表請留之，又密以金賂其諸部大人離間之。爲力微信譖殺沙漠汗張本。間，古莧翻。

《資治通鑑》卷八十《晉紀二·武帝咸寧元年》頁二五四一

（咸寧元年）六月，鮮卑力微遣子來獻。

《通志》卷十上《晉紀十上·武帝》頁一八一上

公元二七六年　西晉武帝咸寧二年

（咸寧二年二月）并州虜犯塞，監并州諸軍事胡奮擊破之。

《晉書》卷三《帝紀第三·武帝》頁六五

（咸寧）二年二月，并州虜犯塞，監并州諸軍事胡奮擊破之。

《冊府元龜》卷九八四《外臣部·征討三》頁一一五五四上

（咸寧二年二月）并州虜犯塞，監并州諸軍事胡奮擊破之。

《通志》卷十上《晉紀十上·武帝》頁一八一中

公元二七七年　西晉武帝咸寧三年

（咸寧三年春正月）庚寅，始平王裕薨。有星孛於西方。使征北大將軍衛瓘討鮮卑力微。

《晉書》卷三《帝紀第三·武帝》頁六七

（咸寧三年春正月）庚寅，始平王裕薨。有星孛于西方，使征北大將軍衛瓘討鮮卑力微。

《通志》卷十上《晉紀十上·武帝》頁一八一下

瓘離間二虜，遂致嫌隙，於是務桓降而力微以憂死。

《晉書》卷三十六《列傳第六·衛瓘》頁一〇五七

瓘離間二虜，遂致嫌隙，於是務桓降而力微以憂死。

《通志》卷一百二十一下《列傳三十四下·晉·衛瓘》頁一八六三中

（咸寧三年）衛瓘遣拓跋沙漠汗歸國。前年瓘表留沙漠汗，讒間既行，乃遣歸。自沙漠汗入質，入質見七十七卷魏元帝景元二年。質，音致。力微可汗諸子在側者多有寵。及沙漠汗歸，諸部大人共譖而殺之。既而力微疾篤，烏桓王庫賢親近用事，受衛瓘賂，欲擾動諸部，乃礪斧於庭，謂諸大人曰："可汗恨汝曹讒殺太子，此時鮮卑君長已有可汗之稱。可，今讀從刊入聲。汗，音寒。欲盡收汝曹長子殺之。"長，知兩翻。諸大人懼，皆散走。力微以憂卒，時年一百四。子悉祿立，"悉祿"，魏收《魏書》作"悉鹿"。其國遂衰。

初，幽、并二州皆與鮮卑接，東有務桓，西有力微，多爲邊患。衛瓘密以計間之，間，古莧翻。務桓降而力微死。《考異》曰：魏收《後魏書》："鐵弗劉虎，匈奴去卑之孫，昭成四年死，子務桓立。"按昭成四年，晉成帝咸康七年也，務桓不應與瓘同時，蓋二人皆名務桓耳。朝廷嘉瓘功，封其弟爲亭侯。

《資治通鑑》卷八十《晉紀二·武帝咸寧三年》頁二五四八至二五四九

（咸寧三年）是歲，鮮卑拓跋力微死。力微在位五十八年，年百四歲。魏道武立，追尊爲始祖神元帝。

《通志》卷二十三《年譜三·晉·咸寧三年》頁四二六中

公元二八六年　西晉武帝太康七年

（太康七年）是歲，鮮卑拓跋悉鹿卒，"鹿"，一作"祿"。弟綽立。自泰始以來，鮮卑慕容、拓跋二部日以強盛，故史著其世。

《資治通鑑》卷八十一《晉紀三·武帝太康七年》頁二五九一

公元二九三年　西晉惠帝元康三年

普撥死，子丘不勤立，尚平文女。〔一六〕

【校勘記】

〔一〕魏書卷一百三　諸本目録此卷注"闕"字，百衲本、汲本、局本卷末有宋人校語云："魏收書列傳第九十一亡。"殿本《考證》云："魏收書亡，後人所補。"按此卷以《北史》卷九八補，唯《蠕蠕傳》末刪節東、西魏以及齊、周與"蠕蠕"和戰事，遠較《北史》簡略。

〔一六〕尚平文女　錢氏《考異》卷二八云："《序紀》卷一邱不勤娶平帝綽女，非平文帝鬱律女，此《傳》誤。"

《魏書》卷一百三〔一〕《列傳第九十一·匈奴宇文莫槐》頁二三〇四、二三一四、二三一六

普撥死,子丘不勤立,尚平帝女。〔三一〕

【校勘記】

〔三一〕子丘不勤立尚平帝女　諸本"平"下有"文"字。按《魏書》卷一《序紀》,以女妻丘不勤者是平帝拓拔綽,非平文帝拓拔鬱律。"文"字衍,今刪。

《北史》卷九十八《列傳第八十六·匈奴宇文莫槐》頁三二六七、三二八一

普撥死,子邱不勒立,娶代王鬱律女。

　　《通志》卷二百《四夷七·宇文莫槐》頁三二〇二下

普撥死,子邱不勤立,尚魏文帝女。

《文獻通考》卷三百四十二《四裔十九·宇文莫槐》頁二六八三上

(元康三年)拓拔【退:"拔"作"跋"。】綽卒,子【章:甲十一行本"子"上有"弟"字;乙十一行本同;孔本同;退齊校同。】弗立。

《資治通鑑》卷八十二《晉紀四·惠帝元康三年》頁二六一三

公元二九四年　西晉惠帝元康四年

(元康四年)拓跋弗卒,叔父禄官立。

《資治通鑑》卷八十二《晉紀四·惠帝元康四年》頁二六一四

公元二九五年　西晉惠帝元康五年

（元康五年）拓跋祿官分其國爲三部：一居上谷之北，濡源之西，自統之；《水經注》：濡水出禦夷鎮東南；鎮，拓跋魏太武時所置也。師古曰：濡，音乃官翻。一居代郡參合陂之北，參合陂，在代郡參合縣。後漢、晉省參合縣，拓跋魏復置縣，屬梁城郡。使兄沙漠汗之子猗㐌統之；一居定襄之盛樂故城，定襄之盛樂，二《漢志》曰"成樂"；《後漢志》屬雲中郡，魏、晉省，拓跋魏後置盛樂郡。汗，音寒。㐌，徒河翻。使猗㐌弟猗盧統之。猗盧善用兵，西擊匈奴、烏桓諸部，皆破之。代人衛操與從子雄及同郡箕澹《姓譜》：箕商，箕子之後。又晉有大夫箕鄭父。從，才用翻。往依拓跋氏，說猗㐌、猗盧招納晉人。猗㐌悅之，任以國事，晉人附者稍衆。史言拓跋氏益强。當是時，晉朝大臣、宗室雖已自相屠，而四方未爲變也，衛操、箕澹輩何爲去華就夷如是其早計也！中國之人可爲凜凜矣。漢嚴邊關之禁，懼有罪者亡命出塞耳。若無威刑之迫乎其後，一旦去桑梓而逐水草，是必有見也。邊關不之詰，朝廷不之虞，晉之無政，亦可知矣。說，輸芮翻；下之說同。

《資治通鑑》卷八十二《晉紀四·惠帝元康五年》頁二六一四至二六一五

（灤河）晉元康五年，鮮卑拓跋祿官分其國爲三部，一居上谷之北濡源之西，即今宣府以西地也。

《讀史方輿紀要》卷十《北直一·山川險要·灤河》頁四二三至四二四

禦夷鎮城，在衛西北，所謂濡源之地也。後魏初，拓跋禄官分其國爲三部，一居上谷之北、濡源之西，自統之。

《讀史方輿紀要》卷十八《北直九・萬全行都司・禦夷鎮城》頁八〇五

（參合城）晉元康中拓拔禄官分其衆爲二部，一居代郡參合陂之北。

《讀史方輿紀要》卷四十四《山西六・大同府・參合城》頁一九九七

（盛樂城）晉元康五年拓跋禄官始分其國爲三部：一居上谷之北、濡源之西，自統之；一居代郡參合陂之北，使兄沙漠汗之子猗㐌統之；一居定襄之盛樂故城，使猗㐌弟猗盧統之。

《讀史方輿紀要》卷四十四《山西六・大同府・盛樂城》頁一九九七

公元二九七年　西晉惠帝元康七年

桓帝西略也，軌遣使貢其方物。

《魏書》卷九十九《列傳第八十七・私署涼州牧張寔》頁二一九三

（元康七年）拓跋猗㐌度漠北巡，因西略諸國，既度漠北，遂西行略取諸國。積五歲，降附者三十餘國。降，户江翻。

《資治通鑑》卷八十二《晉紀四・惠帝元康七年》頁二六二一

公元二九九年　西晉惠帝元康九年

及此敗也,乃卑辭厚幣,遣使朝獻于昭帝,帝嘉之,以女妻焉。

【校勘記】

〔一〕魏書卷一百三　諸本目錄此卷注"闕"字,百衲本、汲本、局本卷末有宋人校語云:"魏收書列傳第九十一亡。"殿本《考證》云:"魏收書亡,後人所補。"按此卷以《北史》卷九八補,唯《蠕蠕傳》末刪節東、西魏以及齊、周與"蠕蠕"和戰事,遠較《北史》簡略。

《魏書》卷一百三〔一〕《列傳第九十一·匈奴宇文莫槐》頁二三〇四、二三一四

及此敗也,乃卑辭厚幣,遣使朝貢于昭帝,帝嘉之,以女妻焉。

《北史》卷九十八《列傳第八十六·匈奴宇文莫槐》頁三二六八

及此敗也,乃卑辭厚幣,遣使朝貢于代王什翼健,什翼健嘉之,以女妻焉。

《通志》卷二百《四夷七·宇文莫槐》頁三二〇二下

公元三〇四年　西晉惠帝永興元年

(永興元年)東嬴公騰乞師於拓跋猗㐌以擊劉淵,猗㐌與弟猗盧合兵擊淵於西河,破之,與騰盟于汾東而還。自此拓跋

氏屢以兵助并州。包，徒河翻。還，從宣翻，又如字。

《資治通鑑》卷八十五《晉紀七・惠帝永興元年》頁二七〇一

東瀛公騰乞師於魏桓帝姓拓跋諱猗㐌，時爲代公以擊淵，桓帝與弟穆帝諱猗盧合兵擊淵於西河、上黨，大破之，與騰盟於汾東而還。桓帝使輔相衛雄、段繁，於參合陂西累石爲亭，樹碑以紀行焉。

屠本《十六國春秋》卷一《前趙錄一・劉淵》頁七背

公元三〇五年　西晉惠帝永興二年

桓帝十一年，晉并州刺史司馬騰來乞師，桓帝親率萬騎救騰，斬淵將綦毋豚，淵南走蒲子。語在《序紀》。

《魏書》卷九十五《列傳第八十三・匈奴劉聰》頁二〇四四

（永興二年）漢王淵攻東嬴公騰，騰復乞師於拓跋猗㐌，復，扶又翻。㐌，徒河翻。衛操勸猗㐌助之。猗㐌帥輕騎數千救騰，斬漢將綦毋豚。毋，音無。綦毋，複姓。《北狄傳》：匈奴國人有綦毋氏、勒氏，皆勇健，好反叛。《考異》曰：《後魏書・桓帝紀》及《劉淵傳》，皆云"淵南走蒲子"。按晉《載記》，淵無走蒲子事，下云"自離石遷黎亭"，蓋《後魏書》夸誕妄言耳。詔假猗㐌大單于，單，音蟬。加操右將軍。甲申，猗㐌卒，子普根代立。

《資治通鑑》卷八十六《晉紀八・惠帝永興二年》頁二七〇八

淵率衆攻東瀛公騰，騰遣將軍聶玄擊之，戰於大陵，玄兵敗績,騰懼,帥并州二萬餘户下山東,淵遂所在爲寇,攻擊郡縣,騰復乞師於桓帝,衛操勸桓帝助之。桓帝率精騎數千救騰,斬淵將綦母豚,淵南走蒲子。①

  屠本《十六國春秋》卷一《前趙録一·劉淵》頁十背

  (又東過赤城東,又南過定襄桐過縣西)皇魏桓帝十一年,西幸榆中,東行代地。洛陽大賈齎金貨隨帝後行,夜迷失道,往投津長曰:子封送之。渡河,賈人卒死,津長埋之。其子尋求父喪,發冢舉尸,資囊一無所損。其子悉以金與之,津長不受。事聞于帝,帝曰:君子也。即名其津爲君子濟。濟在雲中城西南二百餘里。

  《水經注校證》卷三《河水》頁八〇

  君子津。《水經注》云:"河水于二縣之間,有君子津。皇魏桓帝十一年,帝幸榆中,東行代地。洛陽大賈齎金貨隨帝後行,夜迷失道,困甚,往投津長,後死,爲埋之。其子尋求父喪,發冢舉尸,資囊一無所損。其子悉以金與之,津長不受。事聞于帝,帝曰:'君子也。'改其津爲君子之津。"〔六〇〕

【校勘記】

〔六〇〕有君子津至改其津爲君子之津 "皇魏"、"十一年",底本作"昔漢"、"十三年",《庫》本同。萬本據《水經·河水注》改補爲"濟有君子之名。皇魏桓帝十一年,西

---

①東瀛公騰復乞師桓帝猗㐌之事,各本時間均不一。《資治通鑑》卷八六《晉紀八·惠帝永興二年》頁二七〇八記載爲永興二年;屠本《十六國春秋·前趙録一》頁十、《十六國春秋輯補·前趙録二》頁八均記載爲永興元年。此處依《通鑑》。

幸榆中,東行代地,洛陽大賈齎金貨隨帝後行,夜迷失道,往投津長,曰子封,送之渡河。賈人卒死,津長埋之。其子尋求父喪,發冢舉尸,資囊一無所損。其子悉以金與之,津長不受。事聞於帝,帝曰:'君子也。'即名其津爲君子濟"。趙一清云:"案魏收書,以猗㐌爲桓帝,幽、并之閒,水草是逐,度沙漠而飲馬,據參合以張氈,故以榆林爲西,桑乾爲左矣。尋厥昆嗣,屢遊斯津,則桓即猗㐌,差無乖爽。但猗㐌統部止十一年,此言十三年,又非佳證。且桑氏已著濟名,則事在漢桓之先矣。一清按十三,十一字畫訛誤。"(并見《合校水經注》)則此"昔漢"爲"皇魏"之誤,"十三"爲"十一"之誤,據改。

《太平寰宇記》卷之三十八《關西道十四·勝州》頁八一二、八二一至八二二

《後魏書》曰:衛操,桓帝以爲輔相,任以國事。劉、石之亂,勸桓帝匡助晉氏。東瀛公司馬騰聞而善之,表加右軍,封定襄侯。桓帝崩後,操立碑於邗城南,以頌功德,云:"魏,軒轅之苗裔。桓穆二帝,馳名域外,九譯宗焉。有德無禄,大命不延。背棄華殿,雲中名都。遠近齊軌,奔赴梓廬。"時晉光熙元年秋也。皇興初,雍州別駕雁門段榮於大邗掘得此碑。

《太平御覽》卷五八九《文部五·碑》頁二六五二上

公元三〇七年　西晉懷帝永嘉元年

(永嘉元年)拓跋禄官卒,弟猗盧總攝三部,與廆通好。
禄官分國爲三部,事見上八十二卷惠帝元康五年。好,呼到翻。

《資治通鑑》卷八十六《晉紀八·懷帝永嘉元年》頁二七三五

永嘉初,虎自稱鮮卑大單于。時魏昭帝諱禄官卒,弟穆帝諱猗盧總攝三部。先是,昭帝之世,虎爲東部之患,昭帝遣弟左賢王普根擊走之,至是與虎通好。

屠本《十六國春秋》卷二十三《前燕錄一·慕容廆》頁四背

公元三一〇年　西晉懷帝永嘉四年　漢趙昭武帝光興元年

（赫連勃勃）曾祖武,[二]劉聰世以宗室封樓煩公,拜安北將軍、監鮮卑諸軍事、丁零中郎將,雄據肆盧川。爲代王猗盧所敗,遂出塞表。

【校勘記】

〔二〕曾祖武　《魏書》有《劉虎傳》,《御覽》一二七引《夏錄》亦作"劉虎"。此作"武",避唐諱改。

《晉書》卷一百三十《載記第三十·赫連勃勃》頁三二〇一、三二一四

（鐵弗劉虎）始臣附於國,自以衆落稍多,舉兵外叛。平文與晉并州刺史劉琨共討之,虎走據朔方,歸附劉聰,聰以虎宗室,拜安北將軍、監鮮卑諸軍事、丁零中郎將。復渡河侵西部,平文逆擊,大破之,虎退走出塞。

《魏書》卷九十五《列傳第八十三·鐵弗劉虎》頁二〇五四

（閻）子昌,奔于代王猗盧,遂居馬邑。

《新唐書》卷七十三下《表第十三下·宰相世系三下》頁二九八七

（夏赫連勃勃）曾祖武，劉聰世以宗室封樓煩公，拜安北將軍、監鮮卑諸軍事、丁零中郎將，雄據肆盧川。爲代王猗盧所敗，遂出塞表。

《册府元龜》卷二一九《僭僞部·姓系·夏》頁二六二八上

（永嘉四年）劉琨自將討劉虎及白部，白部，鮮卑也。琨以劉虎及白部皆附漢，故討之。遣使卑辭厚禮説鮮卑拓拔猗盧以請兵。説，輸芮翻。猗盧使其弟弗之子鬱律帥騎二萬助之，遂破劉虎、白部，屠其營。琨與猗盧結爲兄弟，表猗盧爲大單于，以代郡封之爲代公。時代郡屬幽州，王浚不許，遣兵擊猗盧，猗盧拒破之。浚由是與琨有隙。

猗盧以封邑去國懸遠，民不相接，乃帥部落萬餘家自雲中入雁門，從琨求陘北之地。陘北，石陘關之北也。陘，音刑。琨不能制，且欲倚之爲援，乃徙樓煩、馬邑、陰館、繁畤、崞五縣民於陘南，樓煩，匈奴之所居，其地在北河之南；今嵐州樓煩郡，非古樓煩也。漢馬邑縣，唐之大同軍是其地。漢陰館縣，在句注西北。繁畤縣，在武州川。崞縣，爲北齊北顯州平寇縣。今五縣雖存，皆非古縣地矣。陘，謂陘嶺。陘，音刑。以其地與猗盧；《考異》曰：《懷帝紀》："永嘉五年，十一月，猗盧寇太原，劉琨徙五縣居之。六年，八月，辛亥，劉琨乞師于猗盧，表盧爲代公。"《宋書·索虜傳》在永嘉三年。《晉春秋》在永嘉四年，且云："猗盧率萬餘家避難，自雲中入雁門。"《後魏·序紀》在穆帝三年，即永嘉四年也。《琨集》，永嘉四年，六月，癸巳，《上太傅府牋》，云"盧感封代之恩"，故知在四年六月之前。又琨《與丞相牋》曰：
"昔車騎感猗㐌救州之勳，表以代郡封㐌爲代公，見聽。時大駕在長安，會值戎事，道路不通，竟未施行。盧以封事見託，琨實爲表上，追述車騎前意，即蒙聽許，遣兼謁者僕射拜盧，賜印及符册，浚以此見責。戎狄封華郡，誠爲失禮；然蓋以救弊耳，亦猶浚先以遼西封務勿塵。此禮之失，浚實啓之。浚遂與盧爭代郡，舉兵擊盧，爲所破，紛錯之由，始結於此。雁門郡有五縣在陘北，盧新并塵官，國甚强盛，從琨求陘北地，以並遺三萬餘家，散在五縣間，既非所制；又於琨殘弱之計，得相聚集，未爲失宜，即徙陘北五縣著陘南。盧因移，頗侵逼浚西陲圍塞諸軍營，浚不復見恕危弱而見罪責。"以此觀之，盧非避難而來也。由是猗盧益盛。

　　琨遣使言於太傅越，請出兵共討劉聰、石勒；越忌苟晞及豫州刺史馮嵩，越、晞有隙，事見上卷二年。嵩蓋亦不必附越者。恐爲後患，不許。琨乃謝猗盧之兵，遣歸國。《考異》曰：《後魏·序紀》曰："劉琨乞師救洛，穆帝遣步騎二萬助之，東海王越以洛陽饑荒，不許。"按琨《與丞相牋》曰："琨傾身竭辭，北和猗盧，遂引大衆，躬啓戎行。即具白太傅，切陳愚見，取賊之計，聰宜時討，勒不可縱。而宰相意異，所慮不同；更憂苟晞、馮嵩之徒而稽二寇之誅，遣使節抑，挫臣銳氣。臣即解甲，遣盧衆歸國。"若猗盧果遣衆赴洛，琨牋安得不言也！

　　劉虎收餘衆，西渡河，居朔方肆盧川，肆盧川，在朔方塞内，後拓跋氏於其地置肆盧郡，真君七年，併入秀容郡。魏收《地形志》，秀容郡秀容縣有肆盧城。漢主聰以虎宗室，封樓煩公。

《資治通鑑》卷八十七《晉紀九·懷帝永嘉四年》頁二七五二至二七五四

　　（赫連勃勃）曾祖虎，劉聰世以宗室封樓煩公，拜安北將軍、監鮮卑諸軍事、丁零中朗將,雄據肆盧川。爲代王猗盧所敗,遂出塞表。

《通志》卷一百九十三《載記八‧夏》頁三〇九七上

（赫連勃勃）曾祖武,劉聰世以宗室封樓煩公,拜安北將軍、監鮮卑諸軍事、丁零中郎將,雄據肆盧川。爲代王倚盧所敗,遂出塞表。

《文獻通考》卷三百四十一《四裔十八‧赫連》頁二六七九下

時匈奴劉虎,居朔方肆盧川,自號鐵弗氏,與白部鮮卑帥衆來附,聰以虎爲宗室,封樓煩公。

屠本《十六國春秋》卷二《前趙録二‧劉聰上》頁三正

（赫連勃勃）曾祖鐵弗劉虎,南單于苗裔,右賢王去卑之孫,北部帥劉猛之從子,劉淵之族也。居於新興虒意之北。北人謂父爲鮮卑母爲鐵弗,因以母號爲姓。猛死,子副崙奔魏。虎父誥汁爰世領南落。誥汁爰一名訓兜兜字或作兒字。汁爰死,虎遂代焉。虎一名烏洛孤。始臣附於魏,自以衆落稍多,舉兵外叛。平文帝諱鬱律與晉并州刺史劉琨共討之,虎走據朔方,歸附劉聰,聰以虎宗室,封樓煩公,拜安北將軍、監鮮卑諸軍事、丁零中郎將,雄據肆盧川。將復渡河侵魏西部,平文帝逆擊,大破之,逐出塞表。

屠本《十六國春秋》卷六十六《夏録一‧赫連勃勃》頁一正至一背

（赫連勃勃）曾祖劉虎,前趙劉聰嘉平中,以宗室封樓煩公,拜安北將軍、監鮮卑諸軍事、丁零中郎將,雄據肆盧川。爲代王猗盧所敗,遂出塞表。

《十六國春秋輯補》卷六十四《夏錄一·赫連勃勃》頁四六三

（肆盧川）晉永嘉四年,并州寇劉虎爲劉琨所破,收餘衆西度河,居朔方肆盧川。或曰其地即戰國時樓煩胡所居,是時劉聰以虎爲宗室,封樓煩公。

《讀史方輿紀要》卷六十一《陝西十·榆林鎮·肆盧川》頁二九三一

（永嘉四年）以鮮卑拓跋猗盧爲大單于,封爲代公。

《通志》卷二十三《年譜三·晉·永嘉四年》頁四二七中

（永嘉四年）猗盧,鮮卑拓跋力微之孫也。居于定襄之盛樂,以兵助并州刺史劉琨擊白部鮮卑有功,琨表猗盧爲大單于,以代郡封之爲代公。

《通志》卷二十三《年譜三·代王拓跋猗盧三年》頁四二七中

（勾注山）晉永嘉四年鮮卑拓拔猗盧帥部落自雲中入雁門,從并州刺史劉琨求陘北地,琨徙樓煩、馬邑、陰館、繁峙、崞五縣民於陘南,以其地與之。曹魏時五縣俱已遷陘南,遺民猶有陘北也。

《讀史方輿紀要》卷三十九《山西一·山川險要·勾注山》頁一七八六至一七八七

（大同府）晉永嘉中拓跋猗盧與并州牧劉琨求陘北地，得之，日益盛強。後遂建都於此，蠶食鄰方，并有中夏。

《讀史方輿紀要》卷四十四《山西六·大同府·序》頁一九九二至一九九三

（朔州）晉懷帝時，劉琨表以鮮卑猗盧爲大單于，封代公，徙馬邑，即其地也。

《讀史方輿紀要》卷四十四《山西六·大同府·朔州》頁二〇三四

公元三一一年　西晉懷帝永嘉五年　漢趙昭武帝嘉平元年

（永嘉五年）十一月，猗盧寇太原，平北將軍劉琨不能制，徙五縣百姓於新興，以其地居之。

《晉書》卷五《帝紀第五·孝懷帝》頁一二三

（永嘉五年）劉琨長於招懷而短於撫御，一日之中，雖歸者數千，而去者亦相繼。琨遣子遵請兵於代公猗盧，又遣族人高陽內史希合衆於中山，幽州所統代郡、上谷、廣寧之民多歸之，廣寧縣，漢屬上谷郡，晉武帝太康中，分立廣寧郡；唐屬媯州界。衆至三萬。王浚怒，遣燕相胡矩督諸軍，燕，於賢翻。相，息亮翻。與遼西公段疾陸眷共攻希，殺之，驅略三郡士女而去。疾陸眷，務勿塵之子也。猗盧遣其子六脩將兵助琨戍新興。《考異》曰：《晉春秋》作"利孫"。按利孫即六脩也，胡語訛轉耳。余按孔穎達曰：聲相近者，聲轉字異。

琨牙門將邢延以碧石獻琨,琨以與六脩,六脩復就延求之,復,扶又翻。不得,執延妻子。延怒,以所部兵襲六脩,六脩走,延遂以新興附漢,請兵以攻并州。

《資治通鑑》卷八十七《晉紀九·懷帝永嘉五年》頁二七七二至二七七三

(永嘉五年)十一月,猗盧寇太原,平北將軍劉琨不能制,徙五縣百姓於新興,以其地居之。

《通志》卷十上《晉紀十上·孝懷帝》頁一九〇上

公元三一二年　西晉懷帝永嘉六年　漢趙昭武帝嘉平二年

(永嘉六年)八月庚戌,劉琨奔于常山。己亥,[二七]陰平都尉董冲逐太守王鑒,以郡叛降于李雄。辛亥,劉琨乞師于猗盧,表盧爲代公。

【校勘記】

〔二七〕己亥　上文有八月庚戌,據《長曆》,庚戌爲朔日,則此月不得有己亥。

《晉書》卷五《帝紀第五·孝懷帝》頁一二四、一四〇

(朔州)晉懷帝時,劉琨表以鮮卑猗盧爲大單于,封代公,徙馬邑,即其地也。其後稱魏,建都於今郡北,兼置懷朔鎮。

《通典》卷第一百七十九《州郡九·古冀州下·朔州》頁四七四三

（朔州）晉改屬雁門郡，晉亂，其地爲猗盧所據，劉琨表盧爲大單于，封代公，徙馬邑。後魏都代，地屬畿内。
《元和郡縣圖志》卷第十四《河東道三·朔州》頁四〇七

（雲州）晉又改屬雁門，晉亂，劉琨表封猗盧爲代王，都平城。
《元和郡縣圖志》卷第十四《河東道三·雲州》頁四〇八至四〇九

（永嘉六年）辛亥，劉琨乞師于猗盧，表盧爲代公。
《通志》卷十上《晉紀十上·孝懷帝》頁一九〇上

（朔州）晉懷帝時，劉琨表以鮮卑猗盧爲大單于，封代公，徙馬邑，即其地也。其後爲拓跋魏建都於今郡北，兼置懷朔鎮。
《文獻通考》卷三百十六《輿地二·朔州》頁二四八五上

（永嘉六年）九月己卯，猗盧使子利孫赴琨，不得進。
《晉書》卷五《帝紀第五·孝懷帝》頁一二四

（永嘉六年）冬十月，猗盧自將六萬騎次于盂城。
《晉書》卷五《帝紀第五·孝懷帝》頁一二四

（盧諶）洛陽没，隨志北依劉琨，與志俱爲劉粲所虜。粲據晉陽，留諶爲參軍。琨收散卒，引猗盧騎還攻粲。粲敗走，諶得赴琨，先父母兄弟在平陽者，悉爲劉聰所害。

《晉書》卷四十四《列傳第十四·盧欽附盧諶》頁一二五九

（劉琨）初，單于猗㐌以救東嬴公騰之功，琨表其弟猗盧爲代郡公，與劉希合衆於中山。王浚以琨侵己之地，數來擊琨，琨不能抗，由是聲實稍損。徐潤又譖令狐盛於琨曰："盛將勸公稱帝矣。"琨不之察，便殺之。琨母曰："汝不能弘經略，駕豪傑，專欲除勝己以自安，當何以得濟！如是，禍必及我。"不從。盛子泥奔于劉聰，具言虛實。聰大喜，以泥爲鄉導。屬上黨太守襲醇降于聰，〔六〕雁門烏丸復反，琨親率精兵出禦之。聰遣子粲及令狐泥乘虛襲晉陽，太原太守高喬以郡降聰，琨父母並遇害。琨引猗盧并力攻粲，大敗之，死者十五六。琨乘勝追之，更不能克。猗盧以爲聰未可滅，遺琨牛羊車馬而去，留其將箕澹、〔七〕段繁等戍晉陽。

【校勘記】

〔六〕襲醇　勞校：《懷紀》作"龐淳"。按：《通鑑考異》引劉琨《答太傅府書》作"龐惇"。

〔七〕箕澹　《斠注》：《劉聰》、《石勒載記》、《魏書·衛操傳》、敦煌石室本《晉紀》均作"姬澹"。

《晉書》卷六十二《列傳第三十二·劉琨》頁一六八一至一六八二、一七〇一

（劉聰）先是，琨與代王猗盧結爲兄弟，乃告敗於猗盧，且乞師。猗盧遣子日利孫、賓六須及將軍衛雄、姬澹等率衆數萬攻晉陽，〔六〕琨收散卒千餘爲之嚮導，猗盧率衆六萬至于狼猛。曜及賓六須戰于汾東，曜墜馬，中流矢，身被七創。討虜

傅武〔七〕以馬授曜，曜曰："當今危亡之極，人各思免。吾創已重，自分死此矣。"武泣曰："武小人，蒙大王識拔，以至於是，常思效命，今其時矣。且皇室始基，大難未弭，天下何可一日無大王也。"於是扶曜乘馬，驅令渡汾，迴而戰死。曜入晉陽，夜與劉粲等掠百姓，踰蒙山遁歸。猗盧率騎追之，戰于藍谷，粲敗績，斬其征虜邢延，獲其鎮北劉豐。琨收合離散，保于陽曲，猗盧戍之而還。

【校勘記】

〔六〕猗盧遣子日利孫賓六須至姬澹 《魏書·序紀》作"遣子六脩、桓帝子普根"。《通鑑》八八從《魏書》，《通鑑考異》云：《十六國春秋》云："遣其子利孫、宥六須"，《載記》云"賓六須"，《劉琨集》云"左、右賢王"，又云"右賢王撲速根"。按：《王浚傳》見猗盧子右賢王曰律孫，似即"撲速根"，亦即"普根"，然音不合。《懷紀》但舉猗盧子利孫一人。疑利孫或曰利孫、曰律孫並即六脩之異譯，誤歧爲二人，又誤以當普根。又"姬澹"，《劉琨傳》、《通鑑》八八並作"箕澹"，而《石勒載記》上、《魏書·衛操傳》復作"姬澹"。

〔七〕傅武 "武"本作"虎"，唐修《晉書》避諱改，《通鑑》八八作"虎"。

《晉書》卷一百二《載記第二·劉聰》頁二六六二至二六六三、二六八一

穆帝長子六脩，少而凶悖。穆帝五年，遣六脩爲前鋒，與輔相衛雄、范班及姬澹等救劉琨。帝躬統大兵爲後繼。劉粲懼，焚燒輜重，突圍遁走。縱騎追之，殺傷甚衆。帝因大獵於

壽陽山，陳閱皮肉，山爲變赤。及晉懷帝爲劉聰所執，穆帝遣六脩與桓帝子普根率精騎助劉琨。

【校勘記】

〔一〕魏書卷十四　諸本目録此卷注"闕"，百衲本、南本、汲本、局本卷末有宋人校語云："魏收書《神元平文諸帝子孫列傳》亡，後人補以《北史》，又取《高氏小史》附益之。後卷魏收舊史亡者皆放此。"殿本《考證》云："魏收書亡，後人所補。"

《魏書》卷十四[一]《神元平文諸帝子孫列傳第二》頁三四八、三六五

先是，劉琨來告難，穆帝親率大衆，令長子六脩擊粲等，大破之。語在《序紀》。

《魏書》卷九十五《列傳第八十三·匈奴劉聰》頁二〇四五

（永嘉）六年，叡檄四方，稱與穆帝俱討劉淵，大會平陽。

《魏書》卷九十六《列傳第八十四·司馬叡》頁二〇九二

六脩，穆帝長子也。少兇悖。穆帝五年，遣六脩與輔相衛雄、范班及姬澹等救劉琨，帝躬統大兵爲後繼。劉粲懼，突圍而走，殺傷甚衆。帝因大獵壽陽山，陳閱皮肉，山爲變赤。

《北史》卷十五《列傳第三·魏諸宗室》頁五四五

（太原縣）牢山，一名看山，在縣東北四十五里。《後魏書》曰："劉聰遣子粲襲晉陽，猗盧救之，遂獵牢山，陳閱皮肉，山爲之赤。"其山出金鉶。

《元和郡縣圖志》卷第十三《河東道二·太原縣》頁三六二至三六三

牢山

又曰：牢山，在太原縣東北。

《後魏書》：劉聰遣子粲襲據晉陽，猗盧救之，遂獵于受陽牟山，陽閡皮肉，山爲之赤也。

《太平御覽》卷四五《地部一〇·牢山》頁二一四下

（劉聰）聰又使劉粲、劉曜攻劉琨于晉陽，晉陽降粲，琨與左右數十騎，攜其妻子奔於趙郡之亭頭，遂如嘗山，告敗於猗盧，且乞師。猗盧遣子曰利孫、賓六須及將軍衛雄、姬澹等率衆數萬攻晉陽，琨收散卒千餘爲之鄉導，猗盧率衆六萬至於狼猛。曜及賓六須戰於汾東，曜墜馬，中流矢，自被七創，乃入晉陽，夜與劉粲等掠百姓，踰蒙山遁歸。猗盧率騎追之，戰于藍谷，粲敗績，斬其征虜邢延，獲其鎮北劉豐。猗盧伐之而還。

《册府元龜》卷二三四《僭僞部·兵敗》頁二七七九上

劉琨，爲并州刺史。時東瀛公騰自晉陽鎮鄴，并土饑荒，百姓隨騰南下，餘户不滿二萬，寇賊縱橫，道路斷塞。琨募得千餘人，轉鬭至晉陽。府寺焚毀，僵屍蔽地，其有存者，飢羸無復人色，荆棘成林，豺狼滿道。琨剪除荆棘，收葬枯骸，造府朝，建市獄。寇盜至來掩襲，常以城門爲戰場，百姓負盾以耕，屬鞬而耨。琨撫循勞徠，甚得物情。在官未期，流人稍復，雞犬之音復相接矣。人士奔迸者多歸於琨。琨善於懷撫，而短於控御，一日之中雖歸者數千，去者亦相繼。剋期，與猗盧討劉聰，盧父子相圖，盧及兄子振皆病死，徒屬四散。琨子遵先質於盧，衆皆附之。及是，遵與質澹等率盧衆三萬人、牛馬羊十萬悉衆歸琨，琨繇是復振，率衆百騎，自平城撫納之。

《册府元龜》卷三九七《將帥部・懷撫》頁四七一四上至四七一四下

劉琨，愍帝時爲大將軍，都督并州諸軍事。帝遣大鴻臚趙廉持節拜琨爲司空、都督并冀幽三州諸軍事。琨上表讓司空，受都督，克期與猗盧討劉聰。

《册府元龜》卷四〇八《將帥部・退讓一》頁四八五五上

後魏莫含，雁門繁畤人。家世殖貨，貲累巨萬。劉琨爲并州，辟含從事。含居近塞下，嘗往來國中。穆帝愛其才器，善待之。及爲代王，備置官屬，求含於琨。琨遣含入國，含心不願。琨喻之曰："當今胡寇滔天，泯滅諸夏，百姓流離，死亡塗地，主上幽執，沉溺醜虜。唯此一州，介在群胡之間，以吾薄德，能自存立者，賴代王之力。是以傾身竭寶，長子遠質，覬滅殘賊，報雪大恥。卿爲忠節，亦是奮義之時，何得苟惜其事之小誠，以忘出身之大益。入爲代王腹心，非但吾願，亦一州所賴。"含乃入代，參國官。

《册府元龜》卷七二八《幕府部・辟署三》頁八六五八上

後魏莫含，雁門繁畤人也。家世貨殖，貲累巨萬。其故宅在桑乾川南，世稱莫含壁，或音訛，謂之莫回城云。含終左將軍。

《册府元龜》卷八一二《總錄部·富》頁九六五七下

（永嘉六年）代公猗盧遣兵救晉陽，三月，乙未，漢兵敗走。卜珝之卒先奔，靳冲擅收珝，斬之；聰大怒，遣使持節斬冲。使，疏吏翻。

《資治通鑑》卷八十八《晉紀十·懷帝永嘉六年》頁二七七八

（永嘉六年）劉琨移檄州郡，期以十月會平陽，擊漢。琨素奢豪，喜聲色。喜，許記翻。河南徐潤以音律得幸於琨，琨以爲晉陽令。潤驕恣，干預政事；護軍令狐盛數以爲言，令狐之令，力丁翻。數，所角翻。且勸琨殺之，琨不從。潤譖盛於琨，琨收盛，殺之。琨母曰："汝不能駕御豪傑以恢遠略，而專除勝已，禍必及我。"

盛子泥奔漢，具言虛實。漢主聰大喜，遣河內王粲、中山王曜將兵寇并州，以令狐泥爲鄉導。鄉，讀曰嚮。琨聞之，東出，收兵於常山及中山，使其將郝詵、張喬將兵拒粲，郝，呼各翻。且遣使求救於代公猗盧。詵、喬俱敗死。粲、曜乘虛襲晉陽，太原太守高喬、并州別駕郝聿以晉陽降漢。《考異》曰：《劉琨傳》曰："屬龐醇降于聰，雁門烏丸復反，琨親出禦之，粲乘虛襲取晉陽。"按：琨《上太子牋》曰："聰以七月十六日復決計送死，臣即自東下，率中山、常山之卒，並合樂平、上黨諸軍，未旋之間，而晉陽傾潰。"《十六國春秋》亦云"琨收兵常山"。《本傳》誤也。八月，庚戌，琨還救晉陽，不及，帥左右數十騎奔常山。辛亥，粲、曜入晉陽。壬子，令狐泥殺琨父母。
《資治通鑑》卷八十八《晉紀十・懷帝永嘉六年》頁二七八三

（永嘉六年）代公猗盧遣其子六脩及兄子普根、將軍衛雄、范班、箕澹帥衆數萬爲前鋒以攻晉陽，澹，徒覽翻，又徒濫翻。《考異》曰：《十六國春秋》云"遣其子利孫、宥六須"，《載記》云"賓六須"。《劉琨集》云"左、右賢王"，又云"右賢王撲速根"。今從《後魏書》。《考異》又曰："箕澹"，《十六國春秋》、《後魏書》作"姬澹"。今從《劉琨傳》。猗盧自帥衆二十萬繼之，劉琨收散卒數千爲之鄉導。鄉，讀曰嚮。六脩與漢中山王曜戰於汾東，曜兵敗，墜馬，中七創。中，竹仲翻。創，初良翻；下同。討虜將軍傅虎以馬授曜，曜不受，曰："卿當乘以自免，吾創已重，自分死此。"分，扶問翻。虎泣曰："虎蒙大王識拔至此，常思效命，今其時矣。且漢室初基，天下可無虎，不可無大王也！"乃扶曜上馬，驅令渡汾，自還戰死。曜入晉陽，夜，與大將軍粲、鎮北大將軍豐掠晉陽之民，踰蒙山而歸。《五代志》，太原郡石艾縣有蒙山。魏收曰：石艾縣，即漢、晉之上艾縣也。《晉志》，上艾縣，屬樂平郡。又據《五代志》，晉陽縣有蒙山。此蓋蒙山跨晉陽、石艾二縣界也。十一月，猗盧追之，戰於藍谷，藍谷，在蒙山西南。漢兵大敗，擒劉豐，斬邢延等三千餘級，邢延叛琨，見上卷五年。伏尸數百里。猗盧因大獵壽陽山，壽陽山，在樂平壽陽縣，魏收《地形志》作"受陽縣"，此縣蓋晉置也。宋白曰：壽陽縣，本漢榆次縣地，晉置壽陽縣。陳閱皮肉，山爲之赤。劉琨自營門步入拜謝，固請進軍。猗盧曰："吾不早來，致卿父母見害，誠以相愧。今卿已復州境，吾遠來，士馬疲弊，且待後舉，劉聰未可滅也。"遺琨馬、牛、羊各千餘疋，車百乘而還,遺,于季翻。乘,繩證翻。留其將箕澹、段繁等戍晉陽。
琨徙居陽曲,陽曲縣,屬太原郡,在晉陽北。招集亡散。盧諶爲劉粲參軍,亡歸琨,諶,時壬翻。漢人殺其父志《考異》曰:劉聰《載記》,"志勸太弟乂作亂,被誅。"按志勸成都王穎起義兵,諫穎攻長沙王乂,忠義敦篤,始終不虧,非勸人作亂者也。今從《盧諶傳》。及弟謐、詵;贈傅虎幽州刺史。

《資治通鑑》卷八十八《晉紀十·懷帝永嘉六年》頁二七八四至二七八五

(永嘉六年)九月已卯,猗盧使子利孫赴琨,不得進。
《通志》卷十上《晉紀十上·孝懷帝》頁一九〇上

(永嘉六年)冬十月,猗盧自將六萬騎次于盆城。
《通志》卷十上《晉紀十上·孝懷帝》頁一九〇上

六修,穆帝長子也。少凶悖。穆帝五年,遣六修與輔相衛雄、范班及姬澹等救劉琨,帝躬統大兵爲後繼。劉粲懼,突圍而走,殺傷甚衆。帝因大獵壽陽山,陳閱皮肉,山爲變赤。
《通志》卷八十四上《宗室七上·後魏》頁一〇五〇上

(盧諶)洛陽沒,隨志北依劉琨,與志俱爲劉粲所虜。粲據晉陽,留諶爲參軍。琨收散卒,引猗盧騎還攻粲。粲敗走,諶得赴琨,先父母兄弟在平陽者,悉爲劉聰所害。
《通志》卷一百二十二《列傳三十五·晉》頁一八九〇下

（劉琨）初，單于猗㐌以救東嬴公騰之功，琨表其弟猗盧爲代郡公，與劉希合衆於中山。王浚以琨侵己之地，數來擊琨，琨不能抗，由是擊實稍損。徐潤又譖令狐盛於琨曰："盛將勸公稱帝矣。"琨不之察，便殺之。琨母曰："汝不能弘經略，駕豪傑，專欲除勝己以自安，何以得濟！如是，禍必及我。"不從。盛子泥奔于劉聰，具言虛實。聰大喜，以泥爲鄉導。屬上黨太守襲醇降于聰，雁門烏丸復反，琨親率精兵禦之。聰遣子粲及令狐泥乘虛襲晉陽，太原太守高喬以郡降聰，琨父母並遇害。琨引猗盧并力攻粲，大敗之，死者十五六。琨乘勝追之，更不能克。猗盧以爲聰未可滅，遺琨牛羊車馬而去，留其將箕澹、段繁等戍晉陽。

《通志》卷一百二十五《列傳三十八·劉琨》頁一九五一上至頁一九五一中

（劉聰）先是，琨與代王猗盧結爲兄弟，乃告敗於猗盧，且乞師。猗盧遣子日利孫、賓六須及將軍衛雄、姬澹等率衆數萬攻晉陽，琨收散卒千餘爲之鄉導，猗盧率衆六萬至于狼猛。曜及賓六須戰于汾東，曜墜馬，中流矢，身被七創。討虜傳武以馬授曜，曜曰："當今危亡之極，人各思免。吾創已重，自分死此矣。"武泣曰："武小人，蒙大王識拔，以至於是，常思效命，今其時矣。且皇室始基，大難未弭，天下何可一日無大王也。"於是扶曜乘馬，驅令渡汾，迴而戰死。曜入晉陽，夜與劉粲等掠百姓，踰蒙山遁歸。猗盧率騎追之，戰于藍谷，粲敗績，斬其征虜邢延，獲其鎮北劉豐。琨收合離散，保于陽曲，猗盧戍之而還。

《通志》卷一百八十六《載記一·前趙》頁二九七七下至二九七八上

（嘉平二年）三月，聰遣鎮北將軍靳冲寇太原，平北將軍卜珝率衆繼之，不克，遂圍晉陽。魏穆帝拓跋猗盧遣兵來救，乙未，冲兵敗走。卜珝之卒先奔，冲歸罪於珝，輒斬之。

屠本《十六國春秋》卷二《前趙錄二·劉聰上》頁九背

（劉聰）先是，劉琨與穆帝猗盧也，時稱代王結爲兄弟，至是乃告急於穆帝，且乞師焉。穆帝遣長子賓六須一作六修及桓帝子普根、將軍衛雄、范班、箕澹等率衆數萬爲前鋒以攻晉陽，琨收散卒千餘爲之鄉導，穆帝自帥衆二十萬繼之至於狼猛一作盆城。曜及賓六須戰於汾東，曜兵敗績，墜馬，中流矢，身被七創。討虜將軍傅虎以馬授曜，驅令渡汾，自還戰死。曜入晉陽，夜，與大將軍、河內王粲、鎮北大將軍豐等掠晉陽百姓，踰蒙山遁走。十一月，穆帝帥騎來追，戰於藍谷，粲兵敗績，斬征虜將軍邢延及劉儒、劉豐、簡金、張平等三千餘級，伏屍數百里。甲午，粲等遁還。穆帝因大獵壽陽山，陳閱皮肉，山爲之赤。琨自營門步入拜謝，固請進軍。穆帝曰："吾不早來，致卿父母見殺，誠以相愧。今卿已復州境，吾既遠來，士馬疲敝，且待後舉，劉聰未可滅也。"遺琨馬、牛、羊各千餘疋，車百乘而去，留其將箕澹、段繁等戍晉陽。

屠本《十六國春秋》卷二《前趙錄二·劉聰上》頁一四背至一五正

晉陽之戰，虎以糸軍從中山王曜，曜與魏穆帝子六脩戰於汾東，曜兵敗績，墮馬，身中七創，幾爲六脩所殺。虎以馬授曜，曜不受，曰："當今危亡之極，人各思免，卿當乘以自濟。吾創已甚重，自分死此。"虎泣曰："虎小人，蒙大王識拔至此，常思效命，今其時矣。且漢室始基，大難未彌，天下可無虎，何可一日無大王也。"乃扶曜上馬，驅令渡汾，自還戰死。聰甚哀之，追贈幽州刺史。

屠本《十六國春秋》卷十《前趙錄十・傅虎》頁九背至十正

（盧諶）洛陽既陷，隨父北依并州刺史劉琨，爲劉粲所虜。粲據晉陽，留諶爲參軍。琨收散卒，引魏穆帝攻粲。粲敗，諶得赴，琨父母兄弟在平陽者，俱爲劉聰所殺。

屠本《十六國春秋》卷二十二《後趙錄十二・盧諶》頁十三正至十三背

先是，琨與代公一作王猗盧結爲兄弟，乃告敗於猗盧，且乞師。猗盧遣子日利孫、賓六須及將軍衛雄、姬澹等率衆數萬攻晉陽，此節亦見《通鑑攷異》。琨收散卒千餘爲之鄉導，猗盧率衆六萬至於狼猛。曜及賓六須戰於汾東，曜墜馬，中流矢，身被七創。討虜傅武以馬授曜，曜曰："當今危亡之極，人各思免。吾創已重，自分死此矣。"武泣曰："武小人，蒙大王識拔，以至於是，常思效命，今其時矣。且皇室始基，大難未弭，天下何可一日無大王也。"於是扶曜乘馬，驅令渡汾，迴而戰死。曜入晉陽，夜與劉粲等掠晉陽百姓，踰蒙一作象山遁歸。二句亦見《御覽》四十五。猗盧率騎追之，戰於藍谷，粲敗績，斬其征虜邢延，獲其鎮北劉豐。琨收合離散，保於陽曲，猗盧成之而還。
《十六國春秋輯補》卷三《前趙録三·劉聰》頁二三

（盧諶）洛陽没，隨父志北依劉琨，與志俱爲劉粲所虜。粲據晉陽，留諶爲參軍。琨收散卒，引猗盧騎還攻粲。粲敗走，諶得赴琨，先父母兄弟在平陽者，悉爲劉聰所害。
《十六國春秋輯補》卷二十一《後趙録十一·盧諶》頁一六三

（陽曲故城）晉永嘉末，劉琨爲并州刺史，劉聰遣兵襲破晉陽，琨請兵於拓拔猗盧，復收晉陽，琨因徙居陽曲。
《讀史方輿紀要》卷四十《山西二·太原府·陽曲故城》頁一八〇八

（蒙山）晉永嘉六年，劉聰使劉曜等乘虛寇晉陽取之，并州刺史劉琨請救於猗盧，曜等戰敗，棄晉陽踰蒙山而歸。
《讀史方輿紀要》卷四十《山西二·太原府·蒙山》頁一八一四

（藍谷）永嘉六年劉曜自蒙山遁歸，拓跋猗盧追之，戰於藍谷，曜兵大敗。
《讀史方輿紀要》卷四十《山西二·太原府·藍谷》頁一八一五

（汾水）晉永嘉六年猗盧救劉琨，前鋒敗劉曜於汾東，曜扶創渡汾入晉陽，大掠而還。

《讀史方輿紀要》卷四十《山西二·太原府·汾水》頁一八一五

（方山）晉永嘉六年拓跋猗盧引兵救劉琨復晉陽，追敗劉曜於藍谷，因大獵壽陽山，陳閱皮肉，山爲之赤。

《讀史方輿紀要》卷四十《山西二·太原府·方山》頁一八二八至一八二九

公元三一三年　西晉孝愍帝建興元年　漢趙昭武帝嘉平三年

（王浚）浚還，欲討勒，使棗嵩督諸軍屯易水，召疾陸眷，將與之俱攻襄國。浚爲政苛暴，將吏又貪殘，並廣占山澤，引水灌田，漬陷冢墓，調發殷煩，下不堪命，多叛入鮮卑。從事韓咸切諫，浚怒，殺之。疾陸眷自以前後違命，恐浚誅之。勒亦遣使厚賂，疾陸眷等由是不應召。浚怒，以重幣誘單于猗盧子右賢王日律孫，令攻疾陸眷，反爲所破。

《晉書》卷三十九《列傳第九·王沈附王浚》頁一一四八

（建興元年）王浚使棗嵩督諸軍屯易水，召段疾陸眷，欲與之共擊石勒，疾陸眷不至。以釋其弟末柸德石勒，故不肯會浚兵。浚怒，以重幣賂拓跋猗盧，并檄慕容廆等共討疾陸眷。廆，户罪翻。猗盧遣右賢王六脩將兵會之，爲疾陸眷所敗。敗，補邁翻。廆遣慕容翰攻段氏，取徒河、新城，至陽樂，陽樂縣，屬遼西郡。賢曰：陽樂，在今平州東。聞六脩敗而還，翰因留鎮徒河，壁青山。

《資治通鑑》卷八十八《晉紀十‧愍帝建興元年》頁二七九七

（王浚）浚還，欲討勒，使棗嵩督諸軍屯易水，召疾陸眷，將與之俱攻襄國。浚爲政苛暴，將吏又貪殘，並廣占山澤，引水灌田，潰陷冢墓，調發殷煩，下不堪命，多叛入鮮卑。從事韓咸切諫，浚怒，殺之。疾陸眷自以前後違命，恐浚誅之。勒亦遣使厚賂，疾陸眷等由是不應召。浚怒，以重幣誘單于猗盧子右賢王日律孫，令攻疾陸眷，反爲所破。

《通志》卷一百二十一下《列傳三十四下‧晉‧王浚》頁一八六九中

浚怒，欲討勒，使棗嵩率諸軍屯易水，召疾陸眷，將與之俱攻襄國。浚爲政苛暴，將士又貪殘，廣占山澤，引水灌田，潰陷冢墓，調發殷煩，下不堪命，多叛入鮮卑。疾陸眷自以前後違命，恐浚誅之。勒亦遣使厚賂，疾陸眷等由是不應浚召。浚怒，以重幣誘魏穆帝諱猗盧，時晉討爲代公、大單于，遣子右賢王日律孫攻疾（陸）眷，反爲所破。

屠本《十六國春秋》卷十一《後趙錄一‧石勒上》頁二十九正

使棗嵩督諸軍屯易水，召段疾陸眷，欲與之共擊勒，疾陸眷不至。浚重賂魏穆帝諱猗盧，時晉封爲代公、大單于共討疾陸眷。穆帝遣子六修將兵會之，爲疾陸眷所敗。

屠本《十六國春秋》卷十二《後趙錄二‧石勒中》頁一背

（劉琨）臣前表當與鮮卑猗盧剋今年三月都會平陽，會匈羯石勒以三月三日徑掩薊城，大司馬、博陵公浚受其僞和，爲勒所虜，勒勢轉盛，欲來襲臣。城塢駭懼，志在自守。又猗盧國內欲生姦謀，幸盧警慮，尋皆誅滅。

《晉書》卷六十二《列傳第三十二・劉琨》頁一六八四

（㶟水出雁門陰館縣，東北過代郡桑乾縣南）桑乾水又東南逕黃瓜阜曲西，又屈逕其堆南。徐廣曰：猗盧廢嫡子曰利孫于黃瓜堆者也。

《水經注校證》卷十三《㶟水》頁三一〇至三一一

臣前表當與鮮卑猗盧克今年三月都會平陽，會凶羯石勒以三月三日徑掩薊城，大司馬、博陵公浚受其僞和，爲勒所虜，勒勢轉盛，欲來襲臣。城塢駭懼，志在自守。又猗盧國內欲生姦謀，幸盧警慮，尋皆誅滅。

《冊府元龜》卷三七〇《將帥部・忠一》頁四四〇二上

（建興元年）六月，劉琨與代公猗盧會于陘北，謀擊漢。陘，音刑。秋，七月，琨進據藍谷，猗盧遣拓跋普根屯于北屈。北屈縣，漢屬河東郡，晉屬平陽郡，春秋晉公子夷吾所居邑也。宋白曰：慈州夾城縣，本漢北屈縣地。師古曰：屈，音居勿翻。琨遣監軍韓據自西河而南，將攻西平。西平城，在平陽西，漢主聰築以居其子濟南王驥。漢主聰遣大將軍粲等拒琨，驃騎將軍易等拒普根，蕩晉將軍蘭陽等助守西平。琨等聞之，引兵還。還，從宣翻，又如字。聰使諸軍仍屯所在，爲進取之計。

《資治通鑑》卷八十八《晉紀十・愍帝建興元年》頁二八〇〇

（建興元年）代公猗盧城盛樂以爲北都，治故平城爲南都；又作新平城於灅水之陽，使右賢王六脩鎮之，統領南部。盛樂縣，前漢屬定襄郡，後漢屬雲中郡。平城，漢屬雁門郡。《括地志》曰：朔州定襄縣，本漢平城縣。拓拔魏之盛也，置朔州於盛樂，置恒州於平城；平城，謂之代都。自高祖遷洛，其後破六韓拔陵作亂，故都爲墟，恒州寄治肆州秀容郡城，雲州寄治并州界。魏收《地形志》，自陘嶺以北，所記略矣。隋之盛也，北逐突厥，復漢故塞，省併後魏所置郡縣，盛樂蓋在定襄郡大利縣界，平城在馬邑郡雲内縣界。唐破突厥，北盡魏、隋之略：朔州善陽縣，則漢定襄、魏桑乾之地；單于都護府金河縣，則後魏道武所都也；雲州雲中縣，則後魏所都平城也。然自單于都護府東北至朔州三百五十七里，則盛樂距平城，其道里可知矣。杜佑曰：雲中，今馬邑郡北；平城，即今郡，隋雲内縣恒安鎮。《魏書·帝紀》：猗盧脩故平城以爲南都，更南百里，於灅水之陽黃瓜堆築新平城，晉人謂之小平城。杜佑又曰：朔州馬邑郡，魏都平城，於郡北置懷朔鎮；及遷洛後，置朔州。後魏初，雲中在今郡北三百餘里定襄故城北；北齊置朔州，在故都西南新城，一名平城也；後移於馬邑，即今郡城也。郡治善陽縣，亦漢定襄縣地，有秦馬邑城、武周塞，紫河發源於此。宋白曰：唐振武軍，舊單于都護府，即漢定襄郡之盛樂縣也，在陰山之陽，黃河之北，後魏所都盛樂是也。唐平突厥，於此置雲中都督府，後改單于府。班固《地理志》：右北平俊靡縣，灅水南至無終，東入庚。師古曰：灅，力水翻；又音郎賄翻。酈道元《水經注》：庚水與鮑丘水合，俊靡在東，與平城相去甚遠，新平城不在此灅水之陽也。據《魏書》，道武帝西如馬邑，觀灅源；則灅水蓋出於馬邑，而東北流逕平城之南也。酈道元，魏人也，其注《水經》，叙代都之事宜詳，初不言平城有灅水，但言濕水逕平城南耳。《注》曰：濕水，出雁門陰館縣濕頭山，一曰治水，東北流，出山，逕陰館縣故城西，故樓煩鄉也。又有馬邑川水，會桑乾水而注于濕水。濕水東流過平城南，又東流逕廣甯下洛縣南，東至漁陽，入笥溝。又考班固《地理志》，雁門陰館縣樓煩鄉累頭山，治水所出，東至泉州入海。師古曰：累，音力追翻；治，音弋之翻。竊謂水出累頭山，疑當時亦有累水之名。師古音從平聲，音相近也。意道元所謂濕水，即灅水也。又考丁度《集韻》，"漯""灅""灅"三字，同注云"水出雁門"，則亦有見於此矣。灅，《類篇》音魯水翻。

《資治通鑑》卷八十八《晉紀十·愍帝建興元年》頁二八〇六至二八〇七

六月，晉平北將軍劉琨與穆帝會於陘北，謀擊聰。秋，七月，琨進據藍谷，穆帝乃遣普根屯於北屈。琨遣堅軍韓據自西河而南，將攻西平。聰遣大將軍粲等拒琨，驃騎大將軍易等拒普根，蕩晉將軍蘭陽等助守西平。琨等聞之，引兵還。聰使諸軍仍屯所在，爲進取之計。

屠本《十六國春秋》卷二《前趙録二·劉聰上》頁一八背至一九正

（藍谷）建興初劉琨復與猗盧謀討劉聰，琨進據藍谷是也。

《讀史方輿紀要》卷四十《山西二·太原府·藍谷》頁一八一五

（北屈廢縣）晉建興初并州刺史劉琨與代公猗盧伐劉聰，琨進據藍谷，猗盧遣拓跋普根屯於北屈。

《讀史方輿紀要》卷四十一《山西三·平陽府·北屈廢

縣》頁一九二八

（平城廢縣）晉建興初劉琨表猗盧爲代王，治故平城，爲南都。
《讀史方輿紀要》卷四十四《山西六·平城廢縣》頁一九九四

（新平城）晉建興元年拓跋猗盧城盛樂，爲北都，修故平城爲南都，又作新平城於灅水之陽，使右賢王六修鎮之，統領南部。《北史》："猗盧修故平城，更南百里，於灅水之陽黃瓜堆築新平城，謂之南平城，晉人亦謂小平城。"
《讀史方輿紀要》卷四十四《山西六·大同府·新平城》頁一九九六

（盛樂城）建興初猗盧城盛樂以爲北都。
《讀史方輿紀要》卷四十四《山西六·大同府·盛樂城》頁一九九七

（桑乾河）晉建興初代猗盧築新平城於灅北，後又築宮於灅南，謂之灅南宮，魏都代時數臨幸焉。
《讀史方輿紀要》卷四十四《山西六·大同府·桑乾河》頁二〇一〇

（灅南宮）晉建興元年猗盧築新平城於灅北。
《讀史方輿紀要》卷四十四《山西六·大同府·灅南宮》頁二〇一四

公元三一四年　西晉愍帝建興二年　漢趙昭武帝嘉平四年

（建興二年）石勒纂嚴,將襲王浚,而猶豫未發。張賓曰:"夫襲人者,當出其不意。今軍嚴經日而不行,豈非畏劉琨及鮮卑、烏桓爲吾後患乎?"勒曰:"然。爲之奈何?"賓曰:"彼三方智勇無及將軍者,將軍雖遠出,彼必不敢動,且彼未謂將軍便能懸軍千里取幽州也。輕軍往返,不出二旬,藉使彼雖有心,比其謀議出師,比,必寐翻。吾已還矣。且劉琨、王浚,雖同名晉臣,實爲仇敵。若脩牋于琨,送質請和,質,音致;下同。琨必喜我之服而快浚之亡,終不救浚而襲我也。用兵貴神速,勿後時也。"勒曰:"吾所未了,右侯已了之,了,決也。吾復何疑!"復,扶又翻;下敢復同。

遂以火宵行,至柏人,柏人縣,屬趙國,唐爲邢州堯山縣。殺主簿游綸,以其兄統在范陽,恐泄軍謀故也。遣使奉牋送質于劉琨,自陳罪惡,請討浚以自效。琨大喜,移檄州郡,稱"己與猗盧方議討勒,勒走伏無地,求拔幽都以贖罪。今便當遣六脩南襲平陽,除僭僞之逆類,降知死之逋羯,逆類,謂劉聰;逋羯,謂石勒。降,戶江翻。羯,居謁翻。順天副民,翼奉皇家,斯乃曩年積誠靈祐之所致也!"浚、琨爲勒所玩弄而不自覺,宜其相繼而覆亡也。《考異》曰:《琨集》,《檄》首云,"三月庚午朔,五日甲戌。"按石勒以壬申克幽州,蓋時晉陽尚未知也。欲叙琨事畢,然後叙勒事,故置此。

《資治通鑑》卷八十九《晉紀十一·愍帝建興二年》頁二八一一至二八一二

（李矩）時劉琨所假河内太守郭默爲劉元海所逼，[四]乞歸於矩，矩將使其甥郭誦迎致之，而不敢進。會劉琨遣參軍張肇，率鮮卑范勝等五百餘騎往長安，屬默被圍，道路不通，將還依邵續。行至矩營，矩謂肇曰："默是劉公所授，公家之事，知無不爲。"屠各舊畏鮮卑，遂邀肇爲聲援，肇許之。賊望見鮮卑，不戰而走。誦潛遣輕舟濟河，使勇士夜襲懷城，掩賊留營，又大破之。默遂率其屬歸于矩。後劉聰遣從弟暢步騎三萬討矩，屯于韓王故壘，相去七里，遣使招矩。時暢卒至，矩未暇爲備，遣使奉牛酒詐降于暢，潛匿精勇，見其老弱。暢不以爲虞，大饗渠帥，人皆醉飽。矩謀夜襲之，兵士以賊衆，皆有懼色。矩令郭誦禱鄭子產祠曰："君昔相鄭，惡鳥不鳴。凶胡臭羯，何得過庭！"使巫揚言："東里有教，當遣神兵相助。"將士聞之，皆踴躍爭進。乃使誦及督護楊璋等選勇敢千人，夜掩暢營，獲鎧馬甚多，斬首數千級，暢僅以身免。

【校勘記】

〔四〕郭默爲劉元海所逼　《舉正》：此時劉元海已死，當云劉曜。按：《通鑑》八九正作"曜"。

《晉書》卷六十三《列傳第三十三‧李矩》頁一七〇七、一七一八

劉元海遣從子曜討默，曜列三屯圍之，欲使餓死。默送妻子爲質，并請糴焉。糴畢，設守。曜怒，沈默妻子于河而攻之。默遣弟芝求救于劉琨，琨知默狡猾，留之而緩其救。默更遣人告急。會芝出城浴馬，使強與俱歸。默乃遣芝質於石勒，勒以默多詐，封默書與劉曜。默使人伺得勒書，便突圍投

李矩。後與矩并力距劉、石,事見《矩傳》。
　　《晉書》卷六十三《列傳第三十三·郭默》頁一七一四至一七一五

　　曜還師攻郭默于懷城,收其米粟八十萬斛,列三屯以守之。聰遣使謂曜曰:"今長安假息,劉琨游魂,此國家所尤宜先除也。郭默小醜,何足以勞公神略,可留征虜將軍貝丘王翼光守之,公其還也。"於是曜歸蒲坂。
　　《晉書》卷一百二《載記第二·劉聰》頁二六六六

　　晉將李矩守滎陽城,劉聰將劉暢討矩。矩奉牛酒詐降,謀夜襲之,兵士以賊衆,皆有懼色。矩令郭誦禱鄭子產祠曰:"君昔相鄭,惡鳥不鳴。凶胡臭羯,何得過庭。"使巫揚言〔五二〕"東里有教,當遣神兵相助。"將士聞之,皆踴躍爭進。乃使精選勇敢千人,夜掩暢營,獲鎧馬甚多,斬首數千級,暢僅以身免。

【校勘記】
〔五二〕使巫揚言　"揚"原訛"陽",據《晉書·李矩傳》一七〇七頁及北宋本、王吳本改。

　　《通典》卷第一百五十六《兵九·假託安衆》頁四〇一五、四〇二一

　　(建興二年)劉琨請兵於拓跋猗盧以擊漢,會猗盧所部雜胡萬餘家謀應石勒,猗盧悉誅之,不果赴琨約。琨知石勒無降意,乃大懼,降,户江翻。上表曰:"東北八州,勒滅其七;勒入

鄴，殺都督東燕王騰；寇信都，殺冀州刺史王斌；襲鄴城，殺兗州刺史袁孚；攻新蔡，殺豫州刺史新蔡王確；襲蒙城，擒青州都督苟晞；克上白，斬青州刺史李惲；攻信都，殺冀州刺史王象；攻定陵，殺兗州刺史田徽；襲幽州，擒王浚；除李惲、田徽，王浚承制所授，是滅其七也。先朝所授，存者惟臣。朝，直遙翻。勒據襄國，與臣隔山，山，自太行、恒山至于幽、碣，連延不斷，襄國在山東，晉陽在山西。朝發夕至，城塢駭懼，雖懷忠憤，力不從願耳！"

《資治通鑑》卷八十九《晉紀十一‧愍帝建興二年》頁二八一四

（建興二年）曜、染復與將軍殷凱帥眾數萬向長安，《考異》曰:《晉春秋》作"段凱"。今從《麴允傳》。麴允逆戰於馮翊，允敗，收兵；夜，襲凱營，凱敗死。曜乃還攻河內太守郭默于懷，列三屯圍之。默食盡，送妻子為質，請糴於曜；糴畢，復嬰城固守。曜怒，沈默妻子于河而攻之。質，音致。沈，持林翻。默欲投李矩於新鄭，新鄭縣，漢屬河南郡，晉省，其地當在滎陽郡界。周宣王弟鄭桓公本封京兆之鄭縣；其子武公邑于虢、鄶之間，遂為鄭國。《左傳》鄭莊公曰"吾先君新邑于此"，後遂為新鄭縣，以別京兆之鄭。矩使其甥郭誦迎之，兵少，不敢進。少，詩照翻。會劉琨遣參軍張肇帥鮮卑五百餘騎詣長安，道阻不通，還，過矩營，矩說肇，使擊漢兵。說，輸芮翻。漢兵望見鮮卑，不戰而走，默遂率眾歸矩。漢主聰召曜還屯蒲坂。

《資治通鑑》卷八十九《晉紀十一‧愍帝建興二年》頁二八一六

（李矩）時劉琨所假河內太守郭默爲劉淵所逼，求歸矩，矩將使其甥郭誦迎致之，而不敢進。會劉琨遣參軍張肇，率鮮卑范勝等五百餘騎往長安，屬默被圍，道路不通，將還依邵續。行至矩營，矩謂肇曰："默是劉公所授，公家之事，知無不爲。"屬各舊畏鮮卑，遂邀肇爲聲援，肇許之。賊望見鮮卑，不戰而走。誦潛遣輕舟濟河，使勇士夜襲懷城，掩賊留營，又大破之。默遂率其屬歸矩。後劉聰遣其從弟暢步騎三萬討矩，屯于韓王故壘，相去七里，遣使招矩。時暢卒至，矩未暇爲備，遣人奉牛馬詐降于暢，潛匿精勇，見其老弱。暢不以爲虞，大饗渠帥，人皆醉飽。矩謀夜襲之，兵士以賊衆，皆有懼色。矩令郭誦禱鄭子產祠曰："君昔相鄭，惡鳥不鳴。凶胡臭羯，何得過庭！"使巫揚言："東里有教，當遣神兵相助。"將士聞之，皆踴躍。矩乃使誦及督護楊璋等選勇敢千人，夜掩暢營，獲鎧馬甚多，斬首數千級，暢僅以身免。

《通志》卷一百二十五《列傳三十八·晉·李矩》頁一九五五上

劉淵遣從子曜討默，曜列三屯圍之，欲使餓死。默送妻子爲質，并請糴焉。糴畢，設守。曜怒，沈默妻子于河而攻之。默遣弟芝求救於劉琨，琨知默狡猾，留之而緩其救。默更遣人告急。會芝出城浴馬，使彊與歸。默乃遣芝質於石勒，勒以默多詐，封默書與劉曜。默使人伺得勒書，便突圍投李矩。後與矩并力距劉、石，事見《矩傳》。

《通志》卷一百二十五《列傳三十八·晉·郭默》頁一九五七上

曜還師攻郭默于懷城，收其米粟八十萬斛，列三屯以守之。聰遣使謂曜曰："今長安假息，劉琨游魂，此國家所尤宜先除也。郭默小醜，何足以勞公神略，可留征虜將軍貝邱王翼光守之，公其還也。"於是曜歸蒲阪。

《通志》卷一百八十六《載記一·前趙》頁二九七八下

曜、染復與將軍殷凱率衆數萬向長安，安夷護軍麴允逆戰於馮翊，允敗，收兵；夜，襲凱營，凱敗被禽，死之。曜還攻河內太守郭默於懷城，收其米粟八十萬斛，列三屯圍之，欲使默食盡，饑死。默送妻子爲質，并請糴於曜；糴畢，復嬰城固守。曜怒，沈默妻子於河而攻之。默遣弟芝求救於劉琨，琨知默狡猾，留芝而緩其救。默更遣人告急。會芝出城落馬，使强與俱歸。乃復遣芝質於石勒，勒以默多詐，封默書於曜。默使人伺得勒書，欲突圍投李矩於新鄭，矩使其甥郭誦迎之，誦兵少，不敢進。會劉琨遣參軍張肇帥鮮卑范勝等五百餘騎詣長安，默時被圍，道阻不通，還，過矩營，矩謂肇曰："默是公家所授，公家之事，知無不爲。"屠各舊畏鮮卑，遂邀肇爲聲援，肇許之。曜等望見鮮卑，不戰而退。誦潛遣輕舟濟河，使勇士夜襲懷城，大破曜軍。默遂率其屬歸矩，與矩并力拒曜。聰遣使謂曜曰："今長安假息，劉琨遊魂，此國家所尤宜先除也。郭默小醜，何足以勞公神略，可留征虜將軍貝丘王翼光守之，公其還也。"曜於是歸屯蒲阪。

屠本《十六國春秋》卷三《前趙錄三·劉聰中》頁三正至四正

（建興二年九月）丙戌，麟見襄平。單于代公猗盧遣使獻馬。
《晉書》卷五《帝紀第五·孝愍帝》頁一二八

（建興二年九月）丙戌，麟見襄平。單于代公猗盧遣使獻馬。①
《通志》卷十上《晉紀十上·孝愍帝》頁一九〇下

公元三一五年　西晉愍帝建興三年　漢趙昭文帝嘉平五年

（建興三年二月丙子）進封代公猗盧爲代王。
《晉書》卷五《帝紀第五·孝愍帝》頁一二九

三年，帝遣兼大鴻臚趙廉持節拜琨爲司空、都督并冀幽三州諸軍事。琨上表讓司空，受都督，剋期與猗盧討劉聰。
《晉書》卷六十二《列傳第三十二·劉琨》頁一六八四

穆帝時，劉聰、石勒傾覆晉室。帝將平其亂，乃峻刑法，每以軍令從事。民乘寬政，多以違命得罪，死者以萬計。於是國落騷駭。
《魏書》卷一百一十一《刑罰志七第十六》頁二八七三

晉劉琨爲并州都督，屬石勒攻樂平，太守韓據請救於琨，

---

①此條時間記載，《通志》卷十上《晉紀十上》頁志一九〇下記作"建興三年"，按《晉書》卷五《孝懷帝紀》頁一二八作"建興二年"。又：《通志》卷十上《晉紀十上》出現兩個"建興三年"，故此條時間應作"建興二年"。

而琨自以士衆新合，欲因其鋭以威勒。箕澹諫曰："此雖晉人，久在荒裔，未習恩信，難以法御。今内收鮮卑之餘穀，外抄殘胡之牛羊，且閉關守險，務農息士，既服化感義，然後用之，則功可立也。"琨不從，悉發其衆，命澹領步騎二萬爲前驅，琨自爲後繼。勒先據險要，設伏以擊澹，大敗之，一軍皆没。

《册府元龜》卷四三七《將帥部·强愎》頁五一八六下

（建興三年）詔進拓跋猗盧爵爲代王，置官屬，食代、常山二郡。常山已爲石勒所有。拓跋氏建國曰代，始此。猗盧請并州從事雁門莫含於劉琨，《姓譜》：莫姓，楚莫敖之後。琨遣之。含不欲行，琨曰："以并州單弱，吾之不材而能自存於胡、羯之間者，代王之力也。吾傾身竭貨，以長子爲質而奉之者，庶幾爲朝廷雪大恥也。琨以長子遵質於猗盧。長，知兩翻。幾，居希翻。卿欲爲忠臣，奈何惜共事之小誠而忘徇國之大節乎！往事代王，爲之腹心，乃一州之所賴也。"含遂行。猗盧甚重之，常與參大計。

猗盧用法嚴，國人犯法者，或舉部就誅，老幼相攜而行；人問："何之？"曰："往就死。"無一人敢逃匿者。

《資治通鑑》卷八十九《晉紀十一·愍帝建興三年》頁二八一八至二八一九

（建興三年二月）進封代公猗盧爲代王。

《通志》卷十上《晉紀十上·孝愍帝》頁一九〇下

（建興三年）進代公猗盧爵爲代王。

《通志》卷二十三《年譜三·晉·建興三年》頁四二七中

（建興三年）猗盧初置官署，食代、常山二郡。
《通志》卷二十三《年譜三·代王拓跋猗盧八年》頁四二七中

三年，帝遣兼大鴻臚趙廉持節拜琨爲司空、都督并冀幽三州諸軍事。琨上表讓司空，受都督，剋期與猗盧討劉聰。
《通志》卷一百二十五《列傳第三十八·晉·劉琨》頁一九五一中

公元三一六年　西晉愍帝建興四年　漢趙昭武帝麟嘉二年

（建興）四年春三月，代王猗盧薨，其衆歸于劉琨。
《晉書》卷五《帝紀第五·孝愍帝》頁一三〇

尋猗盧父子相圖，盧及兄子根皆病死，[一]部落四散。琨子遵先質於盧，衆皆附之。及是，遵與箕澹等帥盧衆三萬人，馬牛羊十萬，悉來歸琨，琨由是復振，率數百騎自平城撫納之。屬石勒攻樂平，太守韓據請救於琨，而琨自以士衆新合，欲因其銳以威勒。箕澹諫曰：“此雖晉人，久在荒裔，未習恩信，難以法御。今内收鮮卑之餘穀，外抄殘胡之牛羊，且閉關守險，務農息士，既服化感義，然後用之，則功可立也。”琨不從，悉發其衆，命澹領步騎二萬爲前驅，琨自爲後繼。勒先據險要，設伏以擊澹，大敗之，一軍皆没，并土震駭。尋又炎旱，琨窮蹙不能復守。幽州刺史鮮卑段匹磾數遣信要琨，欲與同獎王室。琨由是率衆赴之，從飛狐入薊。匹磾見之，甚相崇重，與琨結婚，約爲兄弟。

【校勘記】

〔一一〕盧及兄子根皆病死　猗盧爲其子六脩所殺,不得云"病死"。根即《魏書》、《北史·魏本紀》之普根。《通鑑》八八、八九亦作"普根"。

《晉書》卷六十二《列傳第三十二·劉琨》頁一六八四至一六八五、一七〇一

及猗盧敗亂,晉人歸奔琨於平城,納其初附。將軍箕澹又以爲此雖晉人,久在荒裔,難以法整,不可便用。琨又讓之,義形於色。假從澹議,偷於苟存,則晏然於并土,必不亡身於燕薊也。

《晉書》卷六十二《列傳第三十二·劉琨》頁一六八八

勒攻樂平太守韓據于坫城,劉琨遣將軍姬澹率衆十餘萬討勒,琨次廣牧,爲澹聲援。勒將距之,或諫之曰:"澹兵馬精盛,其鋒不可當,宜深溝高壘以挫其銳,攻守勢異,必獲萬全。"勒曰:"澹大衆遠來,體疲力竭,犬羊烏合,號令不齊,可一戰而擒之,何強之有！寇已垂至,胡可捨去,大軍一動,豈易中還！若澹乘我之退,顧乃無暇,焉得深溝高壘乎！此爲不戰而自滅亡之道。"立斬諫者。以孔萇爲前鋒都督,令三軍後出者斬。設疑兵于山上,分爲二伏。勒輕騎與澹戰,僞收衆而北。澹縱兵追之,勒前後伏發,夾擊,澹軍大敗,獲鎧馬萬匹,澹奔代郡,據奔劉琨。琨長史李弘以并州降于勒,琨遂奔于段匹磾。勒遷陽曲、樂平戶于襄國,置守宰而退。孔萇追姬澹于桑乾。勒遣兼左長史張敷獻捷于劉聰。

《晉書》卷一百四《載記第四·石勒上》頁二七二五至

二七二六

孔萇攻代郡,澹死之。
《晉書》卷一百四《載記第四·石勒上》頁二七二六

初穆帝少子比延有寵,欲以爲後。六脩出居新平城,而黜其母。六脩有驊騮駿馬,日行五百里,穆帝欲取以給比延。後六脩來朝,穆帝又命拜比延,六脩不從。穆帝乃坐比延於己所乘步輦,使人導從出遊。六脩望見,以爲穆帝,謁伏路左,及至,乃是比延,慚怒而去。召之,不還。①穆帝怒,率衆伐之。帝軍不利,六脩殺比延。帝改服微行民間,有賤婦人識帝,遂暴崩。普根先守于外,聞難,率衆來赴。攻六脩,滅之。

【校勘記】
〔一〕魏書卷十四　諸本目録此卷注"闕",百衲本、南本、汲本、局本卷末有宋人校語云:"魏收書《神元平文諸帝子孫列傳》亡,後人補以《北史》,又取《高氏小史》附益之。後卷魏收舊史亡者皆放此。"殿本《考證》云:"魏收書亡,後人所補。"

《魏書》卷十四〔一〕《神元平文諸帝子孫列傳第二》頁三四八、三六五

穆帝少子比延有寵,欲以爲後,六修出居新平城,而黜其母。六修有驊騮駿馬,日行五百里,穆帝欲取以給比延。後

①據中華書局點校修訂本《魏書·神元平文諸帝子孫傳》校勘記〔四〕頁四二四:不還　三朝本、北監本、殿本作"不逮"。

六修來朝,穆帝又命拜比延,六修不從。穆帝乃坐比延於已所乘步輦,使人導從出遊。六修望見,以爲穆帝,謁伏路左,及至,乃是比延,慚怒而去。穆帝怒,伐之,帝軍不利,六修殺比延。帝改服微行人間,有賤婦人識帝,遂暴崩。桓帝子普根先守于外,聞難來赴,滅之。

《北史》卷十五《列傳第三·魏諸宗室》頁五四五

晉司空劉琨守太原,遣將姬澹率衆十餘萬討石勒。勒將拒之,或諫曰:"澹兵馬精盛,其鋒不可當,宜深溝高壘以挫其鋭,攻守之勢,必獲萬全。"勒曰:"澹大衆遠來,〔二八〕體疲力竭,犬羊烏合,號令不齊,可一戰擒之,何強之有。寇已垂至,胡可捨去;大軍一動,豈易中還。若澹乘我之退,顧走乃無暇,焉得深溝高壘乎!此爲不戰而自滅亡之道。"立斬諫者。以孔萇爲前鋒都督,令三軍後出者斬。設疑兵於山上,分爲二伏。勒輕騎與澹戰,僞收衆而北。澹縱兵追之,勒前後伏發,夾擊,澹軍大敗。〔二九〕

【校勘記】

〔二八〕澹大衆遠來 "大衆"原倒,據《晉書·石勒載記》下二七二五頁乙。

〔二九〕澹軍大敗 "軍"原作"兵",據《晉書·石勒載記》下二七二五頁及北宋本、王吳本改。

《通典》卷第一百五十六《兵九·我寡敵衆自遠至乘疲敗之》頁四〇〇八至四〇〇九、四〇一九

又曰:劉琨守太原,遣將姬澹率衆十餘萬討石勒。勒將拒

之，或諫曰："澹兵馬精盛，其鋒不可當，宜深溝高壁以挫其銳，攻守勢異，必獲萬全。"勒曰："澹衆大遠來，體疲力竭，犬羊烏合，號令不齊，可一戰擒之，何強之有。寇已垂至，胡可捨去。大軍一動，豈易中還。若澹乘我之退，顧走乃無暇，焉得深溝高壘乎！此為不戰而自滅亡之道。"立斬諫者。以孔萇為前鋒都督，令三軍後出者斬。設疑兵於山上，分為二伏。勒輕騎與澹戰，偽收衆而北。澹縱兵追之，勒前後伏兵夾擊，澹軍大敗。

《太平御覽》卷二八六《兵部一七・機略五》頁一三二三下

及猗盧敗亂，晉人歸奔，琨於平城，納其初附。將軍箕澹又以為此雖晉人，久在荒裔，難以法整，不可便用。琨又讓之，義形於色。假從澹議，偷於苟存，則晏然於并土，必不亡身於燕薊也。

《册府元龜》卷八七四《總錄部・訟冤三》頁一〇三六〇下

（建興四年）初，代王猗盧愛其少子比延，欲以為嗣，使長子六脩出居新平城，而黜其母。建興元年，猗盧築新平城。新平城，唐謂之新城，在朔州界。少，詩照翻。長，知兩翻。六脩有駿馬，日行五百里，猗盧奪之，以與比延。六脩來朝，朝，直遙翻。猗盧使拜比延，六脩不從。猗盧乃坐比延於其步輦，步輦，不駕馬，使人輓之。使人導從從，才用翻。出遊。六脩望見，以為猗盧，伏謁路左；至，乃比延，六脩慚怒而去。猗盧召之不至，大怒，帥衆討之，為六脩所敗。帥，讀曰率。敗，補邁翻。猗盧微服逃民間，有賤婦人識之，遂為六脩所弒。拓跋普根先守外境，聞難來赴，攻六脩，滅之。難，乃旦翻。

普根代立，國中大亂，新舊猜嫌，迭相誅滅。左將軍衞雄、信義將軍箕澹，澹，徒覽翻，又徒濫翻。久佐猗盧，爲衆所附，謀歸劉琨，乃言於衆曰："聞舊人忌新人悍戰，舊人，索頭部人也；新人，晉人及烏桓人也。悍，侯旰翻，又下罕翻。欲盡殺之，將奈何？"晉人及烏桓皆驚懼，曰："死生隨二將軍！"乃與琨質子遵帥晉人及烏桓三萬家、馬牛羊十萬頭歸于琨。質，音致。帥，讀曰率；下同。琨大喜，親詣平城撫納之，琨兵由是復振。

夏，四月，普根卒。其子始生，普根母惟氏立之。惟氏，猗㐌之妻。

《資治通鑑》卷八十九《晉紀十一·愍帝建興四年》頁二八三〇至二八三一

（建興四年）石勒圍樂平太守韓據于坫城，楊正衡曰：坫，丁念翻。余按武帝泰始中，分上黨、太原置樂平郡，治沾縣。沾縣，漢屬上黨郡。魏收《地形志》，樂平縣有沾城。師古曰：沾，音他兼翻。《載記》誤作"坫"，當讀從顏音。據請救於劉琨。琨新得拓跋猗盧之衆，欲因其銳氣以討勒。箕澹、衞雄諫曰：澹，徒覽翻，又徒濫翻。"此雖晉民，久淪異域，未習明公之恩信，恐其難用。不若且內收鮮卑之餘穀，拓跋，鮮卑也。外抄胡賊之牛羊，胡，謂劉、石也。抄，禁交翻。閉關守險，務農息兵，待其服化感義，然後用之，則功無不濟矣。"琨不從，悉發其衆，命澹帥步騎二萬爲前驅，琨屯廣牧，爲之聲援。廣牧縣，漢屬朔方郡；漢末省朔方，置廣牧縣於陘南，屬新興郡，非廣牧縣故地也。帥，讀曰率。

石勒聞澹至，將逆擊之。或曰："澹士馬精強，其鋒不可當，不若且引兵避之，深溝高壘以挫其銳，必獲萬全。"勒曰："澹兵雖衆,遠來疲弊,號令不齊,何精强之有!今寇敵垂至,何可捨去!大軍一動,豈易中還!易,以豉翻。若澹乘我之退而逼之,顧逃潰不暇,焉得深溝高壘乎!焉,於虔翻。此自亡之道也。"立斬言者,以孔萇爲前鋒都督,令三軍:"後出者斬!"勒據險要,設疑兵於山上,前設二伏,出輕騎與澹戰,陽爲不勝而走。澹縱兵追之,入伏中。勒前後夾擊澹軍,大破之,獲鎧馬萬計。澹、雄帥騎千餘奔代郡,帥,讀曰率;下同。韓據棄城走,并土震駭。

《資治通鑑》卷八十九《晉紀十一‧愍帝建興四年》頁二八三七至二八三八

(建興四年)孔萇攻箕澹于代郡,殺之。據《載記》,萇攻澹於桑乾,則此代郡乃後魏之代郡,非漢、晉之代郡也。

《資治通鑑》卷八十九《晉紀十一‧愍帝建興四年》頁二八三九

四年春,三月,代王猗盧薨,其衆歸于劉琨。

《通志》卷十上《晉紀十上‧孝愍帝》頁一九一上

春代王猗盧遇弒。

《通志》卷二十三《年譜三‧晉愍帝建興四年》頁四二七中

(建興四年)春三月,猗盧爲其子六脩所弒,猗盧弟弗子鬱律立。

《通志》卷二十三《年譜三‧代王拓跋猗盧九年》頁四二七中

穆帝少子比延有寵，欲以爲後。命六修出居新平城，而黜其母。六修有駿馬，日行五百里，穆帝欲取以給比延。後六修來朝，帝又命拜比延，六修不從。穆帝乃坐比延於己所乘步輦，使人導從出遊。六修望見，以爲穆帝，謁伏於路左，及至，乃知爲比延，慚怒而去。穆帝怒，伐之。帝軍不利，六修殺比延。帝易服微行人間，有賤婦人識帝，帝遂暴崩。桓帝子普根先守于外，聞難來赴，滅之。

《通志》卷八十四上《宗室七上·後魏》頁一〇五〇上

尋猗盧父子相圖，盧及兄子根皆病死，部落四散。琨子遵先質於盧，衆皆附之。及是，遵與箕澹等帥盧衆三萬人，馬牛羊十萬，悉來歸琨，琨由是復振，率數百騎自平城撫納之。屬石勒攻樂平，太守韓據請救於琨，而琨自以士衆新合，欲因其銳以威勒。箕澹諫曰："此雖晉人，久在荒裔，未習恩信，難以法御。今内收鮮卑之餘穀，外抄殘胡之牛羊，且閉關守險，務農息士，既服化感義，然後用之，則功可立也。"琨不從，悉發其衆，命澹領步騎二萬爲前驅，琨自爲後繼。勒先據險要，設伏以擊澹，大敗之，一軍皆没，并土震駭。尋又炎旱，琨窮蹙不能復守。幽州刺史鮮卑段匹磾數遣信要琨，欲與同獎王室。琨由是率衆赴之，從飛狐入薊。匹磾見之，甚相崇重，與琨結婚，約爲兄弟。

《通志》卷一百二十五《列傳第三十八·晉·劉琨》頁一五一八中

勒攻樂平太守韓據于坫城，劉琨遣將軍姬澹率衆十餘萬討勒，琨次廣牧，爲澹聲援。勒將距之，或諫曰："澹兵馬精盛，其鋒不可當，宜深溝高壘以挫其銳，攻守勢異，必獲萬全。"勒曰："澹衆大遠來，體疲力竭，犬羊烏合，號令不齊，可一戰而擒之，何彊之有！寇已垂至，胡可捨去，大軍一動，豈易中還！若澹乘我之退，顧乃無暇，焉得深溝高壘乎！此爲不戰而自滅亡之道。"立斬諫者。以孔萇爲前鋒都督，令三軍後出者斬。設疑兵於山上，分爲二伏。勒輕騎與澹戰，僞收衆而北。澹縱兵追之，勒前後伏發，夾擊，澹軍大敗，獲鎧馬萬匹，澹奔代郡，據奔劉琨。琨長史李弘以并州降于勒，琨遂奔于段匹磾。勒遷陽曲、樂平戶于襄國，置守宰而還。孔萇追姬澹于桑乾。勒遣兼左長史張敷獻捷于劉聰。

《通志》卷一百八十七《載記二·後趙》頁二九九四上

孔萇攻代郡，澹死之。

《通志》卷一百八十七《載記二·後趙》頁二九九四上

冬十月，勒攻樂平太守韓據于坫城，據請救於劉琨。琨自以士衆新合，欲因其銳氣討勒。將軍姬澹、衛雄諫曰："此雖晉民，久淪異域，未習明公之威信，難以法御，恐其難用。今内收鮮卑之餘穀，外抄胡賊之牛羊，且閉關守險，務農息兵，待其服化感義，然後用文，則功可立也。"琨不從，悉發其衆，命姬澹率步騎二萬爲前驅，琨屯廣牧，爲之聲援。勒聞澹至，將逆擊之。或諫曰："澹兵馬精盛，其鋒不可當，不若且引兵避之，深溝高壘以挫其銳，攻守勢殊，必獲萬全。"勒曰："澹大衆遠來，體疲力竭，犬羊烏合，號令不齊，可一戰而擒之，何強之有！今寇敵垂至，胡可捨去，大軍一動，豈易中還！若澹乘我之退而追逼之，顧逃潰不暇，焉得深溝高壘乎！此爲不戰而自滅亡之道也。"立斬諫者。以孔萇爲前鋒都督，令三軍後出者斬。勒先據險要，設疑兵于山上，前分二伏，出輕騎與澹戰，僞爲不勝，收衆而北。澹縱兵追之，入于伏中。前後伏發，遂夾擊之，澹軍大敗，獲鎧馬萬計。澹師千餘騎奔代郡，韓據棄城奔劉琨，并土震駭。十一月，司空長史李弘以并州降勒。劉琨進退失據，不知所爲，段匹磾遣信邀之，巳未，琨率衆從飛狐奔段匹磾。勒分徙陽曲、樂平户于襄國，置守宰而還。孔萇追姬澹于桑乾，至于代郡，殺之。

屠本《十六國春秋》卷十二《後趙錄二・石勒中》頁十三正至十四正

（石勒據襄國）（建興）四年取并州，時并州治陽曲。劉琨失并州，走歸段匹磾。北至代郡。勒將孔萇追殺故代將箕澹於代郡。代郡，《載記》作"桑乾"。胡氏曰："此後魏之代郡。"非也，漢代郡南境有桑乾川。

《讀史方輿紀要》卷三《歷代州域形勢三・晉・石勒據襄國》頁一二一

（廣牧城）建興四年劉琨遣箕澹等救樂平太守韓據於沽城，琨屯廣牧爲聲援。

《讀史方輿紀要》卷四十《山西二・太原府・廣牧城》頁一八二八

勒攻樂平太守韓據於坫城，劉琨遣將軍姬一作姚澹率衆十餘萬來討，琨次廣牧，爲澹聲援。勒將距之，或諫之曰："澹兵精盛，其鋒不可當，宜深溝高壘以挫其銳，攻守勢異，必獲萬全。"勒曰："澹大衆遠來，體疲力竭，犬羊烏合，號令不齊，可一戰而擒之，何强之有！寇已垂至，胡可捨去，大軍一動，豈易中還！若澹乘我之退，顧乃無暇，焉得深溝高壘乎！此爲不戰而自滅亡之道。"立斬諫者。以孔萇爲前鋒都督，令三軍後出者斬。設疑兵於山上，分爲二伏。勒輕騎與澹戰，僞收衆而北。澹縱馬追之，勒前後伏發，夾擊，澹軍大敗，獲鎧馬萬匹，澹奔代郡，據奔劉琨。琨長史李弘以并州來降，琨遂奔於段匹磾。勒遷陽曲、樂平户於襄國，置守宰而退。孔萇追姬澹於桑乾。勒遣兼左長史張敷獻捷於劉聰。

《十六國春秋輯補》卷十二《後趙錄二·石勒》頁九〇至九一

（建興四年）托跋普根之子又卒，托，與拓通，魏收《魏書》本作"托跋"。國人立其從父鬱律。從，才用翻。

《資治通鑑》卷八十九《晉紀十一·愍帝建興四年》頁二八四〇

公元三一八年　東晉元帝太興元年

（太興元年）劉虎自朔方侵拓跋鬱律西部，虎徙朔方，見八十七卷懷帝永嘉四年。秋，七月，鬱律擊虎，大破之。虎走出塞，從弟路孤帥其部落降于鬱律。帥，讀曰率。降，户江翻。於是鬱律西取烏孫故地，東兼勿吉以西，《唐書·北狄列傳》曰，黑水靺鞨，居肅慎地，亦曰挹婁，元魏謂之勿吉。《通鑑》蓋因魏收《魏書》書之。鬱律所取者，勿吉以西之地，未能兼勿吉也；徙河慕容、令支段氏及宇文部、高句麗,亦非鬱律所能制伏。士馬精強,雄於北方。

《資治通鑑》卷九十《晉紀十二·元帝太興元年》頁二八六〇至二八六一

公元三一九年　東晉元帝太興二年　後趙明帝趙王元年

匹磾既殺劉琨,夷晉多怨叛,遂率其徒依續。

《晉書》卷六十三《列傳第三十三·邵續》頁一七〇四

匹磾復爲末杯所敗,士衆離散,懼琨圖己,遂害之,於是晉人離散矣。匹磾不能自固,北依邵續,末杯又攻敗之。

《晉書》卷六十三《列傳第三十三·段匹磾》頁一七一一

匹磾既殺劉琨,與羽鱗、末波自相攻擊,部衆乖離。欲擁其衆徙保上谷,阻軍都之險,以拒末波等。平文帝聞之,陰嚴精騎將擊之。匹磾恐懼,南奔樂陵。

【校勘記】

〔一〕魏書卷一百三　諸本目録此卷注"闕"字,百衲本、汲本、局本卷末有宋人校語云:"魏收書列傳第九十一亡。"殿本《考證》云:"魏收書亡,後人所補。"按此卷以《北史》卷九八補,唯《蠕蠕傳》末刪節東、西魏以及齊、周與"蠕蠕"和戰事,遠較《北史》簡略。

《魏書》卷一百三〔一〕《列傳第九十一·段就六眷》頁二三〇六、二三一四疋磾既殺劉琨，與羽鱗、末波自相攻擊，部衆乖離。欲擁其衆徙保上谷，阻軍都之險，以距末波等。平文帝聞之，陰嚴精騎，將擊之。疋磾恐懼，南奔樂陵。

《北史》卷九十八《列傳第八十六·徒何段就六眷》頁三二六九

匹磾既殺劉琨，夷晉多怨叛，遂率其徒依續。
《册府元龜》卷七六〇《總録部·忠義一》頁九〇四三上

（太興二年）石勒遣石虎擊鮮卑日六延於朔方，大破之，斬首二萬級，俘虜三萬餘人。孔萇攻幽州諸郡，悉取之。段匹磾士衆飢散，欲移保上谷，《晉志》：上谷郡，治沮陽縣；秦置郡，在谷之上頭，故名焉。代王鬱律勒兵將擊之，匹磾棄妻子奔樂陵，依邵續。樂陵郡，治厭次，續保之以奉晉。
《資治通鑑》卷九十一《晉紀十三·元帝太興二年》頁二八六九

匹磾既殺劉琨，夷晉多怨叛，遂率其徒依續。
《通志》卷一百二十五《列傳三十八·晉·邵續》頁一九五四中

匹磾復爲末杯所敗，士衆離散，懼琨圖己，遂害之，於是晉人離散矣。匹磾不能自固，北依邵續，末杯又攻敗之。
《通志》卷一百二十五《列傳三十八·晉·段匹磾》頁一九五六上

匹磾既殺劉琨，與羽鱗、末波自相攻擊，部衆乖離。欲擁其衆徙保上谷，阻軍都之險，以距末波等。代王鬱律聞之，陰嚴精騎將擊之。匹磾恐懼，南奔樂陵。

《通志》卷二百《四夷七·徒何段務勿塵附》頁三二〇三上

河西鮮卑日六延叛勒，虎討之，敗延于朔方，斬首二萬級，俘虜三萬餘人，獲牛馬十餘萬。孔萇攻幽州諸郡，悉取之。時段匹磾部衆饑散，欲移保上谷，魏平文帝代王，諱鬱律勒兵將擊之，匹磾棄妻子奔樂陵，依邵續。

屠本《十六國春秋》卷十三《後趙錄三·石勒下》頁二背至三正

勒遣使乞和於魏，請爲兄弟，平文帝諱鬱律斬其使以絕之。

屠本《十六國春秋》卷十三《後趙錄三·石勒下》頁六正

河西鮮卑日六延叛於勒，石季龍討之，敗延於朔方，斬首二萬級，俘三萬餘人，獲牛馬十餘萬。孔萇討平幽州諸郡。時段匹磾部衆饑散，棄其妻子，匹磾奔邵續。

《十六國春秋輯補》卷十三《後趙錄三·石勒》頁九六

公元三二一年　東晉元帝太興四年　後趙明帝趙王三年

遣使韓暢浮海來請通和。平文皇帝以其僭立江表，拒不納之。

《魏書》卷九十六《列傳第八十四·司馬叡》頁二〇九三

尋署石季龍爲車騎將軍，率騎三萬討鮮卑鬱粥于離石，俘獲及牛馬十餘萬，鬱粥奔烏丸，悉降其衆城。
《晉書》卷一百五《載記第五・石勒下》頁二七三九

尋署季龍爲車騎將軍，率騎三萬討鮮卑鬱粥於離石，俘獲牛馬十餘萬，鬱粥奔烏丸，悉降其衆城。
《册府元龜》卷二三一《僭偽部・征伐》頁二七四六上

尋署石虎爲車騎將軍，率騎三萬討鮮卑鬱粥於離石，俘獲及牛馬十餘萬，鬱粥奔烏丸，悉降其衆城。
《通志》卷一百八十七《載記二・後趙》頁二九九六中

尋署虎爲車騎將軍，率騎三萬討鮮卑鬱粥於離石，俘獲男女及牛馬十餘萬，鬱粥奔烏丸，悉降其衆城。
屠本《十六國春秋》卷十三《後趙錄三・石勒下》頁一五正

尋署石季龍爲車騎將軍，率騎三萬討鮮卑鬱粥於離石，俘獲男女及牛馬十餘萬，鬱粥奔烏丸，悉降其衆城。
《十六国春秋輯補》卷十三《後趙錄三・石勒》頁一〇一

又《後魏書》云：平文皇后王氏，年十三，因事入宮，得幸於平文，生昭成。平文崩，昭成在襁褓。時國有內難，將害帝子。后匿帝於袴中，咒曰："若天祚未終者，汝無聲。"遂良久不啼，得免於難。

《太平御覽》卷六九五《服章部一二·袴》頁三一〇二上

（太興四年）拓跋猗㐌妻惟氏，忌代王鬱律之強，恐不利於其子，乃殺鬱律而立其子賀傉，鬱律立見八十九卷愍帝建興四年。傉，奴沃翻。大人死者數十人。鬱律之子什翼犍，犍，居言翻。幼在襁褓，其母王氏匿於袴中，祝之曰："天苟存汝，則勿啼。"久之，不啼，乃得免。惟氏專制國政，遣使聘後趙，後趙人謂之"女國使"。以惟氏專政，故謂之女國。史言拓跋所以中衰。使，疏吏翻。

《資治通鑑》卷九十一《晉紀十三·元帝太興四年》頁二八九一

是歲，鬱律為猗㐌妻惟氏而弒。賀傉，猗㐌中子也，母惟氏弒鬱律而立之。

《通志》卷二十三《年譜三·代王拓跋賀傉元年》頁四二七下

公元三二四年　東晉明帝太寧二年　後趙明帝趙王六年

後勒遣其將石良率精兵五千襲矩，矩逆擊不利。郭誦弟元復為賊所執，賊遣元以書說矩曰："去年東平曹嶷，西賓猗盧，矩如牛角，何不歸命？"矩以示誦，誦曰："昔王陵母在賊，猶不改意，弟當何論！"勒復遣誦麈尾馬鞭，以示殷勤，誦不答。

《晉書》卷六十三《列傳第三十三·李矩》頁一七〇九

又曰：石勒遣其將石良率精兵五千襲李矩，矩逆擊不利。郭誦弟元復為賊所執，遣元以書說矩曰："去東平曹嶷，西平猗盧,矩如牛角,何不歸命?"矩以示誦,誦曰:"昔王陵父母在賊,猶不改意,弟當何論!"勒復遺誦麈尾馬鞭,以示殷勤,誦不答。

《太平御覽》卷三一五《兵部四六·掩襲上》頁一四五二下

蕭方等《三十國春秋》曰:石勒遣石虎率精騎五千掩李矩營,生執矩外甥郭誦之弟元,教元作書與謂,説云:"去年東平曹嶷,西賓猗盧,矩如牛角,何不歸命?"勒與謂書,餉麈尾馬鞭,説:"賓禮賢弟,想同斷金,往物爲信。"矩所領將士並欲歸勒,矩知衆之去已,乃率衆來歸。

《太平御覽》卷三五九《兵部九〇·鞭》頁一六五二下至一六五三上

郭誦,司州刺史,李矩之甥也。矩表誦爲揚武將軍、陽翟令。時石勒遣其將石良率精兵五千襲矩,矩逆擊不利。誦弟元復爲賊所執,賊遣元以書説矩曰:"去年東平曹嶷,西賓猗盧,矩如牛角,何不歸命?"矩以示誦,誦曰:"昔王陵母在賊,猶不改意,弟當何論!"勒復遺誦麈尾馬鞭,以示殷勤,誦不答。

《册府元龜》卷三七一《將帥部·忠二》頁四四〇九上

後勒遣其將石良率精兵五千襲矩,矩逆擊不利。郭誦弟元復爲賊所執,賊遣元以書説矩曰:"去年東平曹嶷,西賓猗盧,矩如牛角,何不歸命?"矩以示誦,誦曰:"昔王陵母在賊,猶不改意,弟當何論!"勒復遺誦麈尾馬鞭,以示殷勤,誦不答。

《通志》卷一百二十五《列傳三十八·晉·李矩》頁一九五五下

（趙王六年）勒又遣別將石良帥精騎五千掩襲矩營,矩逆戰不利。執矩外甥郭誦之弟元,遣元作書以遺矩曰:"去年東平曹嶷,西賓猗盧直諱,矩如牛角,何不歸命?"復遣誦麈尾、馬鞭,以示慇勤。因與誦書曰:"賓禮貴弟,相同斷金,往物為信。"矩以示誦,誦曰:"昔王陵之母在賊,猶不改意,弟當何論!"不答。

屠本《十六國春秋》卷十三《後趙錄三·石勒下》頁一九背

（太寧二年）是歲,代王賀傉始親國政,元帝大興四年,賀傉立,至是始能親政。傉,奴沃翻。以諸部多未服,乃築城於東木根山,河西有木根山,在五原郡東北。此木根山在河東,故曰東木根山。徙居之。

《資治通鑑》卷九十三《晉紀十五·明帝太寧二年》頁二九三二

是歲,賀傉徙居東水根山。

《通志》卷二十三《年譜三·代王拓跋賀傉四年》頁四二八上

（東木根山）晉太寧二年代王賀傉以諸部未服,築城於東木根山而徙居之。魏主宏嘗言："遠祖世居北荒，平文皇帝始都東木根山。"平文，鬱律謚也，蓋鬱律亦都此云。或訛爲勿根山。

《讀史方輿紀要》卷四十四《山西六・大同府・東木根山》頁二〇〇八

公元三二五年　東晉明帝太寧三年　後趙明帝趙王七年

（太寧三年）後趙王勒加宇文乞得歸官爵，使之擊慕容廆。以元年廆執其使送建康也。廆，户罪翻。廆遣世子皝、索頭、段國共擊之，皝，呼廣翻。索頭，即拓跋氏。索，昔各翻。以遼東相裴嶷爲右翼，慕容仁爲左翼。乞得歸據澆水以拒皝，澆水，即澆洛水也。嶷，魚力翻。澆，古堯翻。遣兄子悉拔雄拒仁。《考異》曰：《燕書・征虜仁傳》作"悉拔堆"，《後魏書・宇文莫槐傳》作"乞得龜、悉拔堆"，《載記》亦作"龜"，《燕書・武宣紀》作"乞得歸、悉拔雄"，今從之。仁擊悉拔雄，斬之；乘勝與皝攻乞得歸，大破之。乞得歸棄軍走，皝、仁進入其國城，使輕兵追乞得歸，過其國三百餘里而還，盡獲其國重器，畜產以百萬計，民之降附者數萬。降，户江翻。

《資治通鑑》卷九十三《晉紀十五・明帝太寧三年》頁二九三三

（太寧三年）代王賀傉卒，傉，奴沃翻。弟紇那立。

《資治通鑑》卷九十三《晉紀十五・明帝太寧三年》頁二九三九

紇那，賀傉之弟也。是歲，賀傉卒，紇那代立。

《通志》卷二十三《年譜三‧代王拓跋紇那元年》頁四二八上

公元三二七年　東晉成帝咸和二年　後趙明帝趙王九年

（咸和二年）是歲，後趙中山公虎擊代王紇那，戰于句注陘北；張守節曰：句注山在代州雁門縣西北三十里。據《唐志》，雁門縣有東陘關、西陘關，即其地也。句，音鉤。紇那兵敗，徙都大甯以避之。據《水經注》，大甯即廣甯也。廣甯，前漢曰廣寧，屬上谷郡；後漢曰廣甯；晉武帝太康中分置廣甯郡。

代王鬱律之子翳槐居於其舅賀蘭部，紇那遣使求之，賀蘭大人藹頭擁護不遣。紇那與宇文部共擊藹頭，不克。

《資治通鑑》卷九十三《晉紀十五‧成帝咸和二年》頁二九四八

趙王九年春二月，中山公虎率騎五千侵魏煬帝諱紇那，禦之於句注陘北，魏兵敗績，徙都大甯以避之。

屠本《十六國春秋》卷十三《後趙錄三‧石勒下》頁二三正

（廣寧城）咸和二年後趙石虎擊代王紇那於陘北，紇那兵敗，徙都大甯以避之。

《讀史方輿紀要》卷十七《北直八‧保安州‧廣甯城》頁七八五

（勾注山）咸和二年後趙將石虎擊代王紇那於勾注陘北，

紇那兵敗,徙都大甯以避之。大甯,見北直保安州廢廣甯縣。

《讀史方輿紀要》卷三十九《山西一·山川險要·勾注山》頁一七八六至一七八七

（盛樂城）其後爲石虎所敗,部族東徙。

《讀史方輿紀要》卷四十四《山西六·大同府·盛樂城》頁一九九七

公元三二九年　東晉成帝咸和四年　後趙明帝太和二年

高涼王孤,平文皇帝之第四子也。多才藝,有志略。烈帝之前元年,國有內難,昭成如襄國。

【校勘記】

〔一〕魏書卷十四　諸本目錄此卷注"闕",百衲本、南本、汲本、局本卷末有宋人校語云:"魏收書《神元平文諸帝子孫列傳》亡,後人補以《北史》,又取《高氏小史》附益之。後卷魏收舊史亡者皆放此。"殿本《考證》云:"魏收書亡,後人所補。"

《魏書》卷十四〔一〕《神元平文諸帝子孫列傳第二》頁三四九、三六五

勒遣使求和,請爲兄弟,斬其使以絕之。自是朝會,常僭天子禮樂,以饗群臣。烈帝元年,勒又遣使求和,帝許之。

《魏書》卷九十五《列傳第八十三·羯胡石勒》頁二〇五〇

高凉王孤,平文皇帝之第四子也。多才藝,有志略。烈帝之前元年,國有內難,昭成如襄國。
《北史》卷十五《列傳第三·魏諸宗室》頁五四六

(咸和四年)是歲,賀蘭部及諸大人共立拓拔翳槐爲代王,賀蘭部擁護翳槐,見上卷咸和二年。代王紇那奔宇文部。《後周書》言宇文之先出自炎帝,炎帝爲黃帝所滅,其子孫遁居朔野。後有大人普回,因狩得玉璽,文曰"皇帝璽",普回以爲天授。其俗謂天子曰"宇文",故國號宇文,因以爲氏。余謂此蓋宇文氏既興於關西,其臣子爲之緣飾耳。李延壽曰:宇文部出遼東塞外,其先南單于之遠屬也,世爲東部大人。此言爲得其實。翳槐遣其弟什翼犍質於趙以請和。犍,居言翻。質,音致。
《資治通鑑》卷九十四《晉紀十六·成帝咸和四年》頁二九七三

代王紇那出奔,翳槐立。
《通志》卷二十三《年譜三·晉·咸和四年》頁四二八上

翳槐,鬱律之長子也。是歲,賀蘭諸部共立翳槐爲代王。紇那出奔,翳槐即以紇那五年爲元年。
《通志》卷二十三《年譜三·代王拓跋翳槐元年》頁四二八上

高凉王孤,平文皇帝之第四子也。多才藝,有志略。烈帝之前元年,國有內難,昭成爲任子於襄國。
《通志》卷八十四上《宗室七上·後魏》頁一〇五〇上

（太和二年）是年，勒遣使求和於魏，烈帝諱翳槐遣弟昭成帝諱什翼犍如襄國，從者五千餘家。

屠本《十六國春秋》卷十三《後趙録三·石勒下》頁二十八背

公元三三〇年　東晉成帝咸和五年　後趙明帝建平元年

及勒僭號，授太尉、守尚書令，進封爲王，邑萬戶。季龍自以勳高一時，謂勒即位之後，大單于必在己，而更以授其子弘。季龍深恨之，私謂其子邃曰："主上自都襄國以來，端拱指授，而以吾躬當矢石。二十餘年，南擒劉岳，北走索頭，東平齊魯，西定秦雍，剋殄十有三州。成大趙之業者，我也。大單于之望實在于我，而授黃吻婢兒，每一憶此，令人不復能寢食。待主上晏駕之後，不足復留種也。"

《晉書》卷一百六《載記第六·石季龍上》頁二七六二

（咸和五年）二月，後趙群臣請後趙王勒即皇帝位；勒乃稱大趙天王，行皇帝事。勒，字世龍，初名匐，上黨武鄉羯人也。其先匈奴别部羌渠之冑，祖耶奕于，父周曷朱，一名乞翼加，並爲部落小帥。立妃劉氏爲王后，世子弘爲太子。以其子宏爲驃騎大將軍、都督中外諸軍事、大單于，封秦王；驃，匹妙翻。單，音蟬。斌爲左衛將軍，封太原王；斌，音彬。恢爲輔國將軍，封南陽王。以中山公虎爲太尉、尚書令，進爵爲王；虎子邃爲冀州刺史，封齊王；宣爲左將軍；挺爲侍中，封梁王。又封石生爲河東王，石堪爲彭城王。以左長史郭敖爲尚書左僕射，右長史程遐爲右僕射、領吏部尚書，左司馬虁安、右司馬郭殷、從事中郎李鳳、前郎中令裴憲，皆爲尚書，參軍事徐光爲中書令、領秘書監。自餘文武，封拜各有差。

中山王虎怒，私謂齊王邃曰："主上自都襄國以來，懷帝永嘉六年，勒據襄國。端拱仰成，仰，牛向翻。以吾身當矢石，二十餘年，南擒劉岳，見上卷明帝大寧三年。北走索頭，見上卷咸和二年。索，昔各翻。東平齊、魯，西定秦、雍，平齊、魯，謂滅徐龕、曹嶷也，見九十二卷元帝永昌元年、明帝太寧元年。定秦、雍，謂滅劉氏，降苻、姚也。克十有三州。成大趙之業者，我也；大單于當以授我，今乃以與黃吻婢兒，吻，武粉翻。口邊曰吻。鳥雛始出巢者，口黃未褪，目之曰黃吻，言少艾也。念之令人氣塞，不能寢食！待主上晏駕之後，不足復留種也。"塞，悉則翻。復，扶又翻。種，章勇翻。

《資治通鑑》卷九十四《晉紀十六‧成帝咸和五年》頁二九七四至二九七五

及勒僭號，授太尉、守尚書令，進封爲王，邑萬户。虎自以勳高一時，謂勒即位之後，大單于必在己，而更以授其子弘。虎深恨之，私謂其子邃曰："主上自都襄國以來，端拱指授，而以吾躬當矢石。二十餘年，南擒劉岳，北走索頭，東平齊魯，西定秦雍，克殄十有三州。成大趙之業者，我也。大單于之望實在于我，而授黃吻婢兒，每一憶此，令人不復能寢食。待主上晏駕之後，不足復留種也。"

《通志》卷一百八十七《載記二‧後趙》頁三〇〇〇下至三〇〇一上

及勒僭稱尊號，授太尉、守尚書令，進封中山王，食邑萬戶。虎自以勳高一時，謂勒即位之後，大單于必在己，而更以授其子弘。乃深恨之，私謂其子邃曰："主上自都襄國以來，端拱指授，以吾身當矢石。二十餘年，南擒劉岳，北走索頭，東平齊魯，西定秦雍，剋殄十有三州。成大趙之業者，我也。大單于之望當以授我，今乃以與黃吻小一作婢兒，每一憶此，令人氣塞不能寢食。待主上晏駕之後，不足復留種也。"

屠本《十六國春秋》卷十五《後趙錄五·石虎上》頁二正至二背

及勒僭號，授太尉、守尚書令，進封爲王，邑萬戶。季龍自以勳高一時，謂勒即位之後，大單于必在己，而更以授其子弘。季龍深憾之，以程遐間己，而每爲所抑。張季字文伯，羌渠部人也。頗曉相法，常謂虎曰："明公之相，非人臣之骨。"虎掩其口曰："君勿妄言，族吾父子。"《御覽》七百三十私謂其子邃曰："主上自都襄國以來，端拱指授而已，吾躬當矢石。二十餘年，南擒劉岳，北走索頭，東平齊魯，西定秦雍，剋殄十有三州。成大趙之業者，我也。大單于之望實在於我，而授黃吻婢兒，每一憶此，令人不復能寢食。待主上晏駕之後，不足復留種也。"

《十六國春秋輯補》卷十六《後趙錄六·石虎》頁一二二

公元三三一年　東晉成帝咸和六年

倪報抽等書，其略曰："車騎將軍憂國忘身，貢篚載路，羯賊求和，執使送之，西討段國，北伐塞外，遠綏索頭，荒服以獻。惟北部未賓，屢遣征伐。又知東方官號，高下齊班，進無統攝之權,退無等差之降,欲進車騎爲燕王,一二具之。夫功成進爵,古之成制也。車騎雖未能爲官摧勒,然忠義竭誠。今騰牋上聽,可不、遲速,當任天臺也。"朝議未定。

《晉書》卷一百八《載記第八·慕容廆》頁二八一一

侃報抽等書,其略曰:"車騎將軍憂國忘身,貢篚載路,羯賊求和,執使送之,西討段國,北伐塞外,遠綏索頭,荒服以獻。惟北部未賓,屢遣征伐。又知東方官號,高下齊班,進無統攝之權,退無等差之降,欲進車騎爲燕王,一二具之。夫功成進爵,古之成制也。車騎雖未能爲官摧勒,然忠義竭誠。今騰牋上聽,可不、遲速,當任天臺也。"朝議未定。

《通志》卷一百八十八《載記三·前燕》頁三〇一二中

(咸和元年)復答抽等書,其略曰:"車騎將軍憂國忘身,貢篚載路,羯賊求和,執使送之,西伐段國,北擊塞外,遠綏索頭,荒服獻款。惟北部未賓,屢遣征討。又知東方官號,高下齊班,進無統攝之權,退無等差之降,欲進車騎爲燕王,一二具之。夫功成進爵,古之成制也。車騎雖未能爲國一作官摧勒,然忠義竭誠,見於辭表。今騰箋上聽,可否、遲速,當在天臺也。"

屠本《十六國春秋》卷二十三《前燕錄一·慕容廆》頁十八正

侃報抽等書,其略曰:"車騎將軍憂國忘身,貢篚載路,羯賊求和,執使送之,西討段國,北伐塞外,遠綏索頭,荒服款獻。惟北部未賓,屢遣征伐。又知東方官號,高下齊班,進無統攝之權,退無等差之降,欲進車騎爲燕王,一二具之。夫功成進爵,古之成制也。車騎雖未能爲官摧勒,然忠義竭誠。今騰賤上聽,可不、遲速,當任天臺也。"朝議未定。

《十六國春秋輯補》卷二十三《前燕録一·慕容廆》頁一八一

公元三三五年　東晉成帝咸康元年　後趙武帝建武元年

（咸康元年）代王翳槐以賀蘭藹頭不恭,藹頭,翳槐舅,有擁護之功,事見九十三卷咸和二年。至四年,逐紇那,立翳槐。又賀蘭部也,挾親恃功,所以不恭。將召而戮之,諸部皆叛。代王紇那自宇文部入,諸部復奉之。紇那出奔見上卷咸和四年。復,扶又翻。翳槐奔鄴,趙人厚遇之。

《資治通鑑》卷九十五《晉紀十七·成帝咸康元年》頁三〇四

是歲,紇那自宇文部復入,翳槐奔鄴。

《通志》卷二十三《年譜三·代王拓跋紇那元年》頁四二八中

公元三三六年　東晉成帝咸康二年　後趙武帝建武二年

索頭郁鞠率衆三萬降于季龍,署鞠等一十三人親通趙王,〔二〕皆封列侯,散其部衆于冀青等六州。

【校勘記】

〔二〕署鞠等一十三人親通趙王　《通鑑》九五無"通"

字，九八又云石祇以姚弋仲爲親趙王。疑"通"字衍。
《晉書》卷一百六《載記第六·石季龍上》頁二七六四、二七七九

（咸康二年）索頭郁鞠帥衆三萬降於趙，索頭，鮮卑種。言索頭，以別於黑匿郁鞠；以其辮髮故謂之索頭。索，昔各翻。帥，讀曰率。降，戶江翻。趙拜郁鞠等十三人爲親趙王，散其部衆於冀、青等六州。
《資治通鑑》卷九十五《晉紀十七·成帝咸康二年》頁三〇〇七

索頭郁鞠率衆三萬降于虎，署鞠等十三人親通趙王，皆封列侯，散其部衆于冀、青等六州。
《通志》卷一百八十七《載記二·後趙》頁三〇〇一中

（建武二年）冬十一月，索頭郁鞠率衆三萬來降虎，署郁鞠等十三人爲親通趙王，皆封列侯，散其部衆于冀、青等六州。
屠本《十六國春秋》卷十五《後趙録五·石虎上》頁六背

索頭郁鞠率衆三萬降於季龍，署鞠等一十三人，親通趙王，皆封列侯，散其部衆於冀青等六州。
《十六國春秋輯補》卷十六《後趙録六·石虎》頁一二四

公元三三七年　東晉成帝咸康三年　後趙武帝建武三年

先是，北單于乙回爲鮮卑敦那所逐，既平遼西，遣其將李

穆擊那破之,復立乙回而還。

《晉書》卷一百六《載記第六·石季龍上》頁二七六八

先是,北單于乙回爲鮮卑郭那所逐,既平遼西,遣其將李穆擊那破之,復立乙回而還。

《册府元龜》卷二三一《僭僞部·征伐》頁二七四六下

(咸康三年)是歲,趙將李穆納拓跋翳槐於大甯,其故部落多歸之。元年翳槐奔趙。代王紇那奔燕,國人復奉翳槐,【章:十二行本"槐"下有"爲代王翳槐"五字;乙十一行本同;孔本同;張校同;退齋校同。】城盛樂而居之。復,扶又翻。樂,音洛。

《資治通鑑》卷九十五《晉紀十七·成帝咸康三年》頁三〇一三

是歲,趙納翳槐,紇那出奔于燕,翳槐城盛樂而都之。

《通志》卷二十三《年譜三·代王拓跋翼槐後元年》頁四二八中

先是,北單于乙回爲鮮卑敦那所逐,既平遼西,遣其將李穆擊那破之,復立乙回而還。

《通志》卷一百八十七《載記二·後趙》頁三〇〇二中

(建武三年)是年,虎將李穆率騎五千送魏烈帝于大甯,其故部落多歸附之。國人復奉烈帝爲代王,城盛樂而居之。以其弟昭成帝什翼犍爲質於趙。

屠本《十六國春秋》卷十五《後趙録五·石虎上》頁十七背十八正

（建武三年）先是，北單于乙回爲鮮卑敵那所逐，既平遼西，遣其將軍李穆擊敵那破之，復立乙回而還。

屠本《十六國春秋》卷十五《後趙録五·石虎上》頁十八背

（盛樂城）至拓拔翳槐於咸康初復城盛樂而居之。

《讀史方輿紀要》卷四十四《山西六·大同府·盛樂城》頁一九九七至一九九八

先是，北單于乙回爲鮮卑敦那所逐，既平遼西，遣其將李穆擊那破之，復立乙回而還。①

《十六國春秋輯補》卷十六《後趙録六·石虎》頁一二七

---

① 上文所提"乙回"與"翳槐"，"敦那""敵那"與"紇那"當是譯音无定字，故此事即爲拓跋翳槐復立之事，但各書對其發生時間的記載均不同。《資治通鑑·晉紀十七》記載爲咸康三年十一月；《晉書》、《通志》、屠本《十六國春秋》、《十六國春秋輯補》記載爲石虎出征段遼時，即咸康四年二月。按：據《魏書·序紀》記載，拓跋翳槐復立，一年而崩，後昭成帝什翼犍立。什翼犍即位於咸康四年十一月，前推一年，則爲咸康三年十一月，烈帝翳槐復立。如按《晉書》等相關史書記載，翳槐于二月復立，十一月崩，昭成帝立，其間歷經十個月，似乎於《魏書·序紀》記載"一年而崩"有所矛盾。如按《資治通鑑·晉紀十七》記載翳槐復立爲咸康三年十一月，歷經一年，咸康四年十一月，翳槐崩，什翼犍立，與《魏書·序紀》記載吻合。故此事時間據《通鑑》所提，即咸康三年。

公元三三八年　東晉成帝咸康四年　北魏昭成帝建國元年　後趙武帝建武四年

後烈帝臨崩，顧命，迎昭成立之，社稷可安。及崩，群臣咸以新有大故，內外未安，昭成在南，來未可果，比至之間，恐生變詐，宜立長君以鎮眾望。次弟屈，剛猛多變，不如孤之寬和柔順，於是大人梁蓋等殺屈，共推孤。孤曰："吾兄居長，自應繼位，我安可越次而處大業。"乃自詣鄴奉迎，請身留為質。石虎義而從之。昭成即位，乃分國半部以與之。

【校勘記】

〔一〕魏書卷十四　諸本目錄此卷注"闕"，百衲本、南本、汲本、局本卷末有宋人校語云："魏收書《神元平文諸帝子孫列傳》亡，後人補以《北史》，又取《高氏小史》附益之。後卷魏收舊史亡者皆放此。"殿本《考證》云："魏收書亡，後人所補。"

《魏書》卷十四〔一〕《神元平文諸帝子孫列傳第二》頁三四九、三六五

魏氏世君玄朔，遠統□臣，掌事立司，各有號秩。及交好南夏，頗亦改創。昭成之即王位，已命燕鳳為右長史，[①]許謙

[①] 據中華書局點校修訂本《魏書·官氏志》校勘記〔一〕頁三二七五：命燕鳳為右長史　"右長史"，疑為"左長史"之訛。按本書卷二四《燕鳳傳》、《北史》卷二一《燕鳳傳》作"左長史"，《通鑑》卷一〇一《晉紀》二三興寧三年正月、太和元年五月並見"左長史燕鳳"。

爲郎中令矣。餘官雜號,多同於晉朝。

《魏書》卷一百一十三《官氏志九第十九》頁二九七一

後烈帝臨崩,顧命迎立昭成。及崩,群臣咸以新有大故,昭成來未可果,宜立長君。次弟屈剛猛多變,不如孤之寬和柔順,於是大人梁蓋等殺屈,共推孤。不肯,乃自詣鄴奉迎,請身留爲質,石季龍義而從之。昭成即王位,乃分國半部以與之。

《北史》卷十五《列傳第三・魏諸宗室》頁五四六

後魏昭成之即王位,初置官司,分掌衆職。以燕鳳爲右長史,〔三二〕許謙爲郎中令。〔三三〕然而其制草創,名稱乖疏。

【校勘記】

〔三二〕以燕鳳爲右長史 《魏書・官氏志》二九一七頁同。《魏書・燕鳳傳》六〇九頁、《北史・燕鳳傳》七六七頁"右"均作"左"。

〔三三〕許謙 "謙"原訛"議",據《魏書・許謙傳》六一〇頁、《官氏志》二九一七頁及《北史・許謙傳》七六八頁改。

《通典》卷第十九《職官一・歷代官制總序》頁四六九、四九五至四九六

後魏起自北方,屬晉室之亂,部落漸盛,其主乃峻刑法,每以軍令從事。人乘寬政,多以違令得罪,死者以萬計。於是國落騷然。其後,當死者,聽其家獻金馬以贖。犯大逆者,親族男女無少長皆斬。男女不以禮交,皆死。人相殺者,

聽與死家牛馬四十九頭及送葬器物以平之。無繫訊連逮之坐。[六一]盜官物一備五,私物一備十。

【校勘記】

〔一〕刑法二　"法"原無,據北宋本、傅校本、明抄本、明刻本、王吳本補。下同。

〔六一〕無繫訊速逮之坐　"之"原訛"人",據《魏書·刑罰志》二八七三頁、《册府》卷六一一七三三二頁改。

《通典》卷第一百六十四《刑法二[一]·刑制中》頁四二二五、四二三三、四二三九

《唐書》曰:後魏起自北方,屬晉室之亂,部落漸盛,其主乃峻刑法,每以軍令從事。人乘寬政,多以違令得罪,死者以萬計。於是國落騷然。其後,當死者,聽其家獻金馬以贖。

《太平御覽》卷六五一《刑法部一七·收贖》頁二九一〇下至二九一一上

後魏高涼王孤,平文皇帝之第四子也。烈帝顧命迎立昭成。群臣咸以新有大故,宜立長君。大人梁蓋等共推孤。孤不肯,乃自詣鄴奉迎,請身留爲質。石季龍義而從之。昭成王即位,乃分國半部以與之。

《册府元龜》卷二八六《宗室部·忠二》頁三三六四上

索虜猗孫十翼鞬勇壯,衆復附之,號上雒公,比有沙漠,南據陰山,衆數十萬。

《册府元龜》卷一〇〇〇《外臣部·强盛》頁一一七三二上

（咸康四年）代王翳槐之弟什翼犍質於趙，爲質見九十四卷咸和四年。犍，居言翻。質，音致。翳槐疾病，命諸大人立之。翳槐卒，諸大人梁蓋等以新有大故，有大喪謂之大故。滕文公曰：今也不幸，至於大故。什翼犍在遠，來未可必；比其至，恐有變亂，謀更立君。比，必寐翻。更，古衡翻。而翳槐次弟屈，剛猛多詐，不如屈弟孤仁厚，乃相與殺屈而立孤。孤不可，自詣鄴迎什翼犍，請身留爲質；質，音致。趙王虎義而俱遣之。十一月，什翼犍即代王位於繁時北，繁時縣，屬雁門郡。時，音止。改元曰建國；分國之半以與孤。

初，代王猗盧既卒，國多内難，部落離散，事見八十九卷愍帝建興四年。難，乃旦翻。拓跋氏寖衰。及什翼犍立，雄勇有智略，能脩祖業，國人附之；始置百官，分掌衆務。以代人燕鳳爲長史，許謙爲郎中令。始制反逆、殺人、姦盜之法，號令明白，政事清簡，無繫訊連逮之煩，百姓安之。於是東自濊貊，濊，音穢。貊，莫白翻。西及破落那，《新唐書·西域傳》曰：寧遠者，本拔汗那，或曰潑汗，元魏時謂之破落那，去長安八千里，居西鞬城，在真珠河之北。南距陰山，北盡沙漠，率皆歸服，有衆數十萬人。史言代復強。

《資治通鑑》卷九十六《晉紀十八·成帝咸康四年》頁三〇二五至三〇二六

什翼犍，翳槐之弟也。是歲，冬十月，翳槐卒，什翼犍代立爲王，即其年改元建國。

《通志》卷二十三《年譜三·代王拓跋什翼犍建國元年》頁四二八中

魏昭成之即王位，初置官司，分掌衆職。然而其制草創，名稱乖疏。

《通志》卷五十一《職官第一·官制總序》頁六四五下

後烈帝臨崩，顧命迎立昭成。及崩，群臣咸以新有大故，昭成來未可果，宜立長君。次弟屈剛猛多變，不如孤之寬和柔順，於是大人梁蓋等殺屈，共推孤。孤不肯，乃自詣鄴奉迎昭成，請身爲留質，石虎義而從之。昭成即位，乃分國半部以與之。

《通志》卷八十四上《宗室七上·後魏》頁一〇五〇上至頁一〇五〇中

後魏昭成之即王位，初置官司，分掌衆職以燕鳳爲右長史，许議爲郎中令。然而其制草創，名稱乖疏。

《文獻通考》卷四十七《職官一·官制總序》頁四三六下

後魏起自朔方，其初刑法甚峻，死罪致多，後乃令當死者，其家獻金馬以贖。

《文獻通考》卷一百七十一上《刑十上·贖刑》頁一四八三上

高涼王孤，平文皇帝第四子。昭成即位，以推戴功，分國半部封孤。

《文獻通考》卷二百七十三《封建十四·後魏宗室王公》頁二一六五中

（建武四年）是年，魏烈帝疾病，命諸大人迎昭成立之。既卒，諸大人梁蓋等以新有大故，昭成在遠，來未可必，比至之間，恐生變亂，宜立長君以鎮衆望。而烈帝次弟屈，剛猛多詐，不如屈弟孤寬和仁厚，乃相與殺屈而立孤。孤曰："吾兄居長，自應繼立，吾安可越次而居大業。"乃自詣鄴奉迎昭成，請身留爲質。虎義而俱遣之。
   屠本《十六國春秋》卷十五《後趙錄五·石虎上》頁二二背至二三正

（武州城）晉咸康二年代王什翼犍僭位於繁時北，後因置宮於此。①
   《讀史方輿紀要》卷四十《山西二·太原府·武州城》頁一八五五

（寧遠國）晉咸康中代王什翼犍之地，東自穢貊，西及破落那。
   《讀史方輿紀要》卷六十五《陝西十四·哈烈·寧遠國》頁三〇七七

後魏昭成帝拓跋犍以建國元年於赤冶城鑄刺刀十口，金鏤赤冶字。
   《古今刀劍錄》，《欽定四庫全書·子部九》頁七

---

① 據《魏書·序紀》、《資治通鑑·晉紀十八》等記載，東晉成帝咸康四年，拓跋什翼犍即位于繁峙，即北魏昭成帝。此處據改。

公元三三九年　東晉成帝咸康五年　北魏昭成帝建國二年

建國二年,帝納元真女爲后。①

《魏書》卷九十五《列傳第八十三·徒何慕容廆》頁二〇六〇

昭成建國二年：當死者,聽其家獻金馬以贖；犯大逆者,親族男女無少長皆斬；男女不以禮交皆死；民相殺者,聽與死家馬牛四十九頭,及送葬器物以平之；無繫訊連逮之坐；盜官物,一備五,私則備十。法令明白,百姓晏然。

《魏書》卷一百一十一《刑罰志七第十六》頁二八七三

建國二年,初置左右近侍之職,無常員,或至百數,侍直禁中,傳宣詔命。皆取諸部大人及豪族良家子弟儀貌端嚴,機辯才幹者應選。又置内侍長四人,主顧問,拾遺應對,若今之侍中、散騎常侍也。其諸方雜人來附者,總謂之"烏丸",各以多少稱酋、庶長,分爲南北部,復置二部大人以統攝之。時

---

① 據中華書局點校修訂本《魏書·徒何慕容廆傳》校勘記〔二三〕頁二二六二：建國二年帝納元真妹爲后　"元真妹",原作"元真女"。按本書卷一《序紀》建國二年作"元真妹",四年又記"皇后慕容氏崩",六年八月又記"元真遣使請薦女",七年六月又記"皇后至自和龍"。事亦見本書卷一三《皇后·昭成皇后慕容氏傳》。今據改。

帝弟孤監北部，①子寔君監南部，分民而治，若古之二伯焉。
《魏書》卷一百一十三《官氏志九第十九》頁二九七一至二九七二

後魏昭成建國二年：當死者，聽其家獻金馬以贖死；犯大逆者，親族男女無少長皆斬；男女不以禮交皆死；民相殺者，聽與死家馬牛四十九頭，及送葬器物以平之；無繫訊連逮之坐；盜官物，一物備五，私則備十。法令明白，百姓晏然。
《册府元龜》卷六一一《刑法部·定律令三》頁七三三二下

（咸康五年）五月，代王什翼犍會諸大人於參合陂，參合縣，前漢屬代郡，後漢、晉省。東魏天平二年置梁城郡，參合縣屬焉。《水經注》：參合陘在縣西北，俗謂之倉鶴陘。犍，居言翻。議都灅源川。其母王氏曰："吾自先世以來，以遷徙爲業；謂逐水草爲行國，草盡水竭則徙而之他也。灅，力水翻；又作"灢"。今國家多難，若城郭而居，一旦寇來，無所避之。"乃止。是後鍮勿崙之諫禿髮利鹿孤，其説不過如此。難，乃旦翻。
代人謂他國之民來附者皆爲烏桓，什翼犍分之爲二部，各置大人以監之。弟孤監其北，子寔君監其南。監，工銜翻。
什翼犍求昏於燕，燕王皝以其妹妻之。妻，七細翻。

———————
①據中華書局點校修訂本《魏書·官氏志》校勘記〔二〕頁三二七六：時帝弟孤監北部 "孤"，原作"觚"，據本書卷一四《高涼王孤傳》改。按"觚""孤"音同，雖當時北人名字音譯常用同音字，然此"帝弟孤"乃昭成皇帝什翼犍之弟，即平文皇帝第四子高涼王孤。道武帝同母弟名"觚"，附見本書卷一五《秦王翰傳》。

《資治通鑑》卷九十六《晉紀十八·成帝咸康五年》頁三〇三〇至三〇三一

　　後魏起自北方,屬晉室之亂,部落漸盛,其主乃峻刑法,每以軍令從事。人乘寬政,多以違令得罪,死者以萬計。於是國落騷然。其後,當死者,聽其家獻金馬以贖。犯大逆者,親族男女無少長皆斬。男女不以禮交,皆死。人相殺者,聽與死家牛馬四十九頭及送葬器物以平之。無繫訊連逮人坐。盜官物一備十。

《通志》卷六十《刑法一·歷代刑法》頁七二八下

　　後魏昭成帝始制法令,反逆者,族其餘。當死者,聽入金馬贖罪。殺人者,聽與死家馬牛葬具以平之。盜官物一備五,私物一備十。四部大人,其坐王庭決詞訟。無繫訊連逮之苦,境內安之。

《文獻通考》卷一百六十五《刑四·刑制》頁一四三二中

　　(咸康五年)五月,魏昭成帝諱什翼捷遣使求婚,皝以其妹興平公主妻之。

屠本《十六國春秋》卷二十四《前燕錄二·慕容皝上》頁十一正

　　(參合城)咸康五年什翼犍會諸大人於參合陂。

《讀史方輿紀要》卷四十四《山西六·大同府·參合城》頁一九九七

（灅水）晉咸康五年代王什翼犍會諸大人於參合陂，議都灅源川。
《讀史方輿紀要》卷四十四《山西六·大同府·灅水》頁二〇四一

公元三四〇年　東晉成帝咸康六年　北魏昭成帝建國三年

金河縣，中。郭下。天寶四年置。初，[八九]景龍二年，張仁愿於今東受降城置振武軍，[九〇]天寶四年，節度使王忠嗣移於此城内，置縣曰金河，[九一]即後魏什翼犍所都盛樂之地。①

【校勘記】

〔八九〕天寶四年置初　今按：殿本同此，它本作"天寶四年於城内置，其振武軍"，無"初"字。

〔九〇〕置振武軍　今按：殿本同此，它本無"振武軍"三字。

〔九一〕移於此城内置縣曰金河　今按：殿本同此，它本無"移於此城内置縣曰"八字，"金河"二字屬下句。

《元和郡縣圖志》卷第四《關內道四·單于大都護府》頁一〇八、一二五

（咸康六年）代王什翼犍始都雲中之盛樂宫。《水經注》：白渠水出雲中塞外，西北逕成樂固〔城〕北。《魏土地記》曰：雲中城東八十里有成樂城，今雲中郡治，一名石盧城。白渠水又西逕魏雲中宫南。《魏土地記》曰：雲中宫在雲中故城東四十里，魏之盛樂，即漢成樂縣也。

----

①此處時間據依什翼犍都盛樂之時間。

《魏書》曰：猗盧城盛樂以爲北都。杜佑曰：雲州雲中郡治雲中縣，後魏道武自雲中徙都平城，即此。今馬邑郡北平城，即今郡，隋爲雲内郡恒安鎮。縣界有白登山、白登臺、高柳城、參合陂；後魏盛樂縣亦在今郡界；單于臺在今縣西北百餘里。

《資治通鑑》卷九十六《晉紀十八·成帝咸康六年》頁三〇三八

是歲，代遷都於雲中。

《通志》卷二十三《年譜三·代王拓跋什翼犍建國三年》頁四二八中

（盛樂城）弟什翼犍於咸康六年始都雲中之盛樂宫。

《讀史方輿紀要》卷四十四《山西六·大同府·盛樂城》頁一九九七至一九九八

公元三四一年　東晉成帝咸康七年　北魏昭成帝建國四年　前燕文明帝八年

（咸康七年）九月，代王什翼犍築盛樂城於故城南八里。犍，居言翻。樂，音洛。

《資治通鑑》卷九十六《晉紀十八·成帝咸康七年》頁三〇四六

（盛樂城）明年築盛樂城於故城南八里，即漢之成樂縣地也。

《讀史方輿紀要》卷四十四《山西六·大同府·盛樂城》頁一九九七至一九九八

（咸康七年）代王妃慕容氏卒。

《資治通鑑》卷九十六《晉紀十八·成帝咸康七年》頁三〇四六

昭成初，虎又寇西部，帝遣軍逆討，又大破之。虎死，子務桓代領部落，遣使歸順。

務桓，一名豹子。招集種落，爲諸部雄。潛通石虎，虎拜爲平北將軍、左賢王。

《魏書》卷九十五《列傳第八十三·鐵弗劉虎》頁二〇五四

（咸康七年）冬，十月，匈奴劉虎寇代西部，代王什翼犍遣軍逆擊，大破之。虎卒，子務桓立，遣使求和於代，什翼犍以女妻之。妻，七細翻。務桓又朝貢於趙，朝，直遥翻。趙以務桓爲平北將軍、左賢王。

《資治通鑑》卷九十六《晉紀十八·成帝咸康七年》頁三〇四六

祖豹子，招集種落，復爲諸部之雄。石虎遣使就拜爲平北將軍、左賢王、丁零單于。

《通志》卷一百九十三《載記八·夏》頁三〇九七上

祖豹子，後趙建武中，拜平北將軍、左賢王。

《別本十六國春秋》卷十六《夏錄·赫連勃勃》頁一

昭成諱什翼犍初，虎又寇西部，帝遣軍逆討，又大破之。虎尋死，子務桓代領部落，遣使附魏。務桓，一名豹子。招集部落，復爲諸部之雄。石虎建武中，遣使就拜平北將軍、右賢王、丁零單于。

屠本《十六國春秋》卷六十六《夏錄一·赫連勃勃》頁一背至二正

祖父豹子，招集種落，復爲諸部之雄。後趙石季龍建武中，遣使就拜平北將軍、左賢王、丁零單于。

《十六國春秋輯補》卷六十四《夏錄一·赫連勃勃》頁四六三

（建國）四年，元真遣使朝貢。

《魏書》卷九十五《列傳第八十三·徒何慕容廆》頁二〇六〇

（咸康七年）冬十二月，皝遣使聘魏，并薦其宗女。

屠本《十六國春秋》卷二十五《前燕錄三·慕容皝下》頁八背

公元三四二年　東晉成帝咸康八年　後趙武帝建武八年　北魏昭成帝建國五年

遣征北張舉自雁門討索頭郁鞠，克之。

《晉書》卷一百六《載記第六·石季龍上》頁二七七三

遣征北張舉自雁門討索頭郁鞠，克之。

《通志》卷一百八十七《載記二・後趙》頁三〇〇三中

（建武八年）遣征北將軍張舉自雁門討索頭郁鞠，克之。
屠本《十六國春秋》卷十六《後趙録六・石虎中》頁十一正

（建武八年）遣征北張舉自雁門討索頭郁鞠，剋之。
《十六國春秋輯補》卷十七《後趙録七・石虎》頁一三三

（咸康八年）青州上言："濟南平陵城北石虎一夕移於城東南，漢濟南郡有東平陵縣，晉省，後復置爲平陵縣；唐爲齊州全節縣。濟，子禮翻。有狼狐千餘迹隨之，迹皆成蹊。"虎喜曰："石虎者，朕也；自西北徙而東南者，天意欲使朕平蕩江南也。其敕諸州兵明年悉集，朕當親董六師，以奉天命。"群臣皆賀，上《皇德頌》者一百七人。上，時掌翻。制："征士五人出車一乘，牛二頭，米十五斛，絹十匹，調不辦者斬。"乘，繩證翻。調，徒釣翻。民至鬻子以供軍須，行軍所須以爲用，故曰軍須。猶不能給，自經於道樹者相望。人之自經，必於溝瀆隱蔽之地；死亡計迫，自經於道旁之樹，蓋甚不獲已也。相望，言其多也。《目録》書"是年代王還雲中"。
《資治通鑑》卷九十七《晉紀十九・成帝咸康八年》頁三〇五二至三〇五三

公元三四三年　東晉康帝建元元年　北魏昭成帝建國六年　前燕文明帝十年

（建元元年）代王什翼犍復求婚於燕，犍，居言翻。復，扶又翻。燕王皝使納馬千匹爲禮；什翼犍不與，又倨慢無子壻禮。

八月,皝遣世子儁帥前軍師評等擊代。帥,讀曰率;下同。《考異》曰:《後魏‧序紀》:"八月,慕容元真遣使請薦女。"無用兵事。今從《燕書》。什翼犍帥衆避去,燕人無所見而還。還,從宣翻,又如字。

《資治通鑑》卷九十七《晉紀十九‧康帝建元元年》頁三〇五六

（建元元年）秋七月,昭成帝復求婚於皝,皝使納馬千疋爲禮;昭成不與,又倨慢無子壻禮。八月,皝遣世子儁帥前軍師、將軍評等伐之。昭成率衆遁走,評等無所見而還。

屠本《十六國春秋》卷二十五《前燕錄三‧慕容皝下》頁十正

公元三四四年　東晉康帝建元二年　北魏昭成帝建國七年　前燕文明帝十一年

（建元二年）代王什翼犍遣其大人長孫秩迎婦於燕。拓跋鄰之統國也,以次兄爲拔拔氏,厥後孝文帝用夏變夷,改爲長孫氏。史以華言書其後所改姓。

《資治通鑑》卷九十七《晉紀十九‧康帝建元二年》頁三〇五九

（建元二年）二月,昭成帝遣其大人長孫秩迎后於燕。

屠本《十六國春秋》卷二十五《前燕錄三‧慕容皝下》頁十一背

（建元二年）秋七月,皝遣使奉聘,求交婚於魏,昭成許之,九月,以烈帝諱翳槐女妻之。

屠本《十六國春秋》卷二十五《前燕錄三·慕容皝下》頁十一背

劉潔,長樂信都人也。祖父生,頗解卜筮。昭成時,慕容氏來獻女,爲公主家臣,仍隨入朝。

《魏書》卷二十八《列傳第十六·劉潔》頁六八六

劉潔,長樂信都人也。昭成時,慕容氏獻女,潔祖父生爲公主家臣,乃隨入魏。

《北史》卷二十五《列傳第十三·劉潔》頁九〇八

劉潔,長樂信都人也。昭成時,慕容氏獻女,潔祖父生爲公主家臣,乃隨入魏。

《通志》卷一百四十七《列傳六十·後魏·劉潔》頁二三二五下

公元三四六年　東晉穆帝永和二年　北魏昭成帝建國九年　後趙武帝建武十二年

建國九年,虎遣使朝貢。

《魏書》卷九十五《列傳第八十三·羯胡石勒》頁二〇五三

公元三五二年　東晉穆帝永和八年　北魏昭成帝建國十五年

秦明王翰,昭成皇帝第三子。少有高氣,年十五便請率

騎征討,帝壯之,使領二千騎。及長統兵,號令嚴信,周旋征討,多有克捷。建國十年卒。〔二〕

【校勘記】

〔一〕魏書卷十五　諸本目錄此卷注"闕",百衲本、南本、汲本、局本有宋人校語云:"魏收書《昭成子孫列傳》亡。"殿本《考證》云:"魏收書亡,後人所補。"按此卷亦是以《北史》卷一五《魏宗室傳》相同諸《傳》補,間有溢出字句,當出於《高氏小史》。

〔二〕建國十年卒　《北史》卷一五《魏宗室傳》"十"年作"十五年"。按卷一三《皇后傳》稱昭成皇后慕容氏"生獻明帝及秦明王"。據卷一《序紀》,建國七年夏六月慕容氏才與什翼犍婚,而且翰還有兄寔,則建國十年,翰是否已出生尚不可知,即十五年死也至多是六七歲的小兒,與《傳》所云"年十五便請率騎征討"、"及長統兵"等語不符。此《傳》稱"建國十年卒",《北史》稱"十五年卒"皆誤。據卷一三《獻明皇后賀氏傳》稱"后少子秦王觚",據此《傳》觚也是翰子,當是獻明太子拓跋寔死後,賀氏收繼爲翰妻所生。拓跋寔死在建國三十四年,見《序紀》,則翰死必在其後。"十"字上下當有脱字。

《魏書》卷十五〔一〕《昭成子孫列傳第三》頁三七〇、三八六

秦王翰,少有高氣。年十五,便請征伐,昭成壯之,使領騎二千。長統兵,號令嚴信,多有剋捷。建國十五年,卒。〔二八〕

【校勘記】

〔二八〕建國十五年卒 《魏書》作"十年"。按本書卷一三《昭成皇后慕容氏傳》云："生獻明帝及秦明王。"據《魏書》卷一《昭成紀》，建國七年，始娶慕容氏。若翰死於建國十年或十五年，則年齡不過數歲，安能有儀、烈、觚三子？又秦王觚是獻明皇后少子見本書卷一三，即道武之少弟。道武生於建國三十四年七月見本書卷一，則觚之生必當更在其後。若翰已死於十九年前，則觚豈能是其子？此必有誤。

《北史》卷一五《列傳第三·魏諸宗室》頁五六一、五八四

後魏秦明王翰，昭成帝子。有高氣，年十五便請征伐，昭成壯之，使領騎二千。及長統兵，號令嚴明，多有克捷。

《册府元龜》卷二六九《宗室部·將兵》頁三一九〇上

秦明王翰，昭成帝次子。少有高氣，年十五便請征伐，昭成壯之，使領騎二千。長統兵，號令嚴明，多有克捷。

《册府元龜》卷二七一《宗室部·武勇》頁三二〇八下

秦明王翰，昭成子。年十五便請征伐，昭成壯之，使領騎二千。長統兵，號令嚴信，多有克獲。

《册府元龜》卷二九〇《宗室部·立功一》頁三四一六上

秦明王翰，昭武帝子。建國十五年卒。

《册府元龜》卷二九六《宗室部·追封》頁三四七四下

秦王翰，少有高氣，年十五便請征伐，昭成壯之，使領騎二千。長統兵，號令嚴信，多有克捷。建國十五年卒。[1]

《通志》卷八十四上《宗室七上・後魏》頁一〇五三下

是年，魏昭成帝什翼犍謂群下曰："石胡衰滅，冉閔肆禍，中州紛擾，莫有匡救，吾將親率六軍，廓定四海。"乃敕諸部，各帥所統，以俟大期。諸部大人諫曰："今中州大亂，誠宜進取，如聞豪傑并起，不可一舉而定，若或留連，經歷歲稔，恐無永逸之利，或有虧損之憂。"乃止。

屠本《十六國春秋》卷十九《後趙錄九・石閔》頁八正至八背

公元三五三年　東晉穆帝永和九年　北魏昭成帝建國十六年　前燕景昭帝元璽二年

十六年，遣使朝貢。

《魏書》卷九十五《列傳第八十三・徒何慕容廆》頁二〇六一

（元璽二年）是年，儁遣使聘魏。

屠本《十六國春秋》卷二十七《前燕錄五・慕容儁下》頁二正

---

[1] 以上秦明王翰事跡，按其卒年，即建國十五年，置於此處。

公元三五四年　東晉穆帝永和十年　北魏昭成帝建國十七年　前燕景昭帝元璽三年

（元璽三年）是年，魏昭成帝遣使報聘於燕。

屠本《十六國春秋》卷二十七《前燕錄五·慕容儁下》頁三正

公元三五六年　東晉穆帝永和十二年　北魏昭成帝建國十九年　前燕景昭帝元璽五年

（段）龕所署徐州刺史王騰、索頭單于薛雲降于恪。

《晉書》卷一百十《載記第十·慕容儁》頁二八三七

（段）龕所署徐州刺史王騰、索頭單于薛雲降于恪。

《通志》卷一百八十八《載記三·前燕》頁三〇一五下

（元璽五年二月）己丑，龕所署徐州刺史陽郡一作都公王騰及索頭單于薛雲舉衆來降，恪命騰以故職，還屯陽郡。

屠本《十六國春秋》卷二十七《前燕錄五·慕容儁下》頁六背

（段）龕所署徐州刺史王騰、索頭單于薛雲降於恪。

《十六國春秋輯補》卷二十六《前燕錄四·慕容儁》頁二〇七

務桓死,弟閼陋頭代立。① 密謀反叛,語在《序紀》。
《魏書》卷九十五《列傳第八十三·鐵弗劉虎》頁二〇五四

務桓死,弟閼陋頭代立,密謀反叛。
《北史》卷九十三《列傳第八十一·僭僞附庸·夏赫連氏》頁三〇六二

(永和十二年)匈奴大人劉務桓卒,弟閼頭立,將貳於代。二月,代王什翼犍引兵西巡臨河,閼頭懼,請降。犍,居言翻。閼,於葛翻。降,户江翻;下同。
《資治通鑑》卷一百《晉紀二十二·穆帝永和十二年》頁三一五三

務桓死,弟閼陋頭代立。
屠本《十六國春秋》卷六十六《夏録一·赫連勃勃》頁二正

(元璽五年)十二月,儁遣行人請婚於魏,許之。
屠本《十六國春秋》卷二十七《前燕録五·慕容儁下》頁八背

---

① 據中華書局點校修訂本《魏書·鐵弗劉虎傳》校勘記〔一五〕頁二二六〇:閼陋頭　本書卷一《序紀》作"閼頭",當是譯名歧異。

公元三五七年　東晉穆帝升平元年　北魏昭成帝建國二十年　前燕景昭帝光壽元年

（光壽元年夏五月）是月，遣使奉納禮幣於魏。

屠本《十六國春秋》卷二十七《前燕錄五·慕容儁下》頁八背

公元三五八年　東晉穆帝升平二年　北魏昭成帝建國二十一年

後務桓子悉勿祈逐閼陋頭而自立。

《魏書》卷九十五《列傳第八十三·鐵弗劉虎》頁二〇五四

後務桓子悉勿祈逐閼陋頭而立。

《北史》卷九十三《列傳第八十一·僭僞附庸·夏赫連氏》頁三〇六二

（升平二年）匈奴劉閼頭部落多叛，懼而東走，乘冰渡河，半渡而冰解，後衆悉歸劉悉勿祈，閼頭奔代。代在北河之東。閼，於焉翻，又於葛翻。悉勿祈，務桓之子也。務桓卒，見上卷永和十二年。

《資治通鑑》卷一百《晉紀二十二·穆帝升平二年》頁三一七三

其後務桓子悉勿祈逐閼陋頭而自立。

屠本《十六國春秋》卷六十六《夏録一·赫連勃勃》頁二正

公元三六〇年　東晉穆帝升平四年　北魏昭成帝建國二十三年　前燕幽帝建熙元年

悉勿祈死,弟衛辰代立。

衛辰,務桓之第三子也。既立之後,遣子朝獻,昭成以女妻衛辰。

《魏書》卷九十五《列傳第八十三·鐵弗劉虎》頁二〇五四至二〇五五

悉勿祈死,弟衛辰代立。

衛辰,務桓之第三子也。既立,遣子朝獻,昭成以女妻之。

《北史》卷九十三《列傳第八十一·僭僞附庸·夏赫連氏》頁三〇六二

(升平四年)夏,六月,代王什翼犍妃慕容氏卒。犍,居言翻。秋,七月,劉衛辰如代會葬,因求婚,什翼犍以女妻之。妻,七細翻。

《資治通鑑》卷一百一《晉紀二十三·穆帝升平四年》頁三一八二

父衛辰,入居塞内。

《通志》卷一百九十三《載記第八·夏》頁三〇九七上

悉勿祈死，弟衛辰代立。衛辰，務桓之第三子也。狡猾多變。既立之後，入居塞內，昭成以女妻之。

屠本《十六國春秋》卷六十六《夏錄一·赫連勃勃》二正

父衛辰，入居塞內。

《十六國春秋輯補》卷六十四《夏錄一·赫連勃勃》頁四六三

公元三六一年　東晉穆帝升平五年　北魏昭成帝建國二十四年　前秦宣昭帝甘露三年

（升平五年）劉衛辰掠秦邊民五十餘口爲奴婢以獻於秦；秦王堅責之，使歸所掠。衛辰由是叛秦，專附於代。史言夷狄反覆難保。

《資治通鑑》卷一百一《晉紀二十三·穆帝升平五年》頁三一八三至三一八四

甘露三年春正月，劉衛辰掠邊民五十餘口爲奴婢來獻；堅責之，使歸所掠。衛辰由是叛附於魏時猶稱代。

屠本《十六國春秋》卷三十六《前秦錄四·苻堅上》頁九背至十正

後通於秦，苻堅以爲左賢王。遣使詣堅，請求田地，春去秋來，堅許之。後掠秦邊民五十餘口爲奴婢以獻於堅；堅讓歸之。尋復背堅，專心歸魏，舉兵伐秦，堅遣其將鄧羌討擒之。

屠本《十六國春秋》卷六十六《夏錄一·赫連勃勃》頁二正

赫連勃勃據統萬，今榆林衛西北二百里故夏州城即統萬城。稱夏。

史略：初，匈奴劉務桓世爲鐵弗部落大人，務桓，南匈奴右賢王去卑之後。再傳至劉衛辰，降於苻秦，又叛附於代，尋復叛代。

《讀史方輿紀要》卷三《歷代州域形勢三·晉·赫連勃勃據統萬稱夏》頁一四三

公元三六二年　東晉哀帝隆和元年　北魏昭成帝建國二十五年　前燕幽帝建熙三年

（隆和元年）冬，十一月，代王什翼犍納女於燕，犍，居言翻。燕人亦以女妻之。妻，七細翻。

《資治通鑑》卷一百一《晉紀二十三·哀帝隆和元年》頁三一九一

（建熙三年）冬，十一月，魏昭成帝以女妻暐，暐亦納女於帝，以備後宮。

屠本《十六國春秋》卷二十八《前燕錄六·慕容暐上》頁五正

公元三六三年　東晉哀帝興寧元年　北魏昭成帝建國二十六年

（興寧元年）代王什翼犍擊高車，大破之，高車，即敕勒也，俗乘高輪車，故亦號高車部。李延壽曰：高車，蓋古赤狄之餘種也。初號爲"狄歷"，北方以爲高車丁零。其遷徙隨水草，衣皮食肉，與柔然同，唯車輪高大，輻數至多。犍，居言翻。俘獲萬餘口，馬、牛、羊百餘萬頭。

《資治通鑑》卷一百一《晉紀二十三·哀帝興寧元年》頁三一九四

（高車）東晉哀帝興寧元年，代什翼犍擊高車，大破之。
《讀史方輿紀要》卷四十五《山西七·漠北諸部·高車》頁二〇七七

公元三六五年　東晉哀帝興寧三年　北魏昭成帝建國二十八年　前秦宣昭帝建元元年

堅自至朔方，以衛辰爲夏陽公，統其部落。衛辰以堅還復其國，復附於堅。
《魏書》卷九十五《列傳第八十三·鐵弗劉虎》頁二〇五五

堅自至朔方，以衛辰爲夏陽公，統其部落，衛辰復附於堅。
《北史》卷九十三《列傳第八十一·僭偽附庸·夏赫連氏》頁三〇六二

又曰：後魏昭成帝常擊賊，流矢中目。賊破，執射者至，左右欲剝割之。常曰："彼各爲主，何罪。"乃釋之。

《太平御覽》卷三六六《人事部七・目》頁一六八八上

（興寧三年）劉衛辰復叛代，劉衛辰附代，見上升平五年。復，扶又翻。代王什翼犍東渡河，擊走之。犍，居言翻。

什翼犍性寬厚，郎中令許謙盜絹二匹，什翼犍知而匿之，按《北史》，代國俗無繒帛，而謙盜之，其罪在不赦；而什翼犍能容之，故史以此言其寬厚之一端。謂左長史燕鳳曰："吾不忍視謙之面，【章：十二行本"面"下有"卿愼勿泄"四字；乙十一行本同；孔本同；退齋校同。】若謙慚而自殺，是吾以財殺士也。"嘗討西部叛者，流矢中目；中，竹仲翻。既而獲射者，群臣欲臠割之，什翼犍曰："彼各爲其主鬬耳，爲，于僞翻。何罪！"遂釋之。

《資治通鑑》卷一百一《晉紀二十三・哀帝興寧三年》頁三一九七

衛辰復降於秦，堅自至朔方，署爲夏陽公，統其部落。衛辰以堅還復其國，復附於堅。

屠本《十六國春秋》卷六十六《夏録一・赫連勃勃》頁二正至二背

赫連勃勃據統萬，今榆林衛西北二百里故夏州城即統萬城。稱夏。

史略……興寧三年秦將鄧羌討擒之於木根山，在今榆林衛西北。既而復使統所部。

《讀史方輿紀要》卷三《歷代州域形勢三·晉·赫連勃勃據統萬稱夏》頁一四三至一四四

匈奴右賢王曹轂、左賢王衛辰舉兵叛，率衆二萬攻其杏城已南郡縣，屯於馬蘭山。索虜烏延等亦叛堅而通于辰、轂。
《晉書》卷一百十三《載記第十三·苻堅上》頁二八八九

匈奴右賢王曹轂、左賢王衛辰舉兵叛，率衆二萬攻其杏城已南郡縣，屯于馬蘭山。索虜烏延等亦叛堅而通于辰、轂。
《通志》卷一百八十九《載記四·前秦》頁三〇二七上

（建元元年）夏六月，匈奴右賢王曹轂、左賢王劉衛辰舉兵叛，轂帥衆二萬攻杏城已南郡縣，屯馬蘭山。索虜烏延等亦叛堅而通於辰、轂。
屠本《十六國春秋》卷三十六《前秦錄四·苻堅上》頁十三正

建元元年，匈奴曹轂、劉衛辰帥衆寇杏城。索虜烏延等亦起兵叛通於衛辰。
屠本《十六國春秋》卷四十一《前秦錄九·苻宏》頁十一背至十二正

（建元元年）匈奴右賢王曹轂、左賢王衛辰舉兵叛，率衆二萬，攻其杏城已南郡縣，屯於馬蘭山。索虜烏延等亦叛堅而通於辰、觳。

《十六國春秋輯補》卷三十三《前秦録三·苻堅》頁二五九

公元三六六年　東晉海西公太和元年　北魏昭成帝建國二十九年　前秦宣昭帝建元二年

燕鳳,字子章,代人也。好學,博綜經史,明習陰陽讖緯。昭成素聞其名,使人以禮迎致之。鳳不應聘。乃命諸軍圍代城,謂城人曰:"燕鳳不來,吾將屠汝。"代人懼,送鳳。昭成與語,大悦,待以賓禮。後拜代王左長史,參决國事。又以經授獻明帝。

苻堅遣使牛恬朝貢,令鳳報之。堅問鳳:"代王何如人?"鳳對曰:"寬和仁愛,經略高遠,一時之雄主,常有并吞天下之志。"堅曰:"卿輩北人,無剛甲利器,[①] 敵弱則進,強即退走,安能并兼?"鳳曰:"北人壯悍,上馬持三仗,驅馳若飛。主上雄雋,率服北土,控弦百萬,號令若一。軍無輜重樵爨之苦,輕行速捷,因敵取資。此南方所以疲弊,而北方之所常勝也。"堅曰:"彼國人馬,實爲多少?"鳳曰:"控弦之士數十萬,馬百萬匹。"堅曰:"卿言人衆可爾,説馬太多,是虚辭耳。"鳳曰:"雲中川自東山至西河二百里,北山至南山百有餘里,每歲孟秋,馬常大集,略爲滿川。以此推之,使人之言,猶當未盡。"鳳還,堅厚加贈遺。

---

①據中華書局點校修訂本《魏書·燕鳳傳》校勘記〔一〕頁七一三:剛甲利器　"剛"原作"鋼",據三朝本、北監本、殿本、《北史》卷二一《燕鳳傳》改。

《魏書》卷二十四《列傳第十二‧燕鳳》頁六〇九至六一〇

堅遣使牛恬朝貢。
《魏書》卷九十五《列傳第八十三‧臨渭氐苻健》頁二〇七七

燕鳳字子章,代人也。少好學,博綜經史,明習陰陽讖緯。昭成素聞其名,使以禮致之,鳳不應聘。及軍圍代,謂城人曰:"鳳不來者,將屠之。"代人懼,遂送鳳。昭成待以賓禮。後拜代王左長史,參決國事。又以經授獻明帝。

嘗使苻堅,堅問鳳曰:"代王何如人?"對曰:"寬和仁愛,經略高遠,一時雄主也。常有并吞天下之志。"堅曰:"卿輩北人,無剛甲利兵,敵弱則進,敵強則退,安能并兼邪?"鳳曰:"北人壯悍,上馬持三仗,驅馳若飛。主上雄儁,率服北土,控弦百萬,號令若一。軍無輜重樵爨之苦,輕行速捷,因敵取資。此南方所以疲弊,北方所以常勝也。"堅曰:"彼國人馬多少?"鳳曰:"控弦之士數十萬,見馬一百萬匹。"堅曰:"卿言人衆則可,說馬太多。"鳳曰:"雲中川自東山至西河二百里,北山至南山百餘里,每歲孟秋,馬常大集,略爲滿川。以此推之,使人言猶未盡。"鳳還,堅厚加贈遺。
《北史》卷二十一《列傳第九‧燕鳳》頁七六七至七六八

《後魏書》曰:燕鳳嘗使於苻堅,曰:"彼國人馬,實爲多少?"鳳曰:"控弦之士數十萬,見馬百萬匹。"堅曰:"卿言人衆可尔,説馬太多,是虛辭耳。"鳳曰:"雲中川自東山至西河二百里,北山至南山百有餘里,每歲孟秋,馬常大集,略爲滿川。以此推之,使人之言,猶尚未盡。"堅厚加贈遺。

《太平御覽》卷二九九《兵部三〇・兵衆》頁一三七八下

又曰:燕鳳,字子章,代人也。少好學,博綜經史,明習陰陽讖緯。昭成以禮迎致之。鳳不應聘。命諸軍圍代城人,曰:"燕鳳不來,吾將屠汝。"代人懼,送鳳。昭城與語,大悦,待以賓禮。

《太平御覽》卷三一八《兵部四九・攻圍下》頁一四六四下

《後魏書》曰:燕鳳,字子章,代人也。拜代王左長史,參決國事。常使苻堅,堅問鳳曰:"代王何如人也?"對曰:"寬和仁愛,經略高遠,一時雄主也,常有并吞天下之志。"堅曰:"卿輩北人,無剛甲利器,敵弱則進,敵强則退,安能兼并也?"鳳曰:"北人壯掉,上馬持三仗,驅使若飛。主人雄雋,率服北土,控弦百萬,號令若一。軍粮輜重樵爨自若,輕行速捷,因敵取資。此南方所以疲弊,北方所以常勝也。"堅曰:"彼國人馬多少?"鳳曰:"控弦之士數十萬,見馬一百萬匹。"堅曰:"卿言人衆則可,説馬太多。"鳳曰:"雲中川自東山至西河二百餘里,北至南山百餘里,每歲自孟秋,馬常大集,略爲滿川。以此推之,使人之言,猶未盡。"鳳還,堅厚加贈。

《太平御覽》卷七七八《奉使部二・奉使中》頁三四五〇下

後魏燕鳳，初爲道武代王左長史，參國事。嘗使前秦苻堅，堅問鳳曰："代王何如人也？"對曰："寬和仁愛，經略高遠，一時雄主也。常有吞天下之志。"堅曰："卿輩北人，剛甲利器，敵弱則進，敵彊則退，安得兼并也？"鳳曰："北人悍勇，上馬持三杖，驅使若飛。主人雄雋，率服北土，控弦百萬，號令若一。軍糧輜重樵爨自若，輕行速捷，因敵取資。此南方所以疲弊，北方所以嘗勝。"堅曰："彼國人馬多少？"鳳曰："控弦之士數十萬，見馬百萬匹。"堅曰："卿言人衆則可，説馬太多。"鳳曰："雲中川從東山西河二百餘里，北至南山百餘里，每歲孟秋，馬常大集，略爲滿川。以此推之，使人言猶未盡。"堅厚贈之。

《册府元龜》卷六五二《奉使部·宣國威》頁七八一三下

後魏燕鳳，初爲道武代王佐長史。時前秦苻堅遣使牛恬朝貢，令鳳報之。堅問鳳："代王何如人？"鳳對曰："寬和仁愛，經略高遠，一時之雄主，嘗有并吞天下之志。"堅曰："卿輩北人，無鋼甲利器，敵弱則進，強即退走，安能并兼？"鳳曰："北人壯悍，上馬持三仗，驅馳若飛。主上雄雋，率服北土，控弦百萬，號令若一。軍無輜重樵爨之苦，輕行速捷，因敵取資。此南方所以疲敝，而北方所以常勝也。"堅曰："彼國人馬，實爲多少？"鳳曰："控弦之士數十萬，見馬百萬匹。"堅曰："卿言人衆可爾，説馬太多，是虛辭耳。"鳳曰："雲中川自東山至西河二百里，北山至南山百有餘里，每歲孟秋，馬嘗大集，略爲滿川。以此推之，使人之言，猶當未盡。"鳳還，堅厚加贈遺。

《册府元龜》卷六六〇《奉使部·敏辯二》頁七八九四上至七八九四下

後魏燕鳳,字子章,代人。少好學,博綜經史,明習陰陽讖緯,位至鎮遠將軍。

《册府元龜》卷七八六《總録部·博學》頁九三三九上

(太和元年)代王什翼犍遣左長史燕鳳入貢于秦。犍,居言翻。燕,於賢翻。

《資治通鑑》卷一百一《晉紀二十三·海西公太和元年》頁三二〇二

燕鳳,字子章,代人也。少好學,博綜經史,明習陰陽讖緯。昭成素聞其名,使人以禮迎致之。鳳不應聘。乃軍圍代城,謂城人曰:"燕鳳不來,吾將屠汝。"代人懼,遂送鳳。昭成與語,大悦,待以賓禮。後拜代王左長史,參決國事。又以經授獻明帝。苻堅遣使牛恬朝貢,令鳳報之。堅問鳳:"代王何如人?"對曰:"寬和仁愛,經略高遠,一時雄主也,常有并天下之志。"堅曰:"卿輩北人,無剛甲利兵,敵弱則進,彊則退走,安能并兼邪?"鳳曰:"北人壯悍,上馬持三仗,驅馳若飛。主上雄俊,率服北土,控弦百萬,號令若一。軍無輜重樵爨之苦,輕行速捷,因敵取資。此南方所以疲弊,而北方之所以常勝也。"堅曰:"彼國人馬多少?"鳳曰:"控弦之士數十萬,見馬一百萬匹。"堅曰:"卿言人衆則可,説馬太多。"鳳曰:"雲中川自東山至西河二百里,北山至南山二百餘里,每歲孟秋,馬常大集,略爲滿川。以此推之,使人言猶未盡。"鳳還,堅厚加贈遺。

《通志》卷一百四十六《列傳五十九·後魏·燕鳳》頁二三一〇上

（建元二年）夏五月,魏昭成帝諱什翼犍,時稱代王遣長史燕鳳詣秦通好或作入貢。鳳字子章,代人也。少好學,博綜經史,明習陰陽讖緯。昭成帝素聞其名,使人以禮迎之。鳳不應聘。乃命諸軍圍代城,謂城中人曰:"燕鳳不出者,吾將屠汝。"代人懼,送鳳出之。拜左長史,參軍國事。時堅遣牛恬聘魏,魏令鳳報之。堅問曰:"代王何如人？"鳳曰:"寬和仁愛,經略高遠,一時之雄主也,常有并吞天下之志。"堅曰:"卿輩北人,無剛甲利器,敵弱則進,敵強則退,安能并兼耶？"鳳曰:"北人壯悍,上馬持三仗,驅馳若飛。王上雄雋,率服北土,控弦百萬,號令若一。軍無輜重樵爨之苦,輕行速捷,因敵取資。此南方之所以疲弊,而北方之所以常勝也。"堅曰:"彼國人馬,實爲多少？"鳳曰:"控弦之士四十餘萬,見馬一百萬匹。"堅曰:"卿言人眾可爾,說馬太多,是虛辭耳。"鳳曰:"雲中川自東山至西河二百里,北山至南山百有餘里,每歲孟秋,馬常大集,略爲滿川。以此推之,使人之言,猶當未盡。"鳳還,堅厚加贈遺。

屠本《十六國春秋》卷三十六《前秦錄四·苻堅上》頁十四正至十四背

許謙,字元遜,代人也。少有文才,善天文圖讖之學。建國時,將家歸附,昭成嘉之,擢爲代王郎中令,兼掌文記。與燕鳳俱授獻明帝經。

《魏書》卷二十四《列傳第十二・許謙》頁六一〇

許謙字元遜,代人也。少有文才,善天文圖讖學。建國時,將家歸附,昭成擢爲代王郎中令,兼掌文記。與燕鳳俱授獻明帝經。

《北史》卷二十一《列傳第九・許謙》頁七六八

合穎　連莖魏收《後魏書》曰:許謙,字元遜,代人也。

《初學記》卷第二十七《寶器部花草附・五穀第十》頁六六一

許謙,字元遜,代人也。少有文才,善天文圖讖之學。逮建國時,將家歸附,昭成嘉之,擢爲代王郎中令,兼掌文記。與燕鳳俱授獻明帝經。

《通志》卷一百四十六《列傳五十九・許謙》頁二三一〇中

公元三六七年　東晉海西公太和二年　北魏昭成帝建國三十年　前秦宣昭帝建元三年　前燕幽帝建熙八年

(太和二年)秋,七月,燕下邳王厲等破敕勒,獲馬牛數萬頭。

初,厲兵過代地,犯其穄田;穄,子例翻,䵖也。今南人呼黍爲穄。北方地寒,五穀不生,惟黍生之,故有穄田。項安世曰:黍有二種:正黍似粟而大,以五月熟,今荆人專謂之黍,又謂之黍穄是也。又一種尤高大,稈之狀至如蘆,實之狀至如薏苡,荊人謂之烏禾,又謂之蘆穄,然以秋而熟,非正穄也。代王什翼犍怒。犍,居言翻。燕平北將軍武强公渥以幽州兵戍雲中。八月,什翼犍攻雲中,渥棄城走,渥,與泥同。振威將軍慕輿賀辛戰沒。

《資治通鑑》卷一百一《晉紀二十三·海西公太和二年》頁三二〇七

（建熙八年）秋七月,下邳王厲等破敕勒,獲馬牛數萬頭。初,厲兵過魏代地,犯其祭田；昭成帝率衆伐之。暐遣平北將軍武强公慕輿渥以幽州兵戍雲中。八月,昭成攻雲中,渥棄城走,振威將軍慕輿賀辛戰沒。

屠本《十六國春秋》卷二十八《前燕錄六·慕容暐上》頁十背

（雲中城）晉太和二年燕將慕容渥以幽州兵戍守雲中,代什翼犍攻走之。

《讀史方輿紀要》卷四十四《山西六·大同府·雲中城》頁二〇〇二

從征衛辰,以功賜僮隸三十戶。

《魏書》卷二十四《列傳第十二·許謙》頁六一〇

雖於國貢使不絕,而誠敬有乖。帝討衛辰,大破之,收其部落十六七焉。衛辰奔苻堅,堅送還朔方,遣兵戍之。

《魏書》卷九十五《列傳第八十三·鐵弗劉虎》頁二〇五五

昭成討大破之，遂走奔苻堅。堅送還朔方，遣兵戍之。
《北史》卷九十三《列傳第八十一・僭偽附庸・夏赫連氏》頁三〇六二

（太和二年）代王什翼犍擊劉衛辰，河冰未合，什翼犍命以葦絙約流澌。俄而冰合，自代擊朔方，西渡大河，其津曰君子津。絙，居登翻。然猶未堅；乃散葦於其上，冰草相結，有如浮梁，代兵乘之以渡。衛辰不意兵猝至，與宗族西走，什翼犍收其部落什六七而還。衛辰奔秦，秦王堅送衛辰還朔方，遣兵戍之。
《資治通鑑》卷一百一《晉紀二十三・海西公太和二年》頁三二〇八

從征衛辰，以功賜僮隸三十戶。
《通志》卷一百四十六《列傳五十九・後魏・許謙》頁二三一〇中

（建元三年）十一月，魏昭成帝擊劉衛辰。時河冰未成，乃以葦絙約澌，俄然冰合，猶未能固，乃散葦於上，冰草相結，如浮橋焉。眾軍利涉，出其不意，衛辰帥眾來奔，堅送衛辰還朔方，遣兵戍之。
屠本《十六國春秋》卷三十六《前秦錄四・苻堅上》頁十七正

雖於魏貢使不絕，而誠敬有乖。魏因討破之，收其部落十有六七。衛辰走奔於秦，堅送還朔方，遣兵戍守。

屠本《十六國春秋》卷六十六《夏錄一·赫連勃勃》頁二背

（黃河）晉太和三年代王什翼犍擊劉衛辰，自君子津濟。時河冰未合，什翼犍命以葦絙約流，俄而冰合，然猶未堅，乃散葦於其上，冰草相結，有如浮梁，代兵乘之以渡。衛辰不意兵猝至，遂遁走，什翼犍收其部落而還。①

《讀史方輿紀要》卷四十四《山西六·大同府·黃河》頁二〇〇九至二〇一〇

公元三六九年　東晉海西公太和四年　北魏昭成帝建國三十二年　前燕幽帝建熙十年

（太和四年）是時太后可足渾氏侵撓國政，太傅評貪昧無厭，撓，奴教翻，又奴巧翻。厭，於鹽翻。貪昧者，貪財昧利，不顧其害也。貨賂上流，流，水行也。水行就下，無逆而上流之理。貨賂上行，謂之上流，言其逆於常理也。上，時掌翻；下同。官非才舉，群下怨憤。尚書左丞申紹上疏，以爲："守宰者，致治之本。治，直吏翻。今之守宰，率非其人，或武臣出於行伍，或貴戚生長綺紈，既非鄉曲之選，又不更朝廷之職。守，式又翻。行，户剛翻。長，知兩翻。更，工衡翻。加之黜陟無法，貪惰者無刑罰之懼，清修者無旌賞之勸。是以百姓困弊，寇盜充斥，綱頹紀紊，莫相糾攝。糾，督也。攝，錄也。紊，音問。又官吏猥多，踰於前世，公私紛然，不勝煩擾。勝，音升。大燕户口，數兼二寇，以晉、秦爲二

---

①此事時間記載不一，《資治通鑑·晉紀二十三》等記載爲太和二年，此處據依《資治通鑑》。

寇。弓馬之勁，四方莫及；而比者戰則屢北，皆由守宰賦調不平，比，毗至翻。調，徒釣翻。侵漁無已，行留俱窘，莫肯致命故也。後宮之女四千餘人，僮侍廝役尚在其外，廝，音斯。一日之費，厥直萬金；士民承風，競爲奢靡。彼秦、吳僭僻，謂秦僭號而吳僻在一隅也。猶能條治所部，有兼并之心，治，直之翻。而我上下因循，日失其序；我之不脩，彼之願也。謂宜精擇守宰，併官省職，存恤兵家，使公私兩遂，節抑浮靡，愛惜用度，賞必當功，罰必當罪。如此則温、猛可梟，謂桓温、王猛。梟，堅堯翻。二方可取，豈特保境安民而已哉！又，索頭什翼犍疲病昏悖，蕭子顯曰：鮮卑被髮左衽，故呼爲索頭。索，昔各翻。犍，居言翻。悖，蒲内翻。雖乏貢御，御，進也。無能爲患，而勞兵遠戍，有損無益。燕戍雲中以備代。不若移於并土，控制西河，南堅壺關，北重晉陽，西寇來則拒守，過則斷後，斷，丁管翻。猶愈於戍孤城守無用之地也。"疏奏，不省。省，悉景翻。

《資治通鑑》卷一百二《晉紀二十四・海西公太和四年》頁三二二五至三二二六

（建熙十年）又，索虜什翼犍，昭成諱。疲病昏悖，雖乏貢御，無能爲患，而勞兵遠戍，有損無益。況拓宇兼并，不在一城，控制戎狄，懷之以德。魯陽、上郡重山之外，雲陰之北，四百有餘，而未可以羈服塞表，爲平寇之基，徒孤危托落，令善附内駭。宜攝就并豫，以臨二河，東接漕轂，擬之兵後；重晉陽之戍，增南藩之兵，嚴戰守之備，銜千金之餌，蓄力待時，可一舉而滅。

屠本《十六國春秋》卷二十九《前燕錄七・慕容暐下》頁九正

公元三七一年　東晉簡文帝咸安元年　北魏昭成帝建國三十四年

（咸安元年）代將長孫斤謀弑代王什翼犍，世子寔格之，傷脅，遂執斤，殺之。代之先拓跋鄰，以次兄爲拔跋氏，後改爲長孫氏。將，即亮翻。犍，居言翻。

《資治通鑑》卷一百三《晉紀二十五·簡文帝咸安元年》頁三二四四

（咸安元年）代世子寔病傷而卒。格長孫斤而被傷也。

《資治通鑑》卷一百三《晉紀二十五·簡文帝咸安元年》頁三二四六

賀訥，代人，太祖之元舅，獻明后之兄也。其先世爲君長，四方附國者數十部。祖紇，始有勳於國，尚平文女。父野干，尚昭成女遼西公主。

【校勘記】

〔一〕魏書卷八十三上　諸本目錄此卷注"闕"，百衲本、南本、北本、汲本、局本卷末有宋人校記，云："魏收書《外戚傳》上亡。"殿本入考證，云"後人所補"。按此卷大體以《北史》卷八〇《外戚傳》中相同諸傳補，但也有溢出《北史》文句。其序自首至"或以思澤"全同《北史》。劉羅辰、李峻二傳，《北史·外戚傳》無。羅辰，《北史》卷二〇附《劉庫仁傳》，此卷《羅辰傳》前半或掇取本書卷二三《劉庫仁附劉眷傳》末數語，後半則取之《北史》。《李峻傳》不知所出。大致此卷亦是以《北史》補，而以《高氏小史》等他書附益之。
《魏書》卷八十三上[一]《列傳第七十一上・外戚上》頁一八一二、一八二六

賀訥，代人，魏道武皇帝之舅，獻明后之兄也。其先世爲君長。祖紇，尚平文女。父野干，尚昭成女遼西公主。
《北史》卷八十《列傳第六十八・外戚》頁二六七一

《後魏書》曰：太祖道武皇帝諱珪，七月七日生於參合陂。
《太平御覽》卷三一《時序部一六・七月七日》頁一四九上

又曰：太祖道武帝以建國三十四年七月七日生於參合陂北。
《太平御覽》卷五七《地部二二・林》頁二七六上

《後魏書》曰：太祖道武皇帝諱珪，獻明皇帝之子也，以建國三十四年七月七日生於參合陂北。
《太平御覽》卷三六一《人事部二・產》頁一六六二上

《後魏書》曰：太祖道武皇帝諱珪，七月七日生三合陂北。
《太平御覽》卷九五六《木部五・榆》頁四二四三上

後魏道武母賀氏，因遷徙，遊於雲澤，寢，夢日出室內，寤而見光自牖屬天，欻然有感，以建國三十四年七月七日生帝

於糸合陂北,其夜復有光明。

《冊府元龜》卷二《帝王部·誕聖》頁二〇上

後魏道武初生于參合陂。

《冊府元龜》卷二一《帝王部·徵應》頁二二四下

後魏賀紇,始有勳於國,尚平文女。父野干,尚昭成女遼西公主。

《冊府元龜》卷三〇〇《外戚部·選尚》頁三五二七下

(咸安元年)代世子寔娶東部大人賀野干之女,據《北史》,賀野干,即賀蘭部酋長。《魏書·官氏志》,北方賀蘭,後改爲賀氏。有遺腹子,甲戌,生男,代王什翼犍爲之赦境內,爲,于僞翻。名曰涉圭。拓跋珪造魏事始此。

《資治通鑑》卷一百三《晉紀二十五·簡文帝咸安元年》頁三二四六

賀訥,代人,道武王帝之舅,獻明后之兄也。其先世爲君長,四方附國有數十部。祖紇,始有勳於國,尚平文女。父野干,尚昭成女遼西公主。

《通志》卷一百六十五《外戚一·後魏》頁二六六七下

魏獻明皇后賀氏,東部大人野干女,生道武。

《文獻通考》卷二百五十四《帝系五·后妃》頁二〇〇五中

公元三七二年　東晉簡文帝咸安二年　北魏昭成帝建國三十五年

明年有榆木生於埋胞之坎,後遂成林。

　　《太平御覽》卷五七《地部二二·林》頁二七六上

明年有榆生於埋胞之坎,遂成林。

　　《太平御覽》卷三六一《人事部二·產》頁一六六二上

明年有榆生於埋胎處,遂成林。

　　《太平御覽》卷九五六《木部五·榆》頁四二四三上

明年有榆生于埋胞之坎,後遂成林。

　　《冊府元龜》卷二一《帝王部·徵應》頁二二四下

公元三七三年　東晉孝武帝寧康元年　北魏昭成帝建國三十六年　前秦宣昭帝建元九年

(寧康元年)夏,代王什翼犍使燕鳳入貢于秦。犍,居言翻。燕,於賢翻,姓也。

　　《資治通鑑》卷一百三《晉紀二十五·孝武帝寧康元年》頁三二六二

建元九年春三月,魏昭成帝復使燕鳳來聘。

　　屠本《十六國春秋》卷三十七《前秦錄五·苻堅中》頁三背

其後天鼓鳴，有彗星出於尾箕，長十餘丈，名蚩尤旗，經太微，掃東井，自夏及秋冬不滅。太史令張孟言於堅曰："彗起尾箕，而掃東井，此燕滅秦之象。"因勸堅誅慕容暐及其子弟。堅不納。

《晉書》卷一百十三《載記第十三·苻堅上》頁二八九六

四月，天鼓鳴，彗出于尾箕，長十餘丈，或名蚩尤旗，太史令張猛言於堅曰："尾，燕之分野；而掃東井，東井，秦之分。災深禍大，十年之後，燕滅秦之象；二十年之後，燕當爲岱所滅。慕容暐父子兄弟，亡虜也，而布列朝廷，貴盛莫二，宜除渠帥以寧皇秦。若旦誅鮮卑，不夕滅客彗者，臣請就妖言之戮。"堅不納。

《太平御覽》卷一二二《偏霸部六·苻堅》頁五八九下

（寧康元年）有彗星出于尾箕，長十餘丈，彗，祥歲翻，又旋芮翻，又徐醉翻。長，直亮翻。經太微，掃東井；自四月始見，及秋冬不滅。秦太史令張孟【嚴："孟"改"猛"。】言於秦王堅曰："尾、箕，燕分；東井，秦分。《天文志》：尾九星，箕四星，燕、幽州分。東井八星，秦、雍州分。見，賢遍翻。分，扶問翻。今彗起尾、箕而掃東井，十年之後，燕當滅秦；二十年之後，代當滅燕。按《天文志》，雲中入東井一度，定襄入東井八度，雁門入東井十六度，代郡入東井二十八度，是皆拓跋氏所有之地也。所以知代當滅燕者，天道好還，彗起燕分而掃秦分，此燕滅秦之徵。秦已滅矣，代乘天道好還之運，反而滅燕，自然之大數也。太元十年，慕容冲破長安，距是歲僅十一年。安帝隆安元年，拓跋珪克中山，距是歲二十三年。慕容暐父子兄弟，我之仇敵，而布列朝廷，貴盛莫二，臣竊憂之，宜翦其魁桀者以消天變。"堅不聽。

《資治通鑑》卷一百三《晉紀二十五‧孝武帝寧康元年》頁三二六六

其後天鼓鳴，有彗星出于尾箕，長十餘丈，名蚩尤旗，經太微，埽東井，自夏及秋冬不滅。太史令張孟言於堅曰："彗起尾箕，而埽東井，此燕滅秦之象。"因勸堅誅慕容暐及其子弟。堅不納。

《通志》卷一百八十九《載記四‧前秦》頁三〇二九上

四月，天鼓鳴，彗出於箕尾，長十餘丈，或名蚩尤旗，經太微，掃東井，自夏及秋冬不滅。太史令張猛言於堅曰："尾，燕之分野，而掃東井，東井，秦之分。轄深禍大，十年之後，燕滅秦之象；二十年之後，燕當爲岱所滅。慕容暐父子兄弟，亡虜也，而布列朝廷，貴盛莫一，宜除渠帥以寧王秦。若旦誅鮮卑，不夕滅客彗者，臣請就妖言之戮。"堅不納。

《別本十六國春秋》卷四《前秦錄‧苻堅》頁十三

（建元九年）夏四月，天鼓鳴，有彗星出於尾箕，長十餘丈，或名蚩尤旗，經太微，掃東井，自夏及秋冬不滅。太史令張猛言於堅曰："尾、箕，燕之分野；東井，秦之分野。今彗星起尾、箕而掃東井，害深禍大，十年之後，燕當滅秦；二十年之後，燕當爲代所滅。慕容暐父子兄弟，亡虜也，我之仇讎，而布列朝廷，貴盛莫二，臣竊憂之，宜剪除渠帥以寧皇秦。若旦誅鮮卑，不夕滅彗星者，臣請就妖言之戮。"堅不納。

屠本《十六國春秋》卷三十七《前秦録五・苻堅中》頁三背至四正

四月，天鼓鳴，有彗星出於尾箕，長十餘丈，或名蚩尤旗，經太微，掃東井，自夏及秋冬不滅。太史令張猛言於堅曰："尾，燕之分野；東井，秦之分野。彗起尾、箕而掃東井，灾深禍大，此十年之後，燕滅秦之象；二十年之後，當爲代所滅。慕容暐父子兄弟，亡虜也，而布列朝廷，貴盛莫二，宜除渠帥以寧皇秦。若旦誅鮮卑，不夕滅臣者，臣請就妖言之戮。"堅不納。

《十六國春秋輯補》卷三十四《前秦録四・苻堅》頁二六八

公元三七四年　東晉孝武帝寧康二年　北魏昭成帝建國三十七年　前秦宣昭帝建元十年

（寧康二年）是歲，代王什翼犍擊劉衛辰，南走。"衛辰"之下更有"衛辰"字，文意乃足。爲下衛辰求救於秦張本。犍，居言翻。

《資治通鑑》卷一百三《晉紀二十五・孝武帝寧康二年》頁三二六八

赫連勃勃據統萬，今榆林衛西北二百里故夏州城即統萬城。稱夏。

史略……寧康二年，爲代王什翼犍所敗。

《讀史方輿紀要》卷三《歷代州域形勢三・晉・赫連勃勃據統萬稱夏》頁一四三至一四四

公元三七六年 東晉孝武帝太元元年 北魏昭成帝建國三十九年 前秦宣昭帝建元十二年

（太元元年）十二月，苻堅使其將苻洛攻代，執代王涉翼犍。

《晉書》卷九《帝紀第九·孝武帝》頁二二八

堅既平涼州，又遣其安北將軍、幽州刺史苻洛爲北討大都督，率幽州兵十萬討代王涉翼犍。又遣後將軍俱難與鄧羌等率步騎二十萬東出和龍，西出上郡，與洛會於涉翼犍庭。翼犍戰敗，遁於弱水。苻洛逐之，勢窘迫，退還陰山。其子翼圭縛父請降，洛等振旅而還，封賞有差。堅以翼犍荒俗，未參仁義，令入太學習禮。以翼圭執父不孝，遷之於蜀。散其部落於漢鄣邊故地，立尉、監行事，官僚領押，課之治業營生，三五取丁，優復三年無稅租。其渠帥歲終令朝獻，出入行來爲之制限。堅嘗之太學，召涉翼犍問曰："中國以學養性，而人壽考，漠北噉牛羊而人不壽，何也？"翼犍不能答。又問："卿種人有堪將者，可召爲國家用。"對曰："漠北人能捕六畜，善馳走，逐水草而已，何堪爲將！"又問："好學否？"對曰："若不好學，陛下用教臣何爲？"堅善其答。

《晉書》卷一百十三《載記第十三·苻堅上》頁二八九八至二八九九

子斤，失職懷怒，構寔君爲逆，死於長安。

【校勘記】

〔一〕魏書卷十四　諸本目錄此卷注"闕"，百衲本、南本、汲本、局本卷末有宋人校語云："魏收書《神元平文諸帝子孫列傳》亡，後人補以《北史》，又取《高氏小史》附益之。後卷魏收舊史亡者皆放此。"殿本《考證》云："魏收書亡，後人所補。"

《魏書》卷十四[一]《神元平文諸帝子孫列傳第二》頁三四九、三六五

寔君者，昭成皇帝之庶長子也。性愚戇，安忍不仁。昭成季年，苻堅遣其行唐公苻洛等來寇南境，昭成遣劉庫仁逆戰於石子嶺。昭成時不勝，①不能親勒衆軍，乃率諸部避難陰山，度漠北。高車四面寇抄，復度漠南。苻洛軍退，乃還雲中。

初，昭成以弟孤讓國，乃以半部授孤。孤卒，子斤失職懷怨，欲伺隙爲亂。是時，獻明皇帝及秦明王翰皆先終，太祖年六歲，昭成不豫，慕容后子閼婆等雖長，而國統未定。斤因是説寔君曰："帝將立慕容所生，而懼汝爲變，欲先殺汝，是以頃日以來，諸子戎服，夜持兵仗，邀汝廬舍，伺便將發，吾愍而相告。"時苻洛等軍猶在君子津，夜常警備，諸皇子挾仗徬徨廬舍之間。寔君視察，以斤言爲信，乃率其屬盡害諸皇子，昭成

---

① 據中華書局點校修訂版本《魏書·昭成子孫列傳》校勘記〔二〕頁四四七：昭成時不豫　"不豫"原作"不勝"，汲本、局本"勝"下旁注"一作'豫'"，據北監本、殿本、本書卷一《序紀》、《御覽》卷一〇一引《後魏書》改。按下文亦稱"昭成不豫"。

亦暴崩。其夜，諸皇子婦及宮人奔告苻洛軍，堅將李柔、張蚝勒兵内逼，部衆離散。苻堅聞之，召燕鳳問其故，以狀對。堅曰："天下之惡一也。"乃執寔君及斤，轘之於長安西市。

【校勘記】

〔一〕魏書卷十五　諸本目錄此卷注"闕"，百衲本、南本、汲本、局本有宋人校語云："魏收書《昭成子孫列傳》亡。"殿本《考證》云："魏收書亡，後人所補。"按此卷亦是以《北史》卷一五《魏宗室傳》相同諸《傳》補，間有溢出字句，當出於《高氏小史》。

《魏書》卷十五〔一〕《昭成子孫列傳第三》頁三六九、三八六

昭成子寔咄。昭成崩後，苻洛以其年長，逼徙長安。苻堅禮之，教以書學。

【校勘記】

〔一〕魏書卷十五　諸本目錄此卷注"闕"，百衲本、南本、汲本、局本有宋人校語云："魏收書《昭成子孫列傳》亡。"殿本《考證》云："魏收書亡，後人所補。"按此卷亦是以《北史》卷一五《魏宗室傳》相同諸《傳》補，間有溢出字句，當出於《高氏小史》。

《魏書》卷十五〔一〕《昭成子孫列傳第三》頁三八五至三八六

及昭成崩，太祖將遷長安。鳳以太祖幼弱，固請於苻堅曰："代主初崩，臣子亡叛，遺孫冲幼，莫相輔立。其別部大人劉庫仁勇而有智，鐵弗衛辰狡猾多變，皆不可獨任。宜分諸

部爲二,令此兩人統之。兩人素有深仇,其勢莫敢先發。此禦邊之良策。待其孫長,乃存而立之,是陛下施大惠於亡國也。"堅從之。鳳尋東還。

《魏書》卷二十四《列傳第十二・燕鳳》頁六一〇

昭成崩後,謙徙長安。苻堅從弟行唐公洛鎮和龍,請謙之鎮。未幾,以繼母老辭還。

《魏書》卷二十四《列傳第十二・許謙》頁六一〇

長孫嵩,代人也,太祖賜名焉。父仁,昭成時爲南部大人。嵩寬雅有器度,年十四,代父統軍。昭成末年,諸部乖亂,苻堅使劉庫仁攝國事,嵩與元他等率部衆歸之。

【校勘記】

〔一〕魏書卷二十五　諸本目錄此卷注"闕"。百衲本、南本、汲本卷末殘存宋人校語:"魏收書列傳第十三。"局本下補"亡"字。殿本《考證》云:"魏收書闕,後人所補。"按此卷以《北史》卷二二《長孫嵩》、《長孫道生傳》補,附《長孫稚傳》有溢出語,當出於《高氏小史》。

《魏書》卷二十五[一]《列傳第十三・長孫嵩》頁六四三、六四九

莫題,代人也,多智才用……初,昭成末,太祖季父窟咄徙于長安。

《魏書》卷二十八《列傳第十六・莫題》頁六八三

庚業延,代人也,後賜名岳。其父及兄和辰,世典畜牧。稍轉中部大人。昭成崩,氐寇内侮。事難之間,收斂畜產,富擬國君。

《魏書》卷二十八《列傳第十六·庚業延》頁六八四

奚斤,代人也,世典馬牧。父箪,有寵於昭成皇帝。時國有良馬曰"騊駼",一夜忽失,求之不得。後知南部大人劉庫仁所盜,養於窟室。箪聞而馳往取馬,庫仁以國甥恃寵,慚而逆擊箪。箪捽其髮落,傷其一乳。及苻堅使庫仁與衛辰分領國部,箪懼,將家竄於民間。庫仁求之急,箪遂西奔衛辰。

《魏書》卷二十九《列傳第十七·奚斤》頁六九七

(賀訥)昭成崩,諸部乖亂,獻明后與太祖及衛、秦二王依訥。會苻堅使劉庫仁分攝國事,於是太祖還居獨孤部。訥總攝東部爲大人,遷居大寧,行其恩信,衆多歸之,倅於庫仁。苻堅假訥鷹揚將軍。

【校勘記】

〔一〕魏書卷八十三上　諸本目錄此卷注"闕",百衲本、南本、北本、汲本、局本卷末有宋人校記,云:"魏收書《外戚傳》上亡。"殿本入考證,云"後人所補"。按此卷大體以《北史》卷八〇《外戚傳》中相同諸傳補,但也有溢出《北史》文句。其序自首至"或以恩澤"全同《北史》。劉羅辰、李峻二傳,《北史·外戚傳》無。羅辰,《北史》卷二〇附《劉庫仁傳》,此卷《羅辰傳》前半或掇取本書卷二三《劉庫仁附劉眷傳》末數語,後半則取之《北史》。《李峻傳》不知所出。大致此卷亦是以《北史》補，而以《高氏小史》等他書附益之。
《魏書》卷八十三上[一]《列傳第七十一上·外戚傳上》頁一八一二、一八二六

昭成末，衛辰導苻堅來寇南境，王師敗績。堅遂分國民爲二部，自河以西屬之衛辰，自河以東屬之劉庫仁。語在《燕鳳傳》。堅後以衛辰爲西單于，督攝河西雜類，屯代來城。
《魏書》卷九十五《列傳第八十三·鐵弗劉虎》頁二〇五五

子斤，失職懷怒，構寔君爲逆，死於長安。
《北史》卷十五《列傳第三·魏諸宗室》頁五四六

昭成皇帝九子：庶長曰寔君，次曰獻明帝，[二六]次曰秦王翰，次曰閼婆，次曰壽鳩，次曰紇根，次曰地干，次曰力真，次曰窟咄。

寔君性愚，多不仁。昭成季年，苻堅遣其行唐公苻洛等來寇南境，昭成遣劉庫仁逆戰於石子嶺。昭成時不勝，[二七]不能親勒衆軍，乃率諸部避難陰山，度漠北。高車四面寇抄，復度漠南。苻洛軍退，乃還雲中。

初，昭成以弟孤讓國，乃以半部授孤。孤子斤失職懷怨，欲伺隙爲亂。獻明皇帝及秦明王翰皆先終，道武年甫五歲，慕容后子閼婆等雖長，而國統未定。斤因是説寔君曰："帝將立慕容所生，欲先殺汝，是以頃來諸子戎服，夜以兵仗遶廬舍，伺便將發。"時苻洛等軍猶在君子津，夜常警備，諸皇子挾仗彷徨廬舍，寔君以斤言爲信，乃盡殺諸皇子，昭成亦暴崩。

其夜，諸皇子婦及宮人奔告洛軍。堅將李柔、張蚝勒兵內逼，部衆離散。苻堅聞之，召燕鳳問其故，以狀對。堅曰："天下之惡一也！"乃執寔君及斤，轘之長安。

【校勘記】

〔二六〕次日獻明帝　諸本"獻明"作"明元"。錢氏《考異》云："'明元'當作'獻明'。"按《通志》正作"獻明"。拓拔寔追謚"獻明"，見本書卷一《昭成紀》建國三十四年。今據改。

〔二七〕昭成時不勝　《魏書》卷一五補《昭成子孫傳》及《通志》"勝"作"豫"。按本書卷一《昭成紀》，《魏書》卷一《序紀》都作"豫"。此作"勝"，疑誤。

《北史》卷十五《列傳第三·魏諸宗室》頁五六〇至五六一、五八三至五八四

窟咄，昭成崩後，苻洛以其年長，逼徙長安。苻堅禮之，教以書學。

《北史》卷十五《列傳第三·魏諸宗室》頁五七九

奚斤，代人也，世典馬牧。父簞，有寵於昭成皇帝。時國有良馬曰騧騮，一夜忽逸。後知南部大人劉庫仁所盜，養於窟室。簞聞而馳往取馬，庫仁以國甥恃寵，慚而逆擊簞，簞捽其髮落，傷其一乳。及苻堅使庫仁與衛辰分領國部，簞懼，遂奔衛辰。

《北史》卷二十《列傳第八·奚斤》頁七四六

庾業延，代人也，後賜名岳。其父及兄和辰世典畜牧，稍轉中部大人。昭成崩，苻氏内侮，事難之間，收斂畜産，富擬國君。

《北史》卷二十《列傳第八·庾業延》頁七五三

及昭成崩，道武將遷長安。鳳以道武幼弱，固請於苻堅曰："代主初崩，臣子亡叛，遺孫冲幼，莫相輔立。其別部大人劉庫仁勇而有智，鐵弗衛辰狡猾多端，皆不可獨任。宜分部爲二，令各統之。〔一〕兩人素有深仇，其勢莫能先發，此禦邊之上策。待其孫長，乃存而立之，是陛下大惠於亡國也。"堅從之。鳳尋東還。

【校勘記】

〔一〕宜分部爲二令各統之　諸本"各"訛作"人"，據《通志》卷一四六《燕鳳傳》改。《魏書》卷二四《燕鳳傳》作"令此兩人統之"。

《北史》卷二十一《列傳第九·燕鳳》頁七六八、七九九

昭成崩後，謙徙長安。苻堅從弟行唐公洛鎮和龍，〔二〕請謙之鎮。未幾，以繼母老，辭歸。

【校勘記】

〔二〕苻堅從弟行唐公洛鎮和龍　諸本脱"從"字，據《魏書》卷二四、《通志》卷一四六《許謙傳》補。洛爲堅從弟，見《晉書》卷一一三《苻堅載記》。

《北史》卷二十一《列傳第九·許謙》頁七六八、七九九

長孫嵩,代人也。父仁,昭成時爲南部大人。嵩寬雅有器度,昭成賜名焉。年十四,代父統事。昭成末年,諸部乖亂,苻堅使劉庫仁攝國事,嵩與元他等率部衆歸之。

《北史》卷二十二《列傳第十·長孫嵩》頁八〇五

(賀訥)昭成崩,諸部乖亂,獻明后與道武及衛、秦二王依訥。會苻堅使劉庫仁分攝國事,道武還居獨孤。訥總攝東部爲大人,遷居大寗,行其恩信,衆多歸之,侔於庫仁。苻堅假訥鷹揚將軍。

《北史》卷八十《列傳第六十八·外戚》頁二六七一

昭成末,衛辰導苻堅寇魏南境,王師敗績。堅遂分國人爲二部,自河以西,屬之衛辰;自河以東,屬之劉庫仁。堅後以衛辰爲單于,督攝河西新類,〔五〕屯于代來。

【校勘記】

〔五〕堅後以衛辰爲單于督攝河西新類 《魏書》"單于"上有"西"字,"新"字作"雜"。按衛辰與庫仁分爲二部,當是庫仁爲東單于,衛辰爲西單于。"新"當是"雜"之訛,下文"都督北朔雜夷諸軍事"可証。

《北史》卷九十三《列傳第八十一·僭僞附庸·夏赫連氏》頁三〇六二、三一〇一

又曰:葬昭成皇帝於金陵,營梓宮,木梯盡生成林。

《太平御覽》卷五七《地部二二·林》頁二七六上

庾岳，父和辰世典畜牧，稍轉中部大夫。昭成時，氐寇内侮。多事之間，牧斂畜産，富擬國君。
《册府元龜》卷七七《帝王部·委任一》頁八八六上

堅遣苻雒等伐代王涉翼犍，其子翼圭縛父請降。堅以翼犍荒俗，未參仁義，令入大學習禮。堅嘗之大學，召涉翼揵問曰："中國以學養性，而人壽考，漠北噉牛羊而人不壽，何也？"翼犍不能答。又問："鄉種人有堪將者，可召爲國家用。"對曰："北人能捕六蓄，善馳走，逐水草而已，何堪爲將！"又問："好學否？"對曰："若不好學，陛下用教臣何爲？"堅善其答。
《册府元龜》卷二三〇《僭僞部·懷附》頁二七四一上

後魏賀訥，道武帝之舅。
《册府元龜》卷三〇一《外戚部·封拜》頁三五四四上

後魏賀納，道武元舅。
《册府元龜》卷三〇二《外戚部·立功》頁三五六一下

後魏劉庫仁，昭成末爲南部大人。道武未立，苻堅以庫仁爲陵江將軍，與衛辰分國部衆而統之。
《册府元龜》卷三五二《將帥部·立功五》頁四一八〇下

後魏劉庫仁初見道武，嶷然不群。嘗謂其子曰："有圖天下之志，興復洪業，光揚祖宗者，必此主也。"
《册府元龜》卷八四三《總錄部·知人二》頁一〇〇〇七上

後魏奚斤，世典馬牧。父簞多稱，有寵於昭成。時國有良馬，爲劉庫仁所盜。簞聞而馳往取馬，庫仁以國甥恃寵，慚而逆擊簞，簞捽其髮落，傷其一乳。及苻堅使庫仁與衛辰分領國部，簞懼，將家竄於民間。庫仁求之急，簞遂西奔衛辰。

《册府元龜》卷九二〇《總錄部・仇怨二》頁一〇八七三上

劉庫仁，爲南部大人。時國有良馬白騧驪，庫仁盜之，養於窟室。典馬牧奚簞聞而馳往取馬，庫仁以國甥恃寵，慚而逆擊簞。簞捽其髮落，傷其一乳。

《册府元龜》卷九三〇《總錄部・寇竊》頁一〇九六八上

（太元元年）劉衛辰爲代所逼，求救於秦，秦王堅以幽州刺史行唐公洛爲北討大都督，帥幽、冀兵十萬擊代；帥，讀曰率。使幷州刺史俱難、鎮軍將軍鄧羌、尚書趙遷、李柔、前將軍朱肜、前禁將軍張蚝、蚝，七吏翻。右禁將軍郭慶帥步騎二十萬，東出和龍，西出上郡，皆與洛會，以衛辰爲鄉導。洛，菁之弟也。秦主健之入關，菁有功焉。健之垂沒也，菁以逆誅。鄉，讀曰嚮。

苟萇之伐涼州也，遣揚武將軍馬暉、建武將軍杜周帥八千騎西出恩宿，邀張天錫走路，期會姑臧。暉等行澤中，値水失期，於法應斬，有司奏徵下獄。下，遐稼翻。秦王堅曰：「水春冬耗竭，秋夏盛漲，此乃苟萇量事失宜，量，音良。非暉等罪。今天下方有事，宜宥過責功。」命暉等回赴北軍，擊索虜以自贖。代本鮮卑索頭種，故謂之索虜。索，昔各翻。衆咸以爲萬里召將，非所以應速，將，即亮翻；下同。堅曰：「暉等喜於免死，不可以常事疑也。」暉等果倍道疾驅，遂及東軍。暉等自西方回，故謂伐代之軍爲東軍。

《資治通鑑》卷一百四《晉紀二十六·孝武帝太元元年》頁三二七七至三二七八

（太元元年）代王什翼犍使白部、獨孤部南禦秦兵，皆不勝，鮮卑有白部。後漢時鮮卑居白山者，最爲強盛，後因曰白部。令狐德棻曰：魏氏之初，三十六部，其先伏留屯者，與魏俱起，爲部落大人，遂爲獨孤部。犍，居言翻。又使南部大人劉庫仁將十萬騎禦之。庫仁者，衛辰之族，什翼犍之甥也，與秦兵戰於石子嶺，石子嶺當雲中盛樂西南。《新唐書》曰：自夏州北渡烏水，一百二十里至可朱渾水源，又百餘里至石子嶺。庫仁大敗；什翼犍病，不能自將，乃帥諸部奔陰山之北。高車雜種盡叛，李延壽曰：高車，蓋赤狄之餘種也，北方以爲高車丁零。或云：其先，匈奴甥也。其遷徙隨水草，衣皮食肉，牛羊畜産並與柔然同；唯車輪高大，輻數至多，因以爲號。種，章勇翻。四面寇鈔，鈔，楚交翻。不得芻牧，什翼犍復渡漠南。復，扶又翻。聞秦兵稍退，十二月，什翼犍還雲中。

初，什翼犍分國之半以授弟孤，事見九十六卷成帝咸康四年。孤卒，子斤失職怨望。不復得國之半，故自以爲失職而怨。卒，子恤翻。世子寔及弟翰早卒，寔卒見上卷簡文帝咸安元年。寔子珪尚幼，慕容妃之子閼婆、壽鳩、紇根、地干、力真、窟咄皆長，閼，於葛翻。紇，下沒翻。窟，苦骨翻。咄，當沒翻。長，知兩翻；下同。慕容妃，燕女也。什翼犍娶燕女爲妃，見九十七卷康帝建元二年。繼嗣未定。時秦兵尚在君子津，《水經》：河水南入雲中楨陵縣西北，又南過赤城東，又南過定襄桐過縣西。河水於二縣之間，濟有君子之名。酈道元《注》曰：昔漢桓帝西幸楡中，東行代地，洛陽大賈齎金貨隨帝後行，夜，迷失道，往投津長，曰子封，送之渡河。賈人卒死，津長埋之。其子尋求父喪，發冢舉尸，資貨一無所損。其子悉以金與之，津長不受。事聞於帝，曰："君子也"，即名其津為君子濟。在雲中城西南二百餘里。諸子每夜執兵警衛。斤因說什翼犍之庶長子寔君曰：說，輸芮翻。"王將立慕容妃之子，欲先殺汝，故頃來諸子每夜戎服，以兵遶廬帳，北狄之長，居大氈帳，環設兵衛。氈帳，漢人謂之穹廬，因曰廬帳。伺便將發耳。"伺，相吏翻。寔君信之，遂殺諸弟，并弒什翼犍。是夜，諸子婦及部人奔告秦軍，秦李柔、張蚝勒兵趨雲中，趨，七喻翻。部衆逃潰，國中大亂。珪母賀氏以珪走依賀訥。訥，野干之子也。賀野干見上卷簡文帝咸安元年。

　　秦王堅召代長史燕鳳，問其所以亂故，鳳具以狀對。堅曰："天下之惡一也。"《左傳》載石祁子之言。乃執寔君及斤，至長安，車裂之。堅欲遷珪於長安，鳳固請曰："代王初亡，群下叛散，遺孫沖幼，莫相統攝。其別部大人劉庫仁，勇而有智，鐵弗衛辰，狡猾多變，劉衛辰本匈奴鐵弗種。李延壽曰：鐵弗，南單于苗裔。衛辰者，左賢王去卑之玄孫。北人謂〔胡〕父、爲（衍）鮮卑母爲鐵弗，因以爲姓。皆不可獨任。宜分諸部爲二，令此兩人統之；兩人素有深仇，其勢莫敢先發。俟其孫稍長，引而立之，是陛下有存亡繼絕之德於代，使其子子孫孫永爲不侵不叛之臣，用《左傳》戎子駒支之言。此安邊之良策也。"堅從之。分代民爲二部，自河以東屬庫仁，自河以西屬衛辰，各拜官爵，使統其衆。賀氏以珪歸獨孤部，與南部大人長孫嵩、拓跋鬱律生二子：長曰沙莫雄，次曰什翼犍。沙莫雄爲南部大人，後改名仁，號爲拔拔氏，生嵩。道武以嵩宗室之長，改爲長孫氏。此言長孫所出，與前注略不同。元佗等皆依庫仁。行唐公洛以什翼犍子窟咄年長，長，知兩翻。遷之長安。堅使窟咄入太學讀書。

下詔曰："張天錫承祖父之資，藉百年之業，擅命河右，叛換偏隅。鄭康成曰：叛換，猶跋扈也。《韓詩》曰：叛換，武強也。索頭世跨朔北，中分區域，東賓穢貊，"穢"，當作"濊"。西引烏孫，控弦百萬，虎視雲中。爰命兩師，兩師，謂苟萇伐河西之師，行唐公洛伐代之師也。分討點虜，點，下八翻。役不淹歲，窮殄二兇，俘降百萬，降，戶江翻。闢土九千，五帝之所未賓，周、漢之所未至，莫不重譯來王，重，直龍翻。懷風率職。有司可速班功受爵，杜預曰：班，次也。"受"，當作"授"。戎士悉復之五歲，復，方目翻。賜爵三級。"於是加行唐公洛征西將軍，以鄧羌爲并州刺史。

陽平國常侍慕容紹私謂其兄楷曰："秦恃其强大，務勝不休，北戍雲中，南守蜀、漢，轉運萬里，道殣相望，《左傳》之言。詩云：行有死人，尚或墐之。毛氏曰：墐，路冢也。殣，音覲。《説文》曰：道中死人，人所覆也。又，餓殍爲殣。兵疲於外，民困於內，危亡近矣。冠軍叔仁智度英拔，必能恢復燕祚，秦以慕容垂爲冠軍將軍，楷、紹之叔父也。"叔仁"，當作"叔父"。冠，古玩翻。吾屬但當愛身以待時耳！"史言鮮卑窺秦，有乘釁報復之志。

初，秦人既克涼州，議討西障氏、羌，西障，西邊也。秦王堅曰："彼種落雜居，種，章勇翻。不相統壹，不能爲中國大患，宜先撫諭，徵其租稅，若不從命，然後討之。"乃使殿中將軍張旬前行宣慰，庭中將軍魏曷飛帥騎二萬七千隨之。庭中將軍，秦所置，蓋立仗殿庭中者也。帥，讀曰率。騎，奇寄翻。曷飛忿其恃險不服，縱兵擊之，大掠而歸。堅怒其違命，鞭之二百，斬前鋒督護儲安以謝氐、羌。氐、羌大悦，降附貢獻者八萬三千餘落。降，户江翻。雍州士族先因亂流寓河西者，皆聽還本。雍，於用翻。

劉庫仁招撫離散，恩信甚著，奉事拓跋珪恩勤周備，不以廢興易意，常謂諸子曰："此兒有高天下之志，必能恢隆祖業，汝曹當謹遇之。"天下之英雄，雖在童穉中，固不與群兒同也。秦王堅賞其功，加廣武將軍，給幢麾鼓蓋。幢，直江翻。

劉衛辰恥在庫仁之下，怒殺秦五原太守而叛。五原，漢郡也；魏、晉省，棄其地於荒外；秦復置郡；隋、唐爲豐、鹽二州。庫仁擊衛辰，破之，追至陰山西北千餘里，獲其妻子。又西擊庫狄部，徙其部落，置之桑乾川。桑乾縣，漢屬代郡，晉省。孟康曰：乾，音干。拓跋魏後置桑乾郡；唐屬朔州善陽縣界。魏收《志》，拓跋力微時，次南諸部有庫狄部，後改爲狄氏。久之，堅以衛辰爲西單于，督攝河西雜類，屯代來城。代來城，在北河西，蓋秦築以居衛辰。言自代來者居此城也。單，音蟬。

《資治通鑑》卷一百四《晉紀二十六·孝武帝太元元年》頁三二七八至三二八一

（太元元年）十二月，苻堅使其將苻洛攻代，執代王什翼犍。

《通志》卷十下《晉紀十下·孝武帝》頁二〇六上

（建國三十九年）冬十二月，什翼犍爲庶子寔君所弒。秦來伐，誅寔君，分代爲二，使劉庫仁、劉衛辰掌之，代中絶。

《通志》卷二十三《年譜三·代王拓跋什翼犍建國三十九年》頁四二九下

（建元十二年）是歲，秋滅涼，冬滅代。
《通志》卷二十三《年譜三·秦世祖苻堅建元十二年》頁四二九下

子斤，失職懷怒，構寔君爲逆，死於長安。事在《寔君傳》。
《通志》卷八十四上《宗室七上·後魏》頁一〇五〇中

昭成九子

昭成皇帝九子：庶長曰寔君，次曰獻明帝，次曰秦王翰，次曰閼婆，次曰壽鳩，次曰紇根，次曰地干，次曰力真，次曰窟咄。

寔君性愚贛，殘忍不仁。昭成季年，苻堅遣其將行唐公苻洛等來寇南境，昭成遣庫仁逆戰於石子嶺。昭成時不豫，不能親勤衆軍，乃率諸部避難陰山，度漠北。爲高車四面寇抄，復度漠南。苻洛軍退，乃還雲中。

初，昭成以弟孤辭國，乃以半部授孤。孤卒，子斤失職懷怨，欲伺隙爲亂。獻明皇帝及秦明王翰皆先終，道武年甫五歲，慕容后子閼婆等雖長，而國統未定。斤因是説寔君曰："帝將立慕容氏子，明當除汝，頃令諸子戎服，夜持兵仗旋汝所居，伺便將發耳。"時苻洛軍猶在君子津，諸皇子夜皆挾仗巡警，仿徨廬舍之間，寔君偵察，以斤言爲信，乃率其屬盡害諸皇子，昭成亦暴崩。其夜，諸皇子婦及宫人奔告苻洛軍。堅將李柔、張蚝勒兵内逼，部衆離散。苻堅聞之，召燕鳳問其故，以狀對。堅曰："天下之惡一也。"乃執寔君及斤，轘於長安西市。

《通志》卷八十四上《宗室七上・後魏》頁一〇五三中至頁一〇五三下

（昭成九子）窟咄，昭成崩後，苻洛以其年長，逼徙長安。苻堅禮之，教以書學。

《通志》卷八十四上《宗室七上・後魏》頁一〇五七中

奚斤，代人也，世典馬牧。父箪，有寵於昭成皇帝。時國有良馬曰騊駼，一夜忽逸。後知南部大人劉庫仁所盜，養於窟室。箪聞而馳往取馬，庫仁以國甥恃寵，漸而逆擊箪，箪捽其髮落，傷其一乳。及苻堅使庫仁與衛辰分領國部，箪懼，遂奔衛辰。

《通志》卷一百四十六《列傳五十九・後魏・奚斤》頁二三〇六下

庾業延，代人也，後賜名岳。其父及兄和辰，世典畜牧。稍轉中部大人。昭成崩，苻氏内侮。事難之間，收斂畜產，富擬國君。

《通志》卷一百四十六《列傳五十九・後魏・庾業延》頁二三〇八中

及昭成崩，道武將遷長安。鳳以道武幼弱，固請於苻堅曰："代主初崩，臣子亡叛，遺孫沖幼，莫相輔立。其別部大人劉庫仁勇而有智，鐵弗衛辰狡猾多變，皆不可獨任。宜分諸部爲二，令各統之。兩人素有深讐，其勢莫敢先發，此禦邊之良策。待其孫長,乃存而立之,是陛下施大惠於亡國也。"堅從之。鳳尋東還。

《通志》卷一百四十六《列傳五十九・後魏・燕鳳》頁二三一〇上

昭成崩後,謙徙長安。苻堅從弟行唐公洛鎮和龍,請謙之鎮。未幾,以繼母老,辭歸。

《通志》卷一百四十六《列傳五十九・後魏・許謙》頁二三一〇中

長孫嵩,代人也。父仁,昭成時爲南部大人。嵩寬雅有器度,昭成賜名焉。年十四,代父統事。昭成末年,諸部乖亂,苻堅使劉庫仁攝國事,嵩與元他等率部衆歸之。

《通志》卷一百四十六《列傳五十九・後魏・長孫嵩》頁二三一八上

(賀訥)及昭成崩,諸部乖亂,獻明后與道武及衛、秦二王往依訥。會苻堅使劉庫仁分攝國事,於是道武還居獨孤部。訥總攝東部爲大人,遷居大甯,行其恩信,衆多歸之,盛於庫仁。苻堅假訥鷹揚將軍。

《通志》卷一百六十五《外戚一・後魏》頁二六六七下

堅既平涼州,又遣其安北將軍、幽州刺史苻洛爲北討大都督,率幽州兵十萬討代王涉翼犍。又遣後將軍俱難與鄧羌等率步騎二十萬東出和龍,西出上郡,與洛會于涉翼犍庭。

翼犍戰敗,遁于弱水。苻洛逐之,勢窘迫,退還陰山。其子翼圭縛父請降,洛等振旅而還,封賞有差。堅以翼犍荒俗,未參仁義,令入太學習禮。以翼圭執父不孝,遷之於蜀。散其部落於漢鄣邊故地,立尉、監行事,官寮領押,課之治業營生,三五取丁,優復三年無稅租。其渠帥歲終令朝獻,出入行來爲之制限。堅嘗之太學,召涉翼犍問曰:"中國以學養性,而人壽考,漠北啖牛羊而人不壽,何也?"翼犍不能答。又問:"卿種人有堪將者,可召爲國家用。"對曰:"漢北人能捕六畜,善馳走,逐水草而已,何堪爲將!"又問:"好學否?"對曰:"若不好學,陛下用教臣何爲?"堅善其答。

《通志》卷一百八十九《載記四·前秦》頁三〇二九下

(建元十二年)冬十月,劉衛辰爲魏昭成帝所逼,遣使求救,堅遣安北將軍幽州刺史行唐公洛爲北討大都督,帥幽、冀一作州兵十萬擊魏;又遣後將軍、并州刺史俱難、鎮軍將軍鄧羌、尚書趙遷、御史中丞李柔、前將軍朱肜、前禁將軍張蚝、右禁將軍郭慶帥步騎二十萬,東出和龍,西出上郡,皆與洛會,以劉衛辰爲鄉導。洛,菁之弟也。初,苻萇伐涼州,遣揚武將軍馬暉、建武將軍杜周帥八千騎西出恩宿,邀張天錫走路,期會姑臧。暉等行澤中,值水失期,於法應斬,有司奏徵下獄。堅曰:"水春冬耗竭,秋夏盛漲,此乃莨量事失宜,非暉等罪。今天下方有事,宜宥過責功。"命暉等廻赴北軍,擊代以自贖。衆咸以爲萬里召將,非所應速,堅曰:"暉等喜於免死,不可以常事疑也。"暉等果倍道疾驅,遂及東軍。十一月,昭成帝使白部、獨孤部來禦洛兵,皆不勝,復使南部大人劉庫仁將十萬騎禦之。庫仁者,衛辰之族,昭成帝之甥也,洛等與庫仁戰于石子嶺,庫仁大敗,奔遁弱水,洛等逐之,勢甚窮迫;昭成帝時病不能自將,乃帥諸部奔陰山之北。高車雜種盡叛,四面寇抄,不得芻牧,復渡漠南。洛兵稍退,乃還。十二月,還至漢中。帝病益篤,繼嗣未定。世子獻明帝諱寔早卒,太祖諱珪,獻明帝子。尚幼,諸子每夜執兵警衛,以備秦兵。其族子斤說庶長子寔君曰:"王將立慕容妃之子,欲先殺汝,故頃來諸子每夜戎服,以兵遶廬帳,伺便將發耳。"寔君信之,旬有二日,遂殺諸弟而弒帝,國中大亂。時太祖母賀氏以太祖走依賀訥。是夜,部人來告,李柔、張蚝勒兵趨之,部衆逃潰,遂平代地,洛等振旅而還。堅以帝庶子窟咄年長,遷之長安,使入太學讀書。堅召燕鳳問代所以亂故,鳳具以狀對。堅曰:"天下之惡一也。"乃執寔君及斤,至長安,車裂之。堅欲遷太祖於長安,鳳以其幼弱,固請於堅曰:"代王初薨,臣子亡叛,遺孫幼冲,莫相輔立。其別部大人劉庫仁,勇而有智,鐵弗衛辰,狡猾多變,皆不可獨任。宜分諸部為二,令此兩人統之;兩人素有深讐,其勢莫敢先發。俟其孫長,乃引而立之,是陛下施大惠於亡國,使其子子孫孫永為不侵不叛之臣,此安邊之良策也。"堅從之。鳳尋辭堅東還。堅下詔曰:"張天錫藉祖父之資,承百年之業,擅命河右,叛據偏隅。索頭世跨朔北,中分區域,東賓穢貊,西引烏孫,控弦百萬,虎視雲中。爰命兩師,分討黠虜,役不淹歲,窮殄二凶,俘降百萬,闢土九千,五帝之所未賓,周、漢之所未至,莫不重譯來王,懷風率職。有司可速班功受爵,戎士悉復之五歲,賜爵三級。"於是加行唐公洛征北將軍,以鄧羌為并州刺史、陽平國常侍。晉《載記》曰:堅既平涼州,又遣其安北將軍、幽州刺史苻洛爲北討大都督，率幽州兵十萬討代王涉翼犍。又遣後軍俱離與鄧羌等率步騎二十萬東出和龍，西出上郡，與洛會于涉翼犍庭。翼犍戰敗，遁於弱水。苻洛逐之，勢窮迫，退還陰山。其子翼珪縛父請降，洛等振旅而還，封賞有差。堅以翼犍荒俗，未示仁義，令入太學。以翼珪執父不孝，遷之於蜀，散其部洛於漢鄣邊故地，立尉、監行事，官僚領押，課之治業營生，三五取丁，優復三年無租稅。其渠帥歲終令朝獻，出入往來爲之制限。堅嘗之太學，召翼犍問曰："中國以學養性，而人壽考，漠北啖牛羊而人不壽，何也？"翼犍不能答。又問："卿種人有堪將者，可召爲國家用。"對曰："漢北人能捕六畜，善馳走，逐水草而已，何堪爲將！"又問："好學否？"對曰："若不好學，陛下用教臣何爲？"堅善其對。

屠本《十六國春秋》卷三十七《前秦録五‧苻堅中》頁十二背至十五背

劉庫仁招撫離散，恩信甚著，奉事太祖，恩勤周備不以廢興易意，常謂諸子曰："此兒有高天下之志，必能恢隆祖業，汝曹當謹遇之。"堅賞其功，加廣武將軍，給幢麾鼓蓋。劉衛辰恥在庫仁之下，怒殺秦五原太守而叛。庫仁擊衛辰，破之，追至陰山西北千餘里，獲其妻子。又西擊庫狄部，徙其部落，置之桑乾川。久之，堅以衛辰爲西單于，督攝河西雜類，屯代來城。

屠本《十六國春秋》卷三十七《前秦録五‧苻堅中》頁十六正至十六背

苻洛，堅之從弟也，爲安北將軍、幽州刺史，封行唐公，以北討大都督，帥幽、冀兵十萬擊代有功，加征北將軍。

屠本《十六國春秋》卷四十一《前秦録十‧苻洛》頁十六正

（鄧羌）后從行唐公洛征代有功，遷并州刺史、陽平國常侍。
屠本《十六國春秋》卷四十二《前秦錄十·鄧羌》頁十五背

建元十二年，蚝以前禁將軍同鄧羌等帥步騎二十萬，與行唐公洛會兵攻代，昭成帝逆戰，不勝，退遁陰山。後度漠南，爲子所弒，蚝與李柔勒兵赴之，部衆逃潰，遂平代地，振旅而還。
屠本《十六國春秋》卷四十二《前秦錄十·張蚝》頁十八背

建元十二年，以前將軍從征代有功。
屠本《十六國春秋》卷四十二《前秦錄十·朱彤》頁三十二正

長孫嵩，代人也，寬雅有器量。年十四，代父統軍。堅時，諸部乖亂，使劉庫仁攝國事，嵩與元他等率部衆歸之。
屠本《十六國春秋》卷四十二《前秦錄十·長孫嵩》頁五一背至五二正

許謙，字元遜，代人也。少有文才，善天文圖讖之學。堅從弟行唐公洛鎮和龍，請謙之鎮，未幾，以繼母老，辭還鄉里。
屠本《十六國春秋》卷四十二《前秦錄十·許謙》頁五二正至五二背

（苻堅）遂以衛辰爲鄉導寇魏南境，魏師敗績，因分國人爲二部，自河以西屬之劉衛辰，自河以東屬劉庫仁，堅復以衛辰爲西單于，督攝河西諸虜，屯代來城。

屠本《十六國春秋》卷六十六《夏錄一·赫連勃勃》頁二背

苻健據長安，稱秦。

史略……（太元初）既又擊定代地，分代爲東西二部。

《讀史方輿紀要》卷三《歷代州域形勢三·晉·苻健據長安稱秦》頁一二七

赫連勃勃據統萬，今榆林衛西北二百里故夏州城即統萬城。稱夏。

史略……太元元年衛辰患代之逼，求救於秦。秦王堅遣兵擊定代地，分代民爲二部，自河以西皆屬衛辰。尋復叛秦，劉庫仁擊破之，是時秦分代民，自河以東屬庫仁。追至陰山西北千餘里。陰山，在今榆林塞外。久之，堅以衛辰爲西單于，屯代來城，在今榆林衛北。士馬漸盛，雄於朔方。

《讀史方輿紀要》卷三《歷代州域形勢三·晉·赫連勃勃據統萬稱夏》頁一四三至一四四

（桑乾城）晉太元初苻秦分代地，自河以東屬劉庫仁，庫仁西擊庫狄部，徙其部落置之桑乾川。

《讀史方輿紀要》卷四十四《山西六·大同府·桑乾城》頁二〇〇

（石子嶺）晉太元初苻秦遣兵伐代，代將劉庫仁與秦兵戰於石子嶺,大敗。
《讀史方輿紀要》卷四十四《山西六·大同府·石子嶺》頁二〇〇八

(黃河)太和初苻秦伐代什翼犍,軍還至君子津,會代亂,秦將李柔等勒兵趨雲中,遂定其地。①
《讀史方輿紀要》卷四十四《山西六·大同府·黃河》頁二〇〇九至二〇一〇

(代來城)晉太元初苻秦滅代,分代地自河以西屬劉衛辰,以東屬劉庫仁。既而衛辰叛,劉庫仁擊破之,追至陰山西北千餘里。堅尋以衛辰爲西單于,屯代來城。
《讀史方輿紀要》卷六十一《陝西十·榆林鎮·代來城》頁二九二三

(苻堅)又遣其安北將軍、幽州刺史苻洛爲北討大都督,率幽州兵十萬討代王涉翼犍。又遣後將軍俱難與鄧羌等率步騎二十萬東出和龍,西出上郡,與洛會於涉翼犍庭。翼犍戰敗,遁於弱水。苻洛逐之,勢窘迫,退還陰山。其子翼珪疑即寔君。縛父請降,洛等振旅而還,封賞有差。以翼犍下俱脫"長庶子窟咄"五字。荒俗,未參仁義,令入太學習禮。以翼珪執父不孝,遷之於蜀。散其部落於漢鄣故地,立尉、監行事,官僚領押,課之治業營生,三五取丁,優復三年無租稅。其渠帥歲終令朝獻,出

---

①此言"太和初"有誤,按上文所言應爲"太元初"。

入往來爲之制限。堅嘗之太學,召涉翼犍疑作窟咄,下同。問曰:"中國以學養性,而人壽考,漠北啖牛羊而人不壽,何也?"翼犍不能答。又問:"卿種人有堪將者,可召爲國家用。"對曰:"漠北人能捕六畜,善馳走,逐水草而已,何堪爲將!"又問:"好學否?"對曰:"若不好學,陛下用教臣何爲?"堅善其答。

《十六國春秋輯補》卷三十五《前秦録五·苻堅》頁二七二

（劉衛辰）苻堅以爲西單于,督攝河西諸虜,屯於代來城。

《十六國春秋輯補》卷六十四《夏録一·赫連勃勃》頁四六三

公元三八〇年　東晉孝武帝太元五年　前秦宣昭帝建元十六年

（苻）洛,健之兄子也。雄勇多力,而猛氣絶人,堅深忌之,故常爲邊牧。洛有征伐之功而未賞,及是遷也,恚怒,謀於衆曰:"孤於帝室,至親也,主上不能以將相任孤,常擯孤於外,既投之西裔,復不聽過京師,此必有伏計,令梁成沈孤於漢水矣。爲宜束手就命,爲追晉陽之事以匡社稷邪?諸君意如何?"

《晉書》卷一百十三《載記第十三·苻堅上》頁二九〇二

（苻）洛,健之兄子也。雄勇多力,而猛氣絶人,堅深忌之,故常爲邊牧。洛有征伐之功而未賞,及是遷也,恚怒,謀於衆曰:"孤於帝室,至親也,主上不能以將相任孤,常擯孤於外,既投之西裔,復不聽過京師,此必有伏計,令梁成沉孤於漢水矣。爲宜束手就命,爲追晉陽之事以匡社稷邪？諸君意如何？"

《通志》卷一百八十九《載記四·前秦》頁三〇三〇下

（苻）洛雄勇多力,而猛氣絕人,堅深忌之,故常爲邊牧。自以有征代之功而未賞,及是遷也,恚怒謀于衆曰："孤於帝室,至親也,主上不能以將相任孤,常擯孤于外,既投之於西裔,復不聽過京師,此必有伏計,令梁成沉孤于漢水耳。不宜束手受命,爲追晉陽之事以匡社稷,於諸君意何如？"

屠本《十六國春秋》卷三十七《前秦錄五·苻堅中》頁二十六背

（苻）洛勇而多力,能坐制奔牛射洞犁耳,堅深忌之,故常爲邊牧。自以有滅代之功,求開府儀同三司,不得,由是怨憤。

屠本《十六國春秋》卷四十一《前秦錄九·苻洛》頁十六背至十七正

（苻）洛,健之兄子也。雄勇多力,而猛氣絕人,堅深忌之,故常爲邊牧。洛有征伐之功而未賞,及是遷也,恚怒,謀於衆曰："孤於帝室,至親也,主上不能以將相任孤,常擯孤於外,既投之西裔,復不聽過京師,此必有伏計,令梁成沈孤於漢水矣。爲宜束手就命,爲追晉陽之事以匡社稷邪？諸君意如何？"

《十六國春秋輯補》卷三十五《前秦錄五·苻堅》頁二七五至二七六

公元三八五年　東晉孝武帝太元十年　前秦宣昭帝建元二十一年

上谷公紇羅,神元皇帝之曾孫也。初,從太祖自獨孤如賀蘭部,招集舊户,得三百家,與弟建議,勸賀訥推太祖爲主。

【校勘記】

〔一〕魏書卷十四　諸本目録此卷注"闕",百衲本、南本、汲本、局本卷末有宋人校語云:"魏收書《神元平文諸帝子孫列傳》亡,後人補以《北史》,又取《高氏小史》附益之。後卷魏收舊史亡者皆放此。"殿本《考證》云:"魏收書亡,後人所補"。

《魏書》卷十四〔一〕《神元平文諸帝子孫列傳第二》頁三四五、三六五

（秦王翰）子儀,長七尺五寸,容貌甚偉,美鬚髯,有算略,少能舞劍,騎射絕人。太祖幸賀蘭部,侍從出入。

【校勘記】

〔一〕魏書卷十五　諸本目録此卷注"闕",百衲本、南本、汲本、局本有宋人校語云:"魏收書《昭成子孫列傳》亡。"殿本《考證》云:"魏收書亡,後人所補。"按此卷亦是以《北史》卷一五《魏宗室傳》相同諸《傳》補,間有溢出字句,當出於《高氏小史》。

《魏書》卷十五〔一〕《昭成子孫列傳第三》頁三七〇、三八六

劉顯之謀難也，嵩率舊人及鄉邑七百餘家叛顯走，〔二〕將至五原。時寔君之子，亦聚衆自立，嵩欲歸之。見于烏渥，稱逆父之子，勸嵩歸太祖。嵩未決，烏渥回其牛首，嵩僶俛從之。見太祖于三漢亭。

【校勘記】

〔一〕魏書卷二十五　諸本目錄此卷注"闕"。百衲本、南本、汲本卷末殘存宋人校語："魏收書列傳第十三。"局本下補"亡"字。殿本《考證》云："魏收書闕，後人所補。"按此卷以《北史》卷二二《長孫嵩、長孫道生傳》補，附《長孫稚傳》有溢出語，當出於《高氏小史》。

〔二〕嵩率舊人及鄉邑七百餘家叛顯走　《北史》卷二二《長孫嵩傳》"鄉邑"作"庶師"。按"庶師"和"舊人"對舉。"舊人"指拓跋本部人，"庶師"當是指非本部的諸族人。疑這裏的"鄉邑"乃後人所改。

《魏書》卷二十五〔一〕《列傳第十三·長孫嵩》頁六四三、六四九至六五〇

長孫肥，代人也。昭成時，年十三，以選內侍。少有雅度，果毅少言。太祖之在獨孤及賀蘭部，肥常侍從，禦侮左右，太祖深信仗之。

《魏書》卷二十六《列傳第十四·長孫肥》頁六五一

尉古真，代人也。太祖之在賀蘭部，賀染干遣侯引乙突等詣行宮，將肆逆。古真知之，密以馳告，侯引等不敢發。染干疑古真泄其謀，乃執拷之，以兩車軸押其頭，傷一目，不伏，乃免之。

《魏書》卷二十六《列傳第十四·尉古真》頁六五五

太祖之居獨孤部,崇常往來奉給,時人無及者。後劉顯之謀逆也,平文皇帝外孫梁眷知之,密遣崇告太祖。眷謂崇曰:"顯若知之問汝者,丈夫當死節,雖刀劍別割,①勿泄也。"因以寵妻及所乘良馬付崇曰:"事覺,吾當以此自明。"崇來告難,太祖馳如賀蘭部。顯果疑眷泄其謀,將囚之。崇乃唱言曰:"梁眷不顧恩義,獎顯為逆,今我掠得其妻馬,足以雪忿。"顯聞而信之。

《魏書》卷二十七《列傳第十五·穆崇》頁六六一

奚牧,代人也,重厚有智謀。太祖寵遇之,稱之曰仲兄。初,劉顯謀害太祖,梁眷知其謀,潛使牧與穆崇至七介山以告,語在《崇傳》。

《魏書》卷二十八《列傳第十六·奚牧》頁六八二

劉顯謀逆,太祖外幸,和辰奉獻明太后歸太祖,又得其資用。

《魏書》卷二十八《列傳第十六·庾業延》頁六八四

李栗,雁門人也。昭成時,父祖入國。少辯捷,有才能,兼有將略。初隨太祖幸賀蘭部,在元從二十一人中。太祖愛其藝能。

---

① 據中華書局修訂本《魏書·穆崇傳》校勘記〔一〕頁七五九:雖刀劍別割 "別割",他本並作"剞割",汲本"剞"下旁注:"宋本作'別。'"按《北史》卷二〇《穆崇傳》亦作"剞割"。

《魏書》卷二十八《列傳第十六·李栗》頁六八六

叔孫建，代人也。父骨，爲昭成母王太后所養，與皇子同列。建少以智勇著稱。太祖之幸賀蘭部，建常從左右。
《魏書》卷二十九《列傳第十七·叔孫建》頁七〇二

羅結，代人也，其先世領部落，爲國附臣。劉顯之謀逆也，太祖去之。結翼衛鑾輿，從幸賀蘭部。
《魏書》卷四十四《列傳第三十二·羅結》頁九八七

後劉顯之謀逆，太祖聞之，輕騎北歸訥。訥見太祖，驚喜拜曰："官家復國之後當念老臣。"太祖笑答曰："誠如舅言，要不忘也。"訥中弟染干粗暴，忌太祖，常圖爲逆，每爲皇姑遼西公主擁護，故染干不得肆其禍心。於是諸部大人請訥兄弟求舉太祖爲主。染干曰："在我國中，何得爾也！"訥曰："帝，大國之世孫，興復先業，於我國中之福。常相持獎，〔二〕立繼統勳，汝尚異議，豈是臣節！"遂與諸人勸進。

【校勘記】

〔一〕魏書卷八十三上　諸本目錄此卷注"闕"，百衲本、南本、北本、汲本、局本卷末有宋人校記，云："魏收書《外戚傳》上亡。"殿本入考證，云"後人所補"。按此卷大體以《北史》卷八〇《外戚傳》中相同諸傳補，但也有溢出《北史》文句。其序自首至"或以恩澤"全同《北史》。劉羅辰、李峻二傳，《北史·外戚傳》無。羅辰，《北史》卷二〇附《劉庫仁傳》，此卷《羅辰傳》前半或掇取本書卷二三《劉庫仁附劉眷傳》末數語,後半則取之《北史》。《李峻傳》不知所出。大致此卷亦是以《北史》補,而以《高氏小史》等他書附益之。

〔二〕常相持獎　按"常"疑是"當"之訛。

《魏書》卷八十三上[一]《列傳外戚第七十一上·賀訥》頁一八一二、一八二六

劉羅辰,代人,宣穆皇后之兄也。父眷,爲北部大人,帥部落歸國。羅辰有智謀,謂眷曰:"從兄顯,忍人也,願早圖之。"眷不以爲意。後庫仁子顯殺眷而代立,又謀逆。

【校勘記】

〔一〕魏書卷八十三上　諸本目錄此卷注"闕",百衲本、南本、北本、汲本、局本卷末有宋人校記,云:"魏收書《外戚傳》上亡。"殿本入考證,云"後人所補"。按此卷大體以《北史》卷八〇《外戚傳》中相同諸傳補,但也有溢出《北史》文句。其序自首至"或以恩澤"全同《北史》。劉羅辰、李峻二傳,《北史·外戚傳》無。羅辰,《北史》卷二〇附《劉庫仁傳》,此卷《羅辰傳》前半或掇取本書卷二三《劉庫仁附劉眷傳》末數語,後半則取之《北史》。《李峻傳》不知所出。大致此卷亦是以《北史》補,而以《高氏小史》等他書附益之。

《魏書》卷八十三上[一]《列傳外戚第七十一上·劉羅辰》頁一八一三至一八一四、一八二六

上谷公紇羅,神元皇帝之曾孫也。初從道武皇帝自獨孤如賀蘭部,與弟建勸賀蘭訥推道武爲主。

《北史》卷十五《列傳第三·魏諸宗室》頁五四三

（秦王翰）子儀，長七尺五寸，容貌甚偉，美髯，有算略。少能舞劍，騎射絕人。道武幸賀蘭部，侍從出入。
　　　　《北史》卷十五《列傳第三・魏諸宗室》頁五六一

尉古真，代人也。道武之在賀蘭部，賀染干遣侯引乙突等將肆逆，古真知之，密以馳告。染干疑古真泄其謀，乃執拷之，以兩車軸押其頭，傷其一目。不服，乃免之。
　　　　《北史》卷二十《列傳第八・尉古真》頁七三四

道武之居獨孤部，崇往來奉給，時人無及者。後劉顯之逆，平文皇帝外孫梁眷知之，密遣崇告道武。眷謂崇曰："顯若知之，雖刀劍剉割勿泄也。"因以寵妻及所乘良馬付崇曰："事覺，吾當以此自明。"崇來告難，道武馳如賀蘭部。顯果疑眷泄，將囚之。崇乃唱言："梁眷不顧恩義，將顯爲逆。今我掠得其妻、馬，足以雪忿。"顯聞信之。
　　　　《北史》卷二十《列傳第八・穆崇》頁七三七至七三八

叔孫建，代人也。父骨，爲昭成母王太后所養，與皇子同列。建少以智勇著稱。道武之幸賀蘭部，常從左右。
　　　　《北史》卷二十《列傳第八・叔孫建》頁七四八

劉顯謀逆，道武外幸，和辰奉獻明太后歸道武，又得其資用。
　　　　《北史》卷二十《列傳第八・庾業延》頁七五三

羅結，代人也。其先世領部落，爲魏附臣。劉顯之逆，結從道武幸賀蘭部。

《北史》卷二十《列傳第八·羅結》頁七五五

奚牧,代人也。重厚有智謀,道武寵遇之,稱曰仲兄。初,劉顯害帝,梁眷知之,潛使牧與穆崇至七个山以告。

《北史》卷二十《列傳第八·奚牧》頁七五八

李栗,雁門人也。昭成時,父祖入北。栗少辯捷,有才能兼將略。初隨道武幸賀蘭部,愛其藝能。

《北史》卷二十《列傳第八·李栗》頁七六〇

劉顯之謀難也,嵩率舊人及庶師七百餘家叛顯走。〔一〕將至五原,時寔君之子渥亦聚衆自立,嵩欲歸之。見于烏渥,稱逆父之子,勸嵩歸道武。嵩未決,烏渥迴其牛首,嵩儴俛從之,見道武于二漢亭。

【校勘記】

〔一〕嵩率舊人及庶師七百餘家叛顯走 《魏書》卷二五補《長孫嵩傳》"庶師"作"鄉邑"。按"庶師"不可解,疑有誤。

《北史》卷二十二《列傳第十·長孫嵩》頁八〇五、八三一至八三二

長孫肥,代人也。昭成時,年十三,以選內侍。少有雅度,果毅少言。道武之在獨孤及賀蘭部,常侍從,禦侮左右。帝深信仗之。

《北史》卷二十二《列傳第十·長孫肥》頁八二九

（賀訥）後劉顯謀逆，道武輕騎歸訥，訥驚拜曰："官家復國，當念老臣。"帝笑答曰："誠如舅言，要不忘也。"[六]訥中弟染干粗暴，忌帝，常圖爲逆。每爲皇姑遼西公主擁護，故染干不得肆其禍心。諸部大人請訥兄弟，求舉道武爲主，染干不從。遂與諸大人勸進。[七]

【校勘記】

[六]要不忘也　諸本"忘"訛作"亡"，據《魏書》卷八三上《賀訥傳》改。

[七]染干不從遂與諸大人勸進　按《魏書》及《通志》卷一六五《賀訥傳》云："於是諸部大人請訥兄弟，求舉太祖爲主。染干曰：'在我國中，何得爾也？'訥曰：'帝，大國之世孫，興復先業於我，國中之福。常相持獎，立繼統勳。汝尚異議，豈是誠節？'遂與諸人勸進。"《魏書》此卷是以《北史》補，這裏"遂"上應有脱文。

《北史》卷八〇《列傳第六十八・外戚》頁二六七一、二六九七

又曰：尉古真，代人也。道武之在賀蘭部，賀染干遣侯引乞突等將肆道，古真知之，密馳以告。染干疑古真泄其謀，乃執持之，以兩車軸捍其頭，傷其目。不服，乃免之。

《太平御覽》卷六四九《刑法部一五・拷掠》頁二九〇五下

劉顯謀逆，道武外幸，和辰奉獻明太后歸道武，又德其資用。

《册府元龜》卷七七《帝王部・委任一》頁八八六上

后魏道武初在贺兰部时,长孙肥常侍从,禦侮左右,帝深信仗之。

《册府元龟》卷九九《帝王部·亲信》页一一八四上

李栗,少有才能,兼有将略。初随道武幸贺兰部,在元从二十一人中。道武爱其艺能。

《册府元龟》卷九九《帝王部·亲信》页一一八四上至一一八四下

后魏道武初,尉古真从帝在贺兰部,为贺染干所执,伤一目。

《册府元龟》卷一三二《帝王部·褒功一》页一五九四下

叔孙建,少以智勇著称。道武之幸贺兰部,建尝从左右,参军国之谋。

《册府元龟》卷一三四《帝王部·念功》页一六一六上

穆崇,代人也。道武之居独孤部,崇常往来奉给。后刘显之谋逆也,崇来告难,太祖驰如贺兰部。

《册府元龟》卷一三四《帝王部·念功》页一六一六下

卫王仪,道武兄秦王翰子,道武幸贺兰部,侍从出入。

《册府元龟》卷二六四《宗室部·封建三》页三一三九上

翰子卫王仪,少能舞剑,骑射绝人。道武奉驾贺兰部,侍從出入。

　　《册府元龜》卷二七一《宗室部·武勇》頁三二〇八下

　　上谷公紇羅，神元皇帝之曾孫也。初，從道武自孤獨如賀蘭部，與弟建勸賀蘭訥推道武爲王。

　　《册府元龜》卷二八六《宗室部·忠二》頁三三六四上

　　後魏上谷公紇羅，初，從道武自獨孤如賀蘭部，與弟建勸賀蘭納推道武爲主。

　　《册府元龜》卷二九〇《宗室部·立功一》頁三四一五下

　　劉羅臣，宣穆皇后之兄也。

　　《册府元龜》卷三〇一《外戚部·封拜》頁三五四四上

　　後魏長孫嵩，代人，年四十，代父仁爲南部大人。後歸于道武，累著軍功。

　　《册府元龜》卷三〇九《宰輔部·佐命二》頁三六四二上至三六四二下

　　劉眷，道武初，代其兄庫仁攝國事……眷又破賀蘭部于善無。

　　《册府元龜》卷三五二《將帥部·立功五》頁四一八〇下

　　李栗，初隨道武幸賀蘭部。

　　《册府元龜》卷三五二《將帥部·立功五》頁四一八三上

後魏長孫嵩，代人。父仁，昭成時爲南部大人，嵩寬雅有器度，年十四，代父統軍。
《册府元龜》卷四三六《將帥部・繼襲》頁五一七八下

後魏穆崇，代人也。道武之居獨孤部，崇嘗往來奉給。
《册府元龜》卷七五八《總錄部・忠一》頁九〇二二下

後魏尉古真，代人。道武之在賀蘭部，賀染干遣侯引乙突等詣行宮，將肆逆。古真知之，密以馳告，侯引等不敢發。染干疑古真泄其謀，乃執拷之，以兩車押其頭，傷一目，不伏，乃免之。
《册府元龜》卷七六一《總錄部・忠義二》頁九〇五〇上

後魏穆崇，機捷便辟。道武之居獨孤部，崇嘗往來奉給，時人無有及者。
《册府元龜》卷七六五《總錄部・攀附一》頁九〇九五上

長孫肥，代人。道武之在獨孤及賀蘭部，肥常侍從，禦侮左右，道武深信仗之。
《册府元龜》卷七六五《總錄部・攀附一》頁九〇九五上

叔孫建，少以智勇著稱。道武之幸賀蘭部，建常從左右。
《册府元龜》卷七六五《總錄部・攀附一》頁九〇九五上

羅結，代人。其先世領部落，爲國附臣。劉顯之謀逆也，道武忌之。結翼衛鑾輿，從幸賀蘭部。

《册府元龜》卷七六五《總録部・攀附一》頁九〇九五上

劉羅辰,代人,宣穆皇后之兄也。父眷,爲北部大人,帥部落歸國。羅辰有智謀,謂眷曰:"從兄顯,忍人也,願早圖之。"眷不以爲意。後顯果殺眷而代立。

《册府元龜》卷八四三《總録部・知人二》頁一〇〇〇七上

(太元十年)鮮卑劉頭眷擊破賀蘭部於善無,善無縣,前漢屬雁門郡,後漢屬定襄郡,漢末曰棄之荒外。又破柔然於意親山。意親山蓋即意辛山,親、辛語相近。按《魏書・帝紀》,道武登國五年,四月,幸意辛山,與賀驎討賀蘭、紇突鄰、紇奚諸部,大破之,六月還幸牛川。則意辛山在牛川之北。頭眷子羅辰言於頭眷曰:"比來行兵,所向無敵;比,毗至翻。然心腹之疾,願早圖之!"頭眷曰:"誰也?"羅辰曰:"從兄顯,忍人也,從,才用翻。必將爲亂。"頭眷不聽。顯,庫仁之子也。頃之,顯果殺頭眷自立。又將殺拓跋珪,珪依劉庫仁見一百四卷太元元年。顯弟亢埿妻,珪之姑也,埿,與泥同。以告珪母賀氏。顯謀主梁六眷,代王什翼犍之甥也,犍,居言翻;下同。亦使其部人穆崇、奚牧密告珪,《魏書・官氏志》,拓跋氏之先,兼并他國,各有本部,部中別族爲内姓。丘穆陵氏,後改爲穆氏。又拓跋鄰以弟爲達奚氏,後改爲奚氏。且以其愛妻、駿馬付崇曰:"事泄,當以此自明。"賀氏夜飲顯酒,令醉,飲,於鴆翻。使珪陰與舊臣長孫犍、元他、羅結輕騎亡去。元他、羅結,二人也。他,唐何翻。向晨,賀氏故驚廄中群馬,使顯起視之。賀氏哭曰:"吾子適在此,今皆不見,汝等誰殺之邪?"顯以故不急追。珪遂奔賀蘭部,依其舅賀訥。賀訥本賀蘭訥,後魏孝文帝改北方舊姓,以賀蘭氏爲賀氏,史因簡便而書之，如上文穆崇、奚牧之類皆是也。訥驚喜曰："復國之後，當念老臣！"珪笑曰："誠如舅言，不敢忘也。"

顯疑梁六眷泄其謀，將囚之。穆崇宣言曰："六眷不顧恩義，助顯爲逆，我掠得其妻馬，足以解忿。"顯乃捨之。

賀氏從弟外朝大人賀悦舉所部以奉珪。賀悦，蓋什翼犍時爲外朝大人。《魏書·官氏志》曰：登國二年，因舊制置南北大人，對治二部；又置外朝大人，無常員，主受詔命，外使，出禁中，國有大喪大禮，皆與參知，隨所典焉。從，才用翻。顯怒，將殺賀氏，賀氏奔亢埿家，匿神車中三日，北人無室屋，逐水草，置神於車中而嚴事之，因謂之神車。亢埿舉家爲之請，乃得免。爲，于僞翻。

故南部大人長孫嵩帥所部七百餘家叛顯，【章：十二行本，"顯"下有"將"字；乙十一行本同；孔本同；張校同。】奔五原。嵩依劉氏，亦見一百四卷太元元年。五原，秦郡，魏、晉棄之荒外。帥，讀曰率。時拓跋寔君之子渥亦聚衆自立，嵩欲從之；烏渥謂嵩曰："逆父之子，不足從也。寔君弑什翼犍，見太元元年。不如歸珪。"嵩從之。史言長孫嵩由此遂爲拓跋珪佐命功臣，福流子孫。久之，劉顯所部有亂，故中部大人庾和辰奉賀氏奔珪。凡言故者，皆什翼犍舊所署置也。《魏書·官氏志》：拓跋詰汾時餘部諸姓内入者，自有庾氏，非中國之庾氏也。

賀訥弟染干以珪得衆心，忌之，使其黨侯引七突【嚴："七"改"乙"；下同。】殺珪；代人尉古真知之，以告珪，侯引七突不敢發。侯引七突，《官氏志》無此氏。《志》云：諸姓年世稍久，互以改易，興衰存滅，間有之；今舉其可知者，則其不可知而不舉者亦有之矣。西方尉遲氏，後改爲尉氏。尉，讀如鬱。染干疑古真泄其謀，執而訊之，訊，鞫問也。以兩車輪【章：十二行本"輪"作"軸"；乙十一行本同；孔本同；張校同。】夾其頭，傷一目，不伏，乃免之。染干遂舉兵圍珪，賀氏出，謂染干曰："汝等欲於何置我,而殺吾子乎!"染干慚而去。史言賀訥兄弟不能舉部以奉拓跋珪,爲珪攻賀蘭部張本。夫以珪備嘗險阻艱難以成大業,而卒斃於賀蘭氏,豈天道邪!

《資治通鑑》卷一百六《晉紀二十八·孝武帝太元十年》頁三三四九至三三五一

（太元十年）拓跋珪從曾祖紇羅與其弟建及諸部大人共請賀訥推珪爲主。從,才用翻。

《資治通鑑》卷一百六《晉紀二十八·孝武帝太元十年》頁三三五七

上谷公紇羅,神元皇帝之曾孫也。初,從道武皇帝自獨孤如賀蘭部,與弟建勸賀蘭訥推道武爲主。

《通志》卷八十四上《宗室七上·後魏》頁一〇四九下

（昭成子孫）子儀,長七尺五寸,容貌甚偉,美鬚髯,有算略。少能舞劍,騎射絶人。道武幸賀蘭部,侍從出入。

《通志》卷八十四上《宗室七上·後魏》頁一〇五三下

尉古真,代人也。道武之在賀蘭部,賀染干遣侯引乙突等詣行宮將肆逆。古真知之,密以馳告。侯引等不敢發。染干疑古真泄其謀,乃執拷之,以兩車軸枊其頭,傷其一目。不伏,乃免之。

《通志》卷一百四十六《列傳五十九·後魏·尉古真》頁二三〇四中

道武之居獨孤部，崇常往來奉給，時人無及者。劉顯之謀逆也，平文皇帝外孫梁眷知之，密遣崇告道武。眷謂崇曰："顯若知之，雖刀劍刳割勿泄也。"因以寵妻及所乘良馬付崇曰："事覺，吾當以此自明。"崇來告難，道武馳如賀蘭部。顯果疑眷泄其謀，將囚之。崇乃唱言曰："梁眷不顧恩義，將顯爲逆。今我掠得其妻、馬，足以雪忿。"顯聞而信之。

《通志》卷一百四十六《列傳五十九·後魏·穆崇》頁二三〇四下

叔孫建，代人也。父骨，爲昭成母王太后所養，與皇子同列。建少以智勇著稱。道武之幸賀蘭部，常從左右。

《通志》卷一百四十六《列傳五十九·後魏·叔孫建》頁二三〇七中

劉顯謀逆，道武外幸，和辰奉獻明太后道武歸，又得其資用。

《通志》卷一百四十六《列傳五十九·後魏·庾業延》頁二三〇八中

羅結，代人也。其先世領部落爲魏附臣。劉顯之逆，結從道武幸賀蘭部。

《通志》卷一百四十六《列傳五十九·羅結》頁二三〇九上

奚牧，代人也。重厚有智謀，道武寵遇之，稱曰仲兄。初，劉顯謀逆，梁眷知之，潛使牧與穆崇至七个山以告。

《通志》卷一百四十六《列傳五十九・後魏・奚牧》頁二三〇九中

李栗，雁門人也。昭成時，父子入北。栗少辯捷，有才能兼將略。初隨道武幸賀蘭部，愛其藝能。

《通志》卷一百四十六《列傳五十九・後魏・李栗》頁二三〇九下

劉顯之謀難也，嵩率舊人及庶師七百餘家叛顯走。將至五原，時寔君之子烏渥亦聚衆自立，嵩欲歸之。見烏渥，烏渥稱逆父之子，勸嵩歸道武。嵩未決，烏渥迴其牛首，嵩黽勉從之，見道武于三漢亭。

《通志》卷一百四十六《列傳五十九・後魏・長孫嵩》頁二三一八上至二三一八中

長孫肥，代人也。昭成時，年十三，以選內侍。少有雅度，果毅少言。道武之在獨孤及賀蘭部，常從，禦侮左右。帝深信仗之。

《通志》卷一百四十六《列傳五十九・後魏・長孫肥》頁二三一九下

（賀訥）後劉顯謀逆，道武輕騎歸訥，訥見而驚喜拜曰："官家復國之後，當念老臣。"帝笑曰："誠如舅言，要不忘也。"訥中弟染干麤暴，忌帝，常圖爲逆。每爲皇姑遼西公主擁護，故染干不得肆其禍焉。諸部大人請訥兄弟，求舉道武爲主，染干曰:"在我國中,何得爾也!"訥曰:"大國興復先業於我國中,我國之福也。"遂與諸大人勸進。

《通志》卷一百六十五《外戚一·後魏》頁二六六七下

及劉顯之難,乃率舊人及鄉邑七百餘家歸魏見《魏書》列傳。

屠本《十六國春秋》卷四十二《前秦錄十·長孫嵩》頁五一背

公元三八六年　東晉孝武帝太元十一年　北魏道武帝登國元年　後燕成武帝建興元年

(太元十一年夏四月)代王拓拔珪始改稱魏。[三一]

【校勘記】

〔三一〕拓拔珪　"珪"原作"圭",今據《魏書·本紀》及《通鑑》一〇六迻改,後不具校。

《晉書》卷九《帝紀第九·孝武帝》頁二三五、二四六

及太祖登王位,紇羅常翼衛左右。

【校勘記】

〔一〕魏書卷十四　諸本目錄此卷注"闕",百衲本、南本、汲本、局本卷末有宋人校語云:"魏收書《神元平文諸帝子孫列傳》亡,後人補以《北史》,又取《高氏小史》附益之。後卷魏收舊史亡者皆放此。"殿本《考證》云:"魏收書亡,後人所補。"

《魏書》卷十四[一]《神元平文諸帝子孫列傳第二》頁三四五、三六五

（衛王儀）登國初，賜爵九原公。
【校勘記】
〔一〕魏書卷十五　諸本目録此卷注"闕"，百衲本、南本、汲本、局本有宋人校語云："魏收書《昭成子孫列傳》亡。"殿本《考證》云："魏收書亡，後人所補。"按此卷亦是以《北史》卷一五《魏宗室傳》相同諸《傳》補，間有溢出字句，當出於《高氏小史》。

《魏書》卷十五〔一〕《昭成子孫列傳第三》頁三七〇、三八六

（窟咄）因亂隨慕容永東遷，永以爲新興太守。
劉顯之敗，遣弟亢埿等迎窟咄，遂逼南界，於是諸部騷動。太祖左右于桓等謀應之，同謀人單烏干以告。太祖慮駭人心，沉吟未發。後三日，桓以謀白其舅穆崇，崇又告之。太祖乃誅桓等五人，餘莫題等七姓，悉原不問。太祖慮内難，乃北踰陰山，幸賀蘭部，遣安同及長孫賀徵兵於慕容垂。賀亡奔窟咄，安同間行遂達中山。慕容垂遣子賀驎步騎六千以隨之。安同與垂使人蘭紇俱還，達牛川，窟咄兄子意烈捍之。安同乃隱藏於商賈囊中，至暮乃入空井，得免，仍奔賀驎。軍既不至，而稍前逼。賀染干陰懷異端，乃爲窟咄來侵北部。人皆驚駭，莫有固志，於是北部大人叔孫普洛節及諸烏丸亡奔衛辰。賀驎聞之，遽遣安同、朱譚等來。既知賀驎軍近，衆乃小定。
太祖自弩山幸牛川。窟咄進屯高柳。太祖復使安同詣賀驎，因克會期。安同還，太祖踰參合，出代北與賀驎會於高

柳。窟咄困迫,望旗奔走,遂爲衛辰殺之,帝悉收其衆。賀驎別帝,歸於中山。

【校勘記】

〔一〕魏書卷十五　諸本目録此卷注"闕",百衲本、南本、汲本、局本有宋人校語云:"魏收書《昭成子孫列傳》亡。"殿本《考證》云:"魏收書亡,後人所補。"按此卷亦是以《北史》卷一五《魏宗室傳》相同諸《傳》補,間有溢出字句,當出於《高氏小史》。

《魏書》卷十五[一]《昭成子孫列傳第三》頁三八五至三八六、三八六

登國初,遂歸太祖。太祖悦,以爲右司馬,與張袞等參贊初基。

《魏書》卷二十四《列傳第十二·許謙》頁六一一

張袞,字洪龍,上谷沮陽人也。祖翼,遼東太守。父卓,昌黎太守。袞初爲郡五官掾,純厚篤實,好學,有文才。太祖爲代王,選爲左長史。

《魏書》卷二十四《列傳第十二·張袞》頁六一二

太祖承大統,復以爲南部大人。累著軍功。

【校勘記】

〔一〕魏書卷二十五　諸本目録此卷注"闕"。百衲本、南本、汲本卷末殘存宋人校語:"魏收書列傳第十三。"局本下補"亡"字。殿本《考證》云:"魏收書闕,後人所補。"按此卷

以《北史》卷二二《長孫嵩、長孫道生傳》補,附《長孫稚傳》有溢出語,當出於《高氏小史》。

《魏書》卷二十五〔一〕《列傳第十三・長孫嵩》頁六四三、六四九

長孫道生,嵩從子也。忠厚廉謹,太祖愛其慎重,使掌幾密,與賀毗等四人内侍左右,出入詔命。

【校勘記】

〔一〕魏書卷二十五　諸本目録此卷注"闕"。百衲本、南本、汲本卷末殘存宋人校語:"魏收書列傳第十三。"局本下補"亡"字。殿本《考證》云:"魏收書闕,後人所補。"按此卷以《北史》卷二二《長孫嵩、長孫道生傳》補,附《長孫稚傳》有溢出語,當出於《高氏小史》。

《魏書》卷二十五〔一〕《列傳第十三・長孫道生》頁六四五、六四九

登國初,與莫題等俱爲大將。
《魏書》卷二十六《列傳第十四・長孫肥》頁六五一

窟咄之難,崇外甥于桓等謀執太祖以應之,〔一〕告崇曰:"今窟咄已立,衆咸歸附,富貴不可失,願舅圖之。"崇乃夜告太祖,太祖誅桓等,北踰陰山,復幸賀蘭部。崇甚見寵待。

……

初,太祖避窟咄之難,遣崇還察人心。崇夜至民中,留馬與從者,乃微服入其營。會有火光,爲春妾所識,賊皆驚起。

崇求從者不得，因匿於坑中，徐乃竊馬奔走。宿於大澤，有白狼向崇而號，崇乃覺悟，馳馬隨狼而走。適去，賊黨追者已至，遂得免難。

【校勘記】

〔一〕崇外甥于桓等謀執太祖以應之　諸本及《北史》卷二〇《穆崇傳》"桓"都作"植"。《册府》卷一三四一六一六頁作"桓"。按卷二《太祖紀》記此事百衲本、南本作"桓"，他本作"植"。《北史》卷一《魏紀》一、本書及《北史》卷一五《窟咄傳》作"桓"。《册府》此條采自《穆崇傳》，却也作"桓"。知"植"字訛，今據《册府》改。下同。

《魏書》卷二十七《列傳第十五·穆崇》頁六六一至六六二、六七八

和跋，代人也，世領部落，爲國附臣。跋以才辯知名，太祖擢爲外朝大人，參軍國大謀，雅有智算。

《魏書》卷二十八《列傳第十六·和跋》頁六八一

太祖錄先帝舊臣，又以牧告顯之功，拜爲治民長，敷奏政事，參與計謀。

《魏書》卷二十八《列傳第十六·奚牧》頁六八二至六八三

苻堅敗，從慕容永東遷。及永自立，以窟咄爲新興太守。登國初，劉顯遣弟亢埿等迎窟咄，寇南鄙。題時貳於太祖，遺箭於窟咄，謂之曰"三歲犢豈勝重載"，言窟咄長而太祖少也。

《魏書》卷二十八《列傳第十六·莫題》頁六八三

與王建等俱爲外朝大人，參預軍國。

《魏書》卷二十八《列傳第十六·庾業延》頁六八四

賀狄干，代人也。家本小族，世忠厚，爲將以平當稱。稍遷北部大人。登國初，與長孫嵩爲對，明於聽察，爲人愛敬。

《魏書》卷二十八《列傳第十六·賀狄干》頁六八五

時王業草創，爪牙心腹，多任親近，唯栗一介遠寄，兼非戚舊，當世榮之。

《魏書》卷二十八《列傳第十六·李栗》頁六八六

斤機敏，有識度。登國初，與長孫肥等俱統禁兵。

《魏書》卷二十九《列傳第十七·奚斤》頁六九七

登國初，以建爲外朝大人，與安同等十三人迭典庶事，參軍國之謀。

《魏書》卷二十九《列傳第十七·叔孫建》頁七〇二

登國初，爲外朝大人，與和跋等十三人迭典庶事，參與計謀。

《魏書》卷三十《列傳第十八·王建》頁七〇九

登國初，太祖徵兵於慕容垂，事在《窟咄傳》。同頻使稱旨，遂見寵異，以爲外朝大人，與和跋等出入禁中，迭典庶事。太祖班賜功臣，同以使功居多，賜以妻妾及隸户三十，馬二匹,羊五十口,加廣武將軍。

《魏書》卷三十《列傳第十八·安同》頁七一二

太祖登代王位于牛川。
【校勘記】
〔一〕魏書卷八十三上　諸本目錄此卷注"闕",百衲本、南本、北本、汲本、局本卷末有宋人校記,云:"魏收書《外戚傳》上亡。"殿本入考證,云"後人所補"。按此卷大體以《北史》卷八〇《外戚傳》中相同諸傳補,但也有溢出《北史》文句。其序自首至"或以恩澤"全同《北史》。劉羅辰、李峻二傳,《北史·外戚傳》無。羅辰,《北史》卷二〇附《劉庫仁傳》,此卷《羅辰傳》前半或掇取本書卷二三《劉庫仁附劉眷傳》末數語,後半則取之《北史》。《李峻傳》不知所出。大致此卷亦是以《北史》補,而以《高氏小史》等他書附益之。

《魏書》卷八十三上〔一〕《列傳外戚第七十一上·賀訥》頁一八一二、一八二六

及太祖即位,討顯于馬邑,追至彌澤,大破之。後奔慕容麟,麟徙之中山,羅辰率騎奔太祖。顯恃部衆之强,每謀爲逆,羅辰輒先聞奏,以此特蒙寵念。尋拜南部大人。
【校勘記】
〔一〕魏書卷八十三上　諸本目錄此卷注"闕",百衲本、南本、北本、汲本、局本卷末有宋人校記,云:"魏收書《外戚傳》上亡。"殿本入考證,云"後人所補"。按此卷大體以《北史》卷八〇《外戚傳》中相同諸傳補,但也有溢出《北史》文

句。其序自首至"或以思澤"全同《北史》。劉羅辰、李峻二傳,《北史·外戚傳》無。羅辰,《北史》卷二〇附《劉庫仁傳》,此卷《羅辰傳》前半或掇取本書卷二三《劉庫仁附劉眷傳》末數語,後半則取之《北史》。《李峻傳》不知所出。大致此卷亦是以《北史》補,而以《高氏小史》等他書附益之。

《魏書》卷八十三上[一]《列傳外戚第七十一上·劉羅辰》頁一八一四、一八二六

張恂,字洪讓,上谷沮陽人也。隨兄袞歸國,參代王軍事。恂言於太祖曰:"金運失御,劉石紛紜,慕容竊號山東,苻姚盜器秦隴,遂使三靈乏饗,九域曠君。大王樹基玄朔,重明積聖,自北而南,化被燕趙。今中土遺民,望雲冀潤。宜因斯會,以建大業。"太祖深器異,厚加禮焉。

《魏書》卷八十八《列傳良吏第七十六·張恂》頁一九〇〇

太祖登國元年,即代王位於牛川,西向設祭,告天成禮。

《魏書》卷一百八之一《禮志四之一第十》頁二七三四

太祖幼遭艱難,備嘗險阻,具知民之情偽。及在位,躬行仁厚,協和民庶。

《魏書》卷一百一十一《刑罰志七第十六》頁二八七三

太祖登國元年,因而不改,南北猶置大人,對治二部。是年置都統長,又置幢將及外朝大人官。其都統長,領殿內之兵,直王宮;幢將員六人,主三郎衛士直宿禁中者。自侍中已

下,中散已上,皆統之外朝大人,無常員。主受詔命,外使,出入禁中,國有大喪大禮皆與參知,隨所典焉。

《魏書》卷一百一十三《官氏志九第十九》頁二九七二

(紇羅)及道武即帝位,以援立功,與建同日賜爵爲公。

《北史》卷十五《列傳第三·魏諸宗室》頁五四三

(秦王翰)登國初,賜爵九原公。

《北史》卷十五《列傳第三·魏諸宗室》頁五六一

(窟咄)因亂,隨慕容永東遷,永以爲新興太守。劉顯之敗,遣弟亢埿等迎窟咄,遂逼南界,於是諸部騷動。道武左右于桓等謀應之,同謀人單烏干以告帝。帝慮駭人心,沉吟未發。後三日,桓以謀白其舅穆崇,又告之,帝乃誅桓等五人,餘莫題等七姓悉原不問。帝慮內難,乃北踰陰山,幸賀蘭部,遣安同及長孫漫徵兵於慕容垂。賀曼亡奔窟咄;[四九]安同間行,遂達中山。慕容垂遣子賀驎步騎六千以隨之。安同與垂使人蘭紇俱還,達牛川,窟咄兄子意烈捍之。安同乃隱藏於商賈囊中,至暮,乃入空井得免,仍奔賀驎。軍既不至,而稍前逼賀染干。賀染干陰懷異端,[五〇]乃爲窟咄來侵北部。人皆驚駭,莫有固志,於是北部大人叔孫普洛節及諸烏丸亡奔衛辰。賀驎聞之,遽遣安同、朱譚等來。既知賀驎軍近,衆乃少定。道武自弩山幸牛川,窟咄進屯高柳。道武復使安同詣賀驎,因剋會期。安同還,帝踰參合,出代北,與賀驎會於高柳。窟咄窮迫,望旗奔走,遂爲衛辰殺之。帝悉收其衆,賀驎

執帝別歸中山。[五一]

【校勘記】

〔四九〕遣安同及長孫漫徵兵於慕容垂賀曼亡奔窟咄　《魏書》卷十五"漫"作"賀",無"曼"字。本書卷一《道武紀》登國元年,作"長孫賀"。按本名當作"賀曼",單稱或作"賀",或作"漫",遂似兩人。

〔五〇〕軍既不至而稍前逼賀染干賀染干陰懷異端　《魏書》不重"賀染干"。按《魏書》卷二《太祖紀》云:"賀麟軍未至而寇已前逼",此"而"下當脫"寇"字,指劉亢埿之軍。"賀染干"三字誤重出,受逼者是拓拔珪,非賀染干。

〔五一〕賀驎執帝別歸中山　《魏書》作"賀驎別帝,歸于中山",《通志》作"賀驎還歸中山"。按《北史》文不可通,疑《魏書》是。

《北史》卷十五《列傳第三·魏諸宗室》頁五七九至五八〇、五八七

窟咄之難,崇外甥于楨等與崇謀執道武以應之。崇夜告道武,道武誅楨等,北踰陰山,復幸賀蘭部。

……

初,道武避窟咄難,遣崇還察人心。崇留馬與從者,微服入其營。會有火光,爲春妾所識,賊皆驚起。崇求從者不得,因匿阬中,徐乃竊馬奔走。宿於大澤,有白狼向崇號,崇覺悟,馳隨狼奔,遂免難。

《北史》卷二十《列傳第八·穆崇》頁七三八

斤機辯有識度。登國初,與長孫肥等俱統禁兵。
《北史》卷二十《列傳第八・奚斤》頁七四六

登國初,爲外朝大人,與安同等十三人迭典庶事,參軍國之謀。
《北史》卷二十《列傳第八・叔孫建》頁七四八

登國初,道武徵兵於慕容垂,同頻使稱旨。爲外朝大人,與和跋等出入禁中,迭典庶事。
《北史》卷二十《列傳第八・安同》頁七五一

與王建等俱爲外朝大人,參預軍國。
《北史》卷二十《列傳第八・庾業延》頁七五三

登國初,爲外朝大人,與和跋等十三人迭典庶事,參與計謀。
《北史》卷二十《列傳第八・王建》頁七五四

帝錄先帝舊臣,又以牧告顯功,使敷奏政事,參與計謀。
《北史》卷二十《列傳第八・奚牧》頁七五八

和跋,代人也。世領部落,爲魏附臣。至跋,以才辯知名。道武擢爲外朝大人,參軍國大謀,雅有智算,賜爵日南公。
《北史》卷二十《列傳第八・和跋》頁七五八

莫題,代人也。多智,有才用。

……

初,窟咄寇南鄙,〔三五〕題時貳於帝,遺箭於窟咄,謂之曰:"三歲犢豈勝重載!"言窟咄長而帝少也。帝既衘之,後有告題居處倨傲,擬則人主。帝乃使人示之箭,告之曰:"三歲犢能勝重載不?"題奉詔,父子對泣。詰朝,乃刑之。

【校勘記】

〔三五〕初窟咄寇南鄙　諸本無"初"字,據《魏書》卷二八《莫題傳》補。此是追敘往事,無"初"字則易混。

《北史》卷二十《列傳第八·莫題》頁七五九、七六六

賀狄干,代人也。家本小族,世忠厚,爲將以平當稱。稍遷北部大人。登國初,與長孫嵩爲對。明於聽察,爲人愛敬。

《北史》卷二十《列傳第八·賀狄干》頁七五九

時王業草創,爪牙心腹,多任親近,唯栗一介遠寄,兼非戚舊。

《北史》卷二十《列傳第八·李栗》頁七六〇

登國初,遂歸道武,以爲右司馬,與張袞等參贊初基。

《北史》卷二十一《列傳第九·許謙》頁七六八

張袞字洪龍,上谷沮陽人也。祖翼,父卓,位並太守。袞篤實好學,有文才。道武爲代王,選爲左長史。

《北史》卷二十一《列傳第九·張袞》頁七九四

衮弟恂。恂字洪讓，隨兄衮歸北，參代王軍事。説道武
宜收中土士庶之望，以建大業，帝深加器異。
　　　《北史》卷二十一《列傳第九・張衮附張恂》頁七九六

　　道武以爲南部大人，累著軍功。
　　　《北史》卷二十二《列傳第十・長孫嵩》頁八〇五

　　長孫道生，嵩從子也。忠厚廉謹，道武愛其慎重，使掌機
密。與賀毗等四人，内侍左右，出入詔命。
　　　《北史》卷二十二《列傳第十・長孫道生》頁八一一

　　登國初，與莫題等俱爲大將，屢有軍功。
　　　《北史》卷二十二《列傳第十・長孫肥》頁八二九

　　（賀訥）道武登代王位于牛川。
　　　《北史》卷八〇《列傳第六十八・外戚》頁二六七一

　　（灅水出雁門陰館縣，東北過代郡桑乾縣南）灅水又東北逕
白狼堆南，魏烈祖道武皇帝於是遇白狼之瑞，故斯阜納稱焉。
　　　《水經注校證》卷十三《灅水》頁三一〇至三一一

　　後魏道武皇帝起雲中。
　　　《唐會要》卷二十二《前代帝王》頁四三一

　　又曰：道武時，窟咄拒南鄙，莫題時二於帝，遺箭於地，窟

咄謂曰："三歲犢豈勝重載"，言窟咄長而帝少也。
　　《太平御覽》卷八九八《獸部一〇・牛上》頁三九八八下

　　又曰：初，道武避窟咄難，遣穆崇還察人心。崇單馬與從者微服入其營。會道武爲春妾所識，賊皆驚起。崇求從者不得，因匿坑中，徐乃竊馬奔走。於大澤，有白狼向崇號，崇覺寤，馳馬隨狼走，遂免難。道武異之，命崇立祀，子孫世奉焉。
　　《太平御覽》卷九〇九《獸部二一・狼》頁四〇二八下

　　後魏道武登國元年正月戊申，帝即代王位，郊天，建元，大會於牛川。
　　《册府元龜》卷一三《帝王部・都邑一》頁一四六上

　　後魏道武登國元年。正月戊申，即代王位，郊天，建元，大赦於牛川。四月，改稱魏王，盡十年。
　　《册府元龜》卷一五《帝王部・年號》頁一七三上

　　後魏道武幼遭艱難，備嘗險阻，具知民之情僞。及在位，躬行仁厚，協和民庶。
　　《册府元龜》卷一八《帝王部・帝德》頁一九八下

　　後魏道武登國元年，即代王位于牛川，西向設祭，告天禮成。
　　《册府元龜》卷三二下《帝王部・崇祭祀一下》頁三五二上

後魏道武即位，秦明王翰子儀以事賜死。

《册府元龜》卷三九《帝王部・睦親》頁四三四下

長孫道生，忠厚謙謹，帝愛其慎重，使掌機密，與賀毗等四人内侍左右，出入詔命。

《册府元龜》卷九九《帝王部・親信》頁一一八四上

奚攸，代人也。重厚有智謀，帝寵遇之，稱曰仲尼。使敷奏政事，參與計謀。

《册府元龜》卷九九《帝王部・親信》頁一一八四上

（李栗）時王業草創，腹心爪牙，多任親近，惟栗介遠寄，兼戚舊，當世榮之。

《册府元龜》卷九九《帝王部・親信》頁一一八四下

（穆崇）太祖李公帘咄之難，崇甥于桓執太祖以應之，告崇，崇乃夜告道武，道武誅桓等。崇甚見寵。

《册府元龜》卷一三四《帝王部・念功》頁一六一六下

後魏道武初，許謙爲右司馬。

《册府元龜》卷一四八《帝王部・知臣》頁一七九三上

上谷公紇羅，神元帝曾孫。道武即帝位，以援立功，與弟建同日賜爵爲公子提封襄城餤。

《册府元龜》卷二六四《宗室部・封建三》頁三一三八下

衛王儀，昭成帝孫，從道武征伐有功。
《册府元龜》卷二八〇《宗室部・領鎮三》頁三三〇六上

衛王儀，秦明王翰子，道武時賜死。
《册府元龜》卷二八四《宗室部・承襲三》頁三三四四下

長孫肥，登國初，與莫題等俱爲大將。
《册府元龜》卷三五二《將帥部・立功五》頁四一八〇下

奚斤，登國初，與長孫肥等俱統禁兵。
《册府元龜》卷三五二《將帥部・立功五》頁四一八一下

長孫嵩爲南部大人，累有軍功。
《册府元龜》卷三五二《將帥部・立功五》頁四一八二下

劉羅辰爲南部大人。
《册府元龜》卷三五二《將帥部・立功五》頁四一八二下

和跋擢爲外朝大人。
《册府元龜》卷三五二《將帥部・立功五》頁四一八二下

庾岳爲外朝大人。
《册府元龜》卷三五二《將帥部・立功五》頁四一八三上

後魏長孫嵩，道武時爲南部大人，累著軍功。
《册府元龜》卷三八一《將帥部・褒異七》頁四五二六上

庾岳爲外朝大人。
《册府元龜》卷三八一《將帥部·襃異七》頁四五二六下

和跋,時爲龍驤將軍,賜爵日南公。
《册府元龜》卷三八一《將帥部·襃異七》頁四五二六下

後魏安同爲外朝大人。
《册府元龜》卷三九八《將帥部·擇地利》頁四七二九下

庾岳,道武時爲外朝大人,參預軍國。
《册府元龜》卷六五三《奉使部·稱旨》頁七八二〇下

(後魏穆崇)窟咄之難,崇外甥于植等謀執道武以應之,告崇曰:"今窟咄已立,衆咸歸附,富貴不可失,願舅圖之。"崇乃夜告道武,道武誅植等,北踰陰山,復幸賀蘭部。崇甚見寵待。
《册府元龜》卷七五八《總錄部·忠一》頁九〇二二下

(長孫肥)登國初,與莫題等俱爲大將軍。
《册府元龜》卷七六五《總錄部·攀附一》頁九〇九五上

(叔孫建)登國初,以建爲外朝大人,與安同等十三人迭典庶事,參軍國之謀。
《册府元龜》卷七六五《總錄部·攀附一》頁九〇九五上

張恂,參道武代王軍事。言於道武,宜建大業。帝深器異，厚加禮焉。
《册府元龜》卷七六五《總録部・攀附一》頁九〇九五上

張袞，純厚篤實，好學，有文才。道武爲代王，袞常參大謀，決策帷幄，道武器之，禮遇優厚。
《册府元龜》卷七六五《總録部・攀附一》頁九〇九五上

後魏張袞，好學，有文才。道武爲代王，選袞爲左長史。
《册府元龜》卷八百三十九《總録部・文章三》頁九九五七上

（太元十一年）春，正月，戊申，拓跋珪大會於牛川，自武周塞西出至牛川，牛川以北，皆大漠也。據《魏紀》，窟咄之來寇也，珪乞師于燕，自弩山至牛川，屯于延水，南出代谷以會燕師。又據《水經注》，于延水出長川城南，則長川即牛川也。班《志》，于延水出代郡且如塞外，則牛川亦當在且如塞外也。又，明元帝大獮于牛川，登釜山。《括地志》：釜山在嬀州懷戎縣北三里。且如之且，音子如翻。即代王位，珪，什翼犍之嫡孫，世子寔之子。拓跋氏自此興矣。改元登國。以長孫嵩爲南部大人，叔孫普洛爲北部大人，分治其衆。《魏書》曰：魏初自北荒南遷，置四部大人，坐王庭，決辭訟，以言語約束，刻契記事，無囹圄考訊之法，諸犯罪者皆臨時決遣。治，直之翻；下同。以上谷張袞爲左長史，許謙爲右司馬，廣甯王建、代人和跋、叔孫建、庾岳爲外朝大人，《魏書・官氏志》：拓跋鄰命叔父之胤曰乙旃氏，後改叔孫氏。朝，直遥翻。奚牧爲治民長，長，知兩翻。皆掌宿衛及參軍國謀議；長孫道生、賀毗等侍從左右，從，才用翻。出納教命。王建娶代王什翼犍之女；岳，和辰之弟；道生，嵩之從子也。庾和辰奉珪母賀氏以奔珪，長孫嵩帥部衆歸珪，事並見上。從，才用翻。

《資治通鑑》卷一百六《晉紀二十八·孝武帝太元十一年》頁三三五七至三三五八

（太元十一年）代王珪徙居定襄之盛樂，按盛樂，《前漢書》作成樂，屬定襄；《後漢書》作盛樂，屬雲中。疑定襄之盛樂，即雲中之盛樂也。然《魏書·帝紀》，什翼犍立，三年，移都於雲中之盛樂；明年，築盛樂城於故城南八里，則已非後漢之盛樂城；疑定襄之盛樂，乃前漢之成樂城也。蓋建武之初，匈奴侵寇，塞下之民悉内徙。其後南單于内附，北單于勢屈，復歸内徙之民於塞下，郡縣城郭，掃地更爲，必有非其故處者。考宋白《續通典》，唐振武軍，漢定襄郡之盛樂也，在陰山之陽，黃河之北，後魏所都盛樂是也；在唐朔州北三百餘里。後魏孝文遷洛之後，於定襄故城置朔州，領盛樂、廣牧二郡。唐初平突厥，置雲中都督府於盛樂。貞觀八年，移雲州雲中郡及定襄縣於今雲州，而雲中都督府後又改單于都護府，又改安北都護府。由是雲中、定襄，地名混亂不可考，而盛樂則一也。務農息民，國人悦之。史言拓跋珪所以興。

《資治通鑑》卷一百六《晉紀二十八·孝武帝太元十一年》頁三三六〇

（太元十一年）劉顯自善無南走馬邑，畏代之偪，且懼其脩怨也。其族人奴真帥所部請降於代。帥，讀曰率。降，户江翻。奴真有兄犍，先居賀蘭部，犍，居言翻。奴真言於代王珪，請召犍而以所部讓之；珪許之。犍既領部，遣弟去斤遺賀訥金馬。遺，于季翻。賀染干謂去斤曰："我待汝兄弟厚，汝今領部，宜來從我。"去斤許之。奴真怒曰："我祖父以來，世爲代忠臣，故我以部讓汝等,欲爲義也。今汝等無狀,乃謀叛國,義於何在!"遂殺鞬及去斤。染干聞之,引兵攻奴真,奴真奔代。珪遣使責染干,染干乃止。珪與賀蘭從此隙矣。使,疏吏翻。

《資治通鑑》卷一百六《晉紀二十八·孝武帝太元十一年》頁三三六二

(太元十一年)代王珪初改稱魏王。拓跋氏自此國號魏。

《資治通鑑》卷一百六《晉紀二十八·孝武帝太元十一年》頁三三六四

(太元十一年)魏王珪東如陵石,陵石,地名,在盛樂東。護佛侯部帥侯辰、乙佛部帥代題皆叛走。帥,所類翻。諸將請追之,珪曰:"侯辰等累世服役,有罪且當忍之。方今國家草創,人情未壹,愚者固宜前郤,一前一郤,言叛服不常也。不足追也!"史言珪能識時知變以安反側。

《資治通鑑》卷一百六《晉紀二十八·孝武帝太元十一年》頁三三六五

(太元十一年)己酉,魏王珪還盛樂,自陵石還也。代題復以部落來降,復,扶又翻。十餘日,又奔劉顯;珪使其孫倍斤代領其衆。劉顯弟肺泥帥衆降魏。

《資治通鑑》卷一百六《晉紀二十八·孝武帝太元十一年》頁三三六七

(太元十一年)初,秦滅代,遷代王什翼犍少子窟咄于長安，事見一百四卷太元元年。窟，苦骨翻。咄，當没翻。從慕容永東徙，永以窟咄爲新興太守。劉顯遣其弟亢埿迎窟咄，以兵隨之，逼魏南境，諸部騷動。魏王珪左右于桓等與部人謀執珪以應窟咄，幢將代人莫題等亦潛與窟咄交通。魏收《官氏志》：道武登國元年，置幢將六人，主三郎衛士直宿禁中者，侍中已下、中散已上皆統之。拓跋詰汾時，餘部諸姓內入者，有莫那婁氏，後爲莫氏。幢，直江翻。桓舅穆崇告之，珪誅桓等五人，莫題等七姓悉原不問。爲後珪殺莫題張本。珪懼內難，難，乃旦翻。北踰陰山，復依賀蘭部，復，扶又翻。遣外朝大人遼東安同求救於燕，《姓譜》：安息王子入侍，遂爲漢人。《風俗通》，漢有安城爲太守。《廬山記》有安息國王子安高。朝，直遥翻。燕主垂遣趙王麟救之。

《資治通鑑》卷一百六《晉紀二十八·孝武帝太元十一年》頁三三六八

（太元十一年）燕趙王麟軍未至魏，拓跋窟咄稍前逼魏王珪，賀染干侵魏北部以應之。魏衆驚擾，北部大人叔孫普洛亡奔劉衛辰。麟聞之，遽遣安同等歸。魏人知燕軍在近，衆心少安。少，詩沼翻。窟咄進屯高柳，高柳縣，漢屬代郡，晉省。酈道元曰：高柳在代中，其山重巒疊巘，霞舉雲高，其山隱隱而東出遼塞。珪引兵與麟會擊之，窟咄大敗，奔劉衛辰，衛辰殺之。珪悉收其衆，以代人庫狄干爲北部大人。《魏書·官氏志》：次南諸部，有庫狄氏，後爲狄氏。麟引兵還中山。

《資治通鑑》卷一百六《晉紀二十八·孝武帝太元十一年》頁三三七〇

（太元十一年）燕主垂以魏王珪爲西單于，封上谷王；珪不受。珪不受燕封，其志不在小。單，音蟬。
《資治通鑑》卷一百六《晉紀二十八·孝武帝太元十一年》頁三三七二

（十一年夏四月）代王拓拔珪始改稱魏。
《通志》卷十下《晉紀十下·孝武帝》頁二〇七中

夏四月，代改稱魏。
《通志》卷二十三《年譜三·晉·太元十一年》頁四三〇上

珪，代王什翼犍之嫡孫，太子寔之子。秦滅代，珪隨其母賀氏依劉庫仁獨孤部，庫仁子顯欲害珪，珪奔賀蘭部。是歲，春正月，珪從曾祖紇羅與諸部大人共立珪爲代王，改元登國，徙都盛樂。夏四月，改國稱魏。
《通志》卷二十三《年譜三·北魏·太祖道武帝拓跋珪登國元年》頁四三〇上

魏拓跋氏甚微，至道武帝諱珪始盛彊，晉太元間作都于代。
《通志》卷四十一《都邑一·後魏都》頁五五五下

（紇羅）及道武即帝位，以援立功，與建同日賜爵爲公。
《通志》卷八十四上《宗室七上·後魏》頁一〇四九下

（窟咄）堅國亂，隨慕容永東遷，永以爲新興太守。劉顯之敗,遣弟亢埿等迎窟咄,遂逼南界,於是諸部騷動。道武左右千桓等謀應之,有單烏于者預其謀以告帝。帝慮駭人心,沈吟未發。後三日,桓以謀白其舅穆崇,崇又告之。帝乃誅桓等五人,餘莫題等七姓悉原不問。帝慮內難,乃北踰陰山,幸賀蘭部,遣安同及長孫漫徵兵於慕容垂。漫亡奔窟咄,安同間行遂達中山。慕容垂遣子賀驎將步騎六千以隨之。安同與垂使人蘭紇俱還,達牛川,窟咄兄子意烈捍之。安同乃匿於商人囊中,至暮得入空井,乃免,仍奔賀驎軍。軍既不至,而稍前逼賀染干。染干陰懷異端,乃爲窟咄來侵北部。人皆驚駭,莫有固志,於是北部大人叔孫普洛節及諸烏丸亡奔衛辰。賀驎聞之,遽遣安同、朱譚等來告。衆知賀驎軍近,乃稍定。道武自弩山幸牛川。窟咄進屯高柳。道武復使安同詣賀驎,因剋會期。安同還,帝踰參合,出代北與賀驎會於高柳。窟咄窮逼,望旗奔走,遂爲衛辰殺之,帝悉收其衆。賀驎還歸中山。

《通志》卷八十四上《宗室七上·後魏》頁一〇五七中

窟咄之難,崇外甥子植等與崇謀執道武以應之。崇夜告道武,道武誅植等,北踰陰山,復幸賀蘭部。崇甚見寵待。

……

初,道武避窟咄難,遣崇還察人心。崇留馬與從者,微服入其營。會有火光,爲春妾所識,賊皆驚起。崇求從者不得,因匿坑中,徐乃竊馬奔走。宿於大澤,有白狼向崇號,崇覺悟,馳隨狼奔,遂免難。

《通志》卷一百四十六《列傳五十九·後魏·穆崇》頁二三〇四下至二三〇五上

斤機辯有識度。登國初，與長孫肥等俱統禁兵。
《通志》卷一百四十六《列傳五十九・後魏・奚斤》頁二三〇六下

登國初，爲外朝大人，與安同等十三人迭典庶事，參軍國之謀。
《通志》卷一百四十六《列傳五十九・後魏・叔孫建》頁二三〇七中

登國初，道武徵兵於慕容垂，同頻使稱旨。爲外朝大人，與和跋等出入禁中，迭典庶事。
《通志》卷一百四十六《列傳五十九・後魏・安同》頁二三〇七下至二三〇八上

與王建等俱爲外朝大人，參預軍國。
《通志》卷一百四十六《列傳五十九・後魏・庾業延》頁二三〇八中

登國初，爲外朝大人，與和跋等十三人迭典庶事，參預計謀。
《通志》卷一百四十六《列傳五十九・後魏・王建》頁二三〇八下

帝録先帝舊臣，又以牧告顯功，使敷奏政事，參與計謀。
《通志》卷一百四十六《列傳五十九・後魏・奚牧》頁二三〇九中

和跋，代人也。世領部落，爲魏附臣。至跋，以才辯知名。道武擢爲外朝大人，參軍國大謀，雅有智算，賜爵日南公。

《通志》卷一百四十六《列傳五十九·後魏·和跋》頁二三〇九中

窟咄寇南鄙，題時貳於帝，遺箭於窟咄，謂之曰："三歲犢豈勝重載！"言窟咄長而帝少也。

《通志》卷一百四十六《列傳五十九·後魏·莫題》頁二三〇九下

賀狄干，代人也。家本小族，世忠厚，爲將以平當稱。稍遷北部大人。登國初，與長孫嵩爲對。明於聽察，爲人愛敬。

《通志》卷一百四十六《列傳五十九·後魏·賀狄干》頁二三〇九下

時王業草創，爪牙心腹，多任親近，唯栗一介遠寄，兼非戚舊，數有戰功，拜左軍將軍。

《通志》卷一百四十六《列傳五十九·後魏·李栗》頁二三〇九下

登國初，遂歸道武，道武悅，以爲右司馬，與張袞等參贊初基。

《通志》卷一百四十六《列傳第五十九·後魏·許謙》頁二三一〇中

張袞,字洪龍,上谷沮陽人也。祖翼,遼東太守。父卓,昌黎太守。袞篤實好學,有文才,初爲郡五官掾。道武爲代王,選爲左長史。

《通志》卷一百四十六《列傳五十九·後魏·張袞》頁二三一七中

道武以爲南部大人,累著軍功。

《通志》卷一百四十六《列傳五十九·後魏·長孫嵩》頁二三一八中

嵩從子道生,忠厚廉謹,道武愛其謹重,使掌機密。與賀毗等四人,内侍左右,出入詔命。

《通志》卷一百四十六《列傳五十九·後魏·長孫道生》頁二三一八下

登國初,與莫題等俱爲大將,屢有軍功。

《通志》卷一百四十六《列傳五十九·後魏·長孫肥》頁二三一九下

(賀訥)道武登代王位于牛川。

《通志》卷一百六十五《外戚一·後魏》頁二六六七下

張恂,字弘讓,上谷涅陽人,幽州刺史,贈太保。袞之弟也,袞自有《傳》。道武爲代王時,恂隨袞歸國,道武以恂參代王軍事。恂言於道武曰:"自金運失御,劉石紛紜,慕容竊號山東,苻姚盜器秦隴,遂致三靈乏響,九域曠居。大王植基朔北,重明積聖,自北而南,化被燕趙。今中土士民,望雲冀闕。宜因斯會,以建大業。"道武深器之,厚加禮焉。

《通志》卷一百七十《循吏二·後魏》頁二七四三下

後魏太祖道武皇帝,其先世爲代北鮮卑,君長姓拓跋氏,名珪,以丙戌即代王位,郊天,改元時晉孝武太元十一年。

《文獻通考》卷二百五十《帝系一·帝號歷年》頁一九七三下

上谷公紇羅,神元皇帝曾孫。道武即位,以援立功封。

《文獻通考》卷二百七十三《封建十四·後魏宗室王公》頁二一六五上

(秦王翰)子儀,以從征伐功封王,後以罪賜死。

《文獻通考》卷二百七十三《封建十四·後魏宗室王公》頁二一六五中

劉庫仁,獨孤部人,爲南部大人。

《文獻通考》卷二百七十三《封建十四·後魏列侯》頁二一六六中

眷,庫仁弟。羅辰,眷子,拜南部大人。

《文獻通考》卷二百七十三《封建十四·後魏列侯》頁二一六六下

長孫嵩,代人,世爲南部大人。
《文獻通考》卷二百七十三《封建十四·後魏列侯》頁二一六七上

(許謙)後仕于魏太祖。
屠本《十六國春秋》卷四十二《前秦録十·許謙》頁五十二正

初,魏拓跋窟咄爲苻堅徙於長安,因隨慕容永爲新興太守。其部人劉顯遣弟亢泥迎窟咄,以兵隨之。前逼南境,賀染干侵魏北境以應窟咄。太祖拓拔珪。慮內難,乃北踰陰山,幸賀蘭部,阻山爲固。遣行人安同、長孫賀乞師於垂,垂使趙王麟帥步騎隨同等救之。麟軍未至,魏衆驚擾,北部大人叔孫普洛十三人及諸烏丸亡奔劉衛辰。麟聞之,先一作據。遣安同等歸。魏人知燕軍在近,衆心少安。窟咄進屯高柳,太祖引兵自弩山遷幸牛山,屯於延水南,出代谷,與麟會於高柳擊之,窟咄大敗,奔劉衛辰,衛辰殺之。太祖悉收其衆,以代人庫狄干爲北部大人。麟引兵還中山。垂以太祖爲西單于,印綬封上谷公,太祖不受。
屠本《十六國春秋》卷四十五《後燕録三·慕容垂下》頁三正至四正

尋率騎會魏,擊叛者拓跋窟咄,敗之,引還。復率衆會魏,討王敏于上谷,斬之。
屠本《十六國春秋》卷五十《後燕録八·慕容麟》頁五背

（善無城）晉太元十一年伐劉頭眷，擊破賀蘭部於善無，即此。

《讀史方輿紀要》卷四十《山西二·太原府·善無城》頁一八五一

（高柳城）晉太元十一年，魏叛將劉顯等奉故什翼犍少子窟咄逼魏主珪，屯高柳，珪求救於慕容垂，垂子麟與珪會兵擊窟咄，大破之。

《讀史方輿紀要》卷四十四《山西六·大同府·高柳城》頁一九九六

（盛樂城）又《晉紀》"太元十一年拓跋珪徙居定襄之盛樂"，蓋前此遷逐於雲中、代郡間，未有定居也。亦曰雲中宮。《魏土地記》："雲中宮在雲中故城東四十里。"

《讀史方輿紀要》卷四十四《山西六·大同府·盛樂城》頁一九九七至一九九八

（牛川）晉太元十一年拓跋珪大會於牛川，即代王位。是年以窟咄之亂，乞師於燕，自弩山至牛川，屯于延水南，出代谷以會燕師。

《讀史方輿紀要》卷四十四《山西六·大同府·牛川》頁二〇一二

（陰山）晉太元十一年拓跋珪以國有內難，自盛樂北踰陰山，依賀蘭部。

《讀史方輿紀要》卷六十一《陝西十·榆林鎮·陰山》頁二九二六至二九二七

散見未繫年史料

至獻帝時，七分國人，使諸兄弟各攝領之，乃分其氏。自後兼并他國，各有本部，部中別族，爲内姓焉。年世稍久，互以改易，興衰存滅，間有之矣，今舉其可知者。

獻帝以兄爲紇骨氏，後改爲胡氏。

次兄爲普氏，後改爲周氏。

次兄爲拓拔氏，後改爲長孫氏。〔二三〕

弟爲達奚氏，後改爲奚氏。

次弟爲伊婁氏，後改爲伊氏。

次弟爲丘敦氏，後改爲丘氏。

次弟爲侯氏，後改爲亥氏。〔二四〕

七族之興，自此始也。

又命叔父之胤曰乙旃氏，後改爲叔孫氏。

又命疏屬曰車焜氏，後改爲車氏。

凡與帝室爲十姓，百世不通婚。太和以前，國之喪葬祠禮，非十族不得與也。

【校勘記】

〔二三〕次兄爲拓拔氏後改爲長孫氏　《魏書官氏志疏證》下簡稱《疏證》據《古今姓氏書辯證》下簡稱《辯證》卷三七末韵

下、《通鑑》卷一一九三七四六頁、卷一四〇四三九三頁,云:"拓跋氏當作拔拔氏。"《北朝胡姓考》下簡稱《胡姓考》引元宏《弔比干碑陰題名》有"拔拔臻",證此"拓跋"爲"拔拔"之訛。

〔二四〕次弟爲侯氏後改爲亥氏 《胡姓考》據《元和姓纂》下簡稱《姓纂》卷六止韵下《通志·氏族略》簡稱《氏族略》六、《辯證》卷二二止韵下,云:"侯氏當'係侯亥氏'之脱誤。"

《魏書》卷一百一十三《官氏志九第十九》頁三〇〇五至三〇〇六、三〇一九

長孫氏出自拓拔鬱律。生二子:長曰沙莫雄,次曰什翼犍。什翼犍即後魏道武皇帝祖也。後魏法,七分其國人,以兄弟分統之。沙莫雄爲南部大人,後改名仁,號爲拓拔氏。生嵩,太尉、柱國大將軍、北平宣王。

《新唐書》卷七十二上《表第十二上·宰相世系二上》頁二四〇九

于氏出自姬姓。周武王第二子邘叔,子孫以國爲氏,其後去"邑"爲于氏。其後自東海郯縣隨拓拔隣徙代,改爲萬紐于氏。

《新唐書》卷七十二下《表第十二下·宰相世系二下》頁二八一八

(周氏)又時魏獻帝次况普氏改爲周氏。

《通志》卷二十六《氏族二·周氏》頁四四七中

于氏。即邘氏,周武王之子邘叔所封之國。京相璠云:"野王縣西北三十里有故邘城及邘臺。"野王,隋改曰河内,今懷州治。子孫以國爲氏,其後去"邑"但爲"于氏",亦有不去"邑"者。《後魏官氏志》有萬紐氏,改爲于氏。始有自東海隨拓拔鄰徙代,改爲萬紐于氏。

《通志》卷二十六《氏族二·于氏》頁四四九中

長孫氏。出自拓拔鬱律,生二子,長曰沙莫雄,次曰什翼犍,即後魏道武皇帝祖也。後魏獻帝拓跋與鄰七分國人,以兄弟分統之。沙莫雄爲南部大人,後改名仁,號爲拓跋氏。至孝文帝,以拓跋爲皇枝之長,改爲長孫氏,以與鄰長兄爲紇骨氏;次兄普氏,改爲周氏,帝拓跋氏,改爲元氏;次兄爲達奚氏;次兄爲伊婁氏,改爲婁氏;次兄敦邱氏,改爲邱氏;次兄俟氏,改爲万俟氏;又叔父之後乙旃氏,改爲叔孫氏;疏屬車焜氏,改爲車氏,是爲十姓。

臣謹按:北朝之制,雖文采不足,而古道猶存。觀武王得天下,封同姓五十國,而兄弟之國十有六。今獻帝十姓,而七分兄弟其國,豈非成周之道乎。元魏之起甚微,其後盛彊,奄有中原,垂百六十載,豈無所自而然!

《通志》卷二十九《氏族五·代北複姓·長孫氏》頁四七四上

万俟氏。後魏獻帝季弟之後。獻帝七分國人,與兄弟統領之,是爲十姓。

《通志》卷二十九《氏族五·代北複姓·万俟氏》頁四七四上

達奚氏。後魏獻帝第五弟之後,爲十姓。

《通志》卷二十九《氏族五·代北複姓·達奚氏》頁四七四中

伊婁氏。後魏獻帝與隣第六弟爲伊婁氏，爲十姓，見《官氏志》。
《通志》卷二十九《氏族五・代北複姓・伊婁氏》頁四七四中

紇骨氏。後魏獻帝兄，紇骨氏爲十姓，見《官氏志》。居代北。
《通志》卷二十九《氏族五・代北複姓・紇骨氏》頁四七四下

邱敦氏。後魏獻帝弟爲邱敦，爲十姓。
《通志》卷二十九《氏族五・代北複姓・邱敦氏》頁四七四下

叱干氏。代人，後魏獻帝定姓爲叱干氏，居武川。
《通志》卷二十九《氏族五・代北複姓・叱干氏》頁四七四下

拓跋氏。《後魏書》云，黃帝子昌意之後，受封北土，皇帝土德王，北人以土爲"拓"，謂后爲"跋"，號拓后跋氏。後從省爲拓跋。
《通志》卷二十九《氏族五・代北複姓・拓跋氏》頁四七四下

車焜氏。後魏獻帝命疏署爲車焜氏，繫十姓之列。
《通志》卷二十九《氏族五・代北複姓・車焜氏》頁四七四下

車非氏。後魏獻帝次兄爲普氏。
《通志》卷二十九《氏族五・代北複姓・車非氏》頁四七四下

乙旃氏。《後魏官氏志》，獻帝命叔父之裔爲乙旃氏，是爲十姓，見《長孫氏譜》。
《通志》卷二十九《氏族五・代北複姓・乙旃氏》頁四七四下

俟利氏。後魏疋孤之後，猶中國方伯也。
《通志》卷二十九《氏族五·代北複姓·俟利氏》頁四七五上

勿忸于氏。《官氏志》云，改爲于氏。疑與万紐于同。
《通志》卷二十九《氏族五·代北三字姓·勿忸于氏》頁四七六上

俟氏。《風俗通》，俟子，著書，六國時人。又後魏獻帝次弟爲俟亥氏，後爲俟氏。又俟奴氏，改爲俟氏。
《通志》卷二十九《氏族五·上聲·俟氏》頁四七七下

拓拔之爲元。
《通志》卷三十《氏族六·蠻夷第五》頁四八三下

萬紐于之爲于；勿忸于亦爲于。
《通志》卷三十《氏族六·右二字蠻夷》頁四八三下

臣謹按：代北之人，隨後魏遷河南者，後魏獻帝爲之定姓，爲複姓，或爲三字姓，或爲四字姓。其音多似西域梵書，有二合、三合、四合者，皆指一字之音，故孝文用夏變夷，革以華俗，皆改爲單字之姓。
《通志》卷三十《氏族六·右三字蠻夷》頁四八四上

魏氏世居幽朔，至獻帝世，有神人言應南遷，於是傳位於子聖武帝，命令南徙，山谷阻絕，仍欲止焉。復有神獸，其形似馬,其聲類牛,先行導引,積年乃出。始居匈奴之故地。

《魏書》卷一百一十二下《靈徵志八下第十八》頁二九二七

至後魏獻帝時,有龍宜弟,復修延興之曆,又上表云:"日食不在朔,而習之不廢,據《春秋》書食,乃天之驗朔也。"此三人者,前代善曆,皆有其意,未正其書。

《隋書》卷十七《志第十二·律曆中》頁四二四

史臣曰:始祖生自天女,克昌後葉。
【校勘記】
〔一〕魏書卷十三　諸本目錄此卷注"闕",百衲本、南本、汲本、局本卷末均有宋人校語云:"魏收書《皇后傳》亡,後人補以《北史》,又取《高氏小史》及《修文殿御覽》附益之。"殿本入《考證》,止云:"魏收書亡,後人所補。"

《魏書》卷十三〔一〕《皇后列傳第一·史臣曰》頁三四一、三四一至三四二

(論曰)神元生自天女,克昌來葉,異世同符。

《北史》卷十四《列傳第二·后妃下·論曰》頁五三七

《後魏書》曰:聖武田於野,見輜軿自天而下。至則見美女曰:"天使我偶君。"遂寢宿。旦,乃還,期周年,復會於此。既而以所生男授帝曰:"善養之,世爲帝王。"子即始祖也。

《太平御覽》卷一《天部一·天部上》頁六上

詩曰：朝登青陂道，暮宿白登臺。天女神即生後魏始祖神元也。

《太平御覽》卷一七八《居處部六·臺下》頁八六八上

《後魏書》曰：初，聖武皇帝常率數萬騎田於山澤，欻見輻輧自天而下。既至，見美人，侍衛甚盛。帝異而問之，對曰："我，天帝女，受命相偶。"遂同寢宿。旦，請還，曰："明年周時，復會此。"言終而別，去如風雨。及周歲，前所由處，果復相見。天女以所生男授帝曰："此君之子也，善養視之。子孫相承，當世爲帝。"語訖而去。子即世祖也。

《太平御覽》卷八八一《神鬼部一·神上》頁三九一六下

初，聖武帝諱詰汾常率數萬騎田於山澤，欻見輻輧自天而下。既至，見美婦人，侍衛甚盛。帝異而問之，對曰："我，天女也，受命相遇。"遂同寢宿。旦，請還，曰："明年同時，復會此處。"言終而別，去如風雨。及期，帝至先所田處，果復相見。天女以所生男授帝曰："此君之子也，善養待之。子孫相承，當世爲帝王。"語訖而去。子即始祖神元帝諱力微也。故時人謗曰："詰汾皇帝無婦家，力微皇帝無舅家。"

《册府元龜》卷二一《帝王部·徵應》頁二二四下至二二五上

源氏出自後魏聖武帝詰汾長子疋孤。七世孫禿髮傉檀，據南涼，子賀降後魏，太武見之曰："與卿同源，可改爲源氏。"位太尉、隴西宣王。

《新唐書》卷七十五上《表第十五上·宰相世系五上》頁三三六一

源氏。出自代北後魏聖武皇帝詰汾長子疋孤七世孫。禿髮傉檀據南涼,生賀,降後魏。太武見之曰:"與卿同源,可改爲源氏。"位太尉、隴西王。

《通志》卷二十八《氏族四·夷狄大姓·源氏》頁四六七下

神元因循,亡所革易。

《魏書》卷一百一十一《刑罰志第十六》頁二八七三

神元皇帝時,餘部諸姓內入者。
丘穆陵氏,後改爲穆氏。
步六孤氏,後改爲陸氏。
賀賴氏,後改爲賀氏。
獨孤氏,後改爲劉氏。
賀樓氏,後改爲樓氏。
勿忸于氏,後改爲于氏。①
是連氏,後改爲連氏。

---

① 據中華書局點校修訂本《魏書·官氏志》校勘記〔三三〕頁三二八一: 勿忸于氏後改爲于氏 "勿忸于",《廣韻》卷一《虞韻》引《後魏書》、孝文帝《弔比干墓文》碑陰題名、北周天和二年《華嶽頌碑》並作"万忸于"。《胡姓考》云:"當從石刻。"

僕蘭氏,後改爲僕氏。①
若干氏,後改爲苟氏。
拔列氏,後改爲梁氏。〔二五〕
撥略氏,後改爲略氏。〔二六〕
若口引氏,後改爲寇氏。
叱羅氏,後改爲羅氏。
普陋茹氏,後改爲茹氏。
賀葛氏,後改爲葛氏。
是賁氏,後改爲封氏。
阿伏于氏,後改爲阿氏。〔二七〕
可地延氏,後改爲延氏。
阿鹿桓氏,後改爲鹿氏。
他駱拔氏,後改爲駱氏。
薄奚氏,後改爲薄氏。
烏丸氏,後改爲桓氏。
素和氏,後改爲和氏。
吐谷渾氏,依舊吐谷渾氏。
胡古口引氏,後改爲侯氏。〔二八〕
賀若氏,依舊賀若氏。
谷渾氏,後改爲渾氏。
匹婁氏,後改爲婁氏。

---

①據中華書局點校修訂本《魏書·官氏志》校勘記〔三四〕頁三二八一:僕蘭氏後改爲僕氏 "僕蘭氏",《胡姓考》據《廣韻》及《姓纂》卷二《沃韻》、宋邵思纂《姓解》(下簡稱《姓解》)卷一、《辯證》卷三六引《官氏志》俱作"僕闌氏",謂"蘭"字"當奪草韻"。

俟力伐氏,後改爲鮑氏。
吐伏盧氏,後改爲盧氏。①
牒云氏,後改爲云氏。
是云氏,後改爲是氏。
叱利氏,後改爲利氏。
副吕氏,後改爲副氏。
那氏,依舊那氏。②
如羅氏,後改爲如氏。
乞扶氏,後改爲扶氏。
阿單氏,後改爲單氏。〔二九〕
俟幾氏,後改爲幾氏。〔三〇〕
賀兒氏,後改爲兒氏。
吐奚氏,後改爲古氏。
出連氏,後改爲畢氏。
庾氏,依舊庾氏。
賀拔氏,後改爲何氏。

---

① 據中華書局點校修訂本《魏書·官氏志》校勘記〔三九〕頁三二八二: 吐伏盧氏後改爲盧氏 "吐伏盧氏",按《舊唐書》卷九〇《豆盧欽望傳》云欽望祖寬,唐高祖以"魏太和中例稱單姓","改寬爲盧氏,永徽元年卒,又復姓爲豆盧氏"。豆盧氏不見於此志,《胡姓考》謂豆盧氏"必即《官氏志》吐伏盧氏之異譯無疑"。

② 據中華書局點校修訂本《魏書·官氏志》校勘記〔四〇〕頁三二八二: 那氏依舊那氏 《姓纂》卷八《暮韻》云:"破落那氏,大宛之後,改爲那氏。"《通志》卷二九《氏族略》五同。《胡姓考》云:"代北那氏,必破落那氏所改,志云'依舊',是其改氏在太和以前也。"

叱呂氏,後改爲呂氏。①

莫那婁氏,後改爲莫氏。

奚斗盧氏,後改爲索盧氏。

莫蘆氏,後改爲蘆氏。

出大汗氏,後改爲韓氏。〔三一〕

没路真氏,後改爲路氏。

扈地于氏,後改爲扈氏。〔三二〕

莫輿氏,後改爲輿氏。〔三三〕

紇干氏,後改爲干氏。

俟伏斤氏,後改爲伏氏。

是樓氏,後改爲高氏。

尸突氏,後改爲屈氏。〔三四〕

沓盧氏,後改爲沓氏。

嗢石蘭氏,後改爲石氏。②

解枇氏,後改爲解氏。

奇斤氏,後改爲奇氏。

須卜氏,後改爲卜氏。

———————

① 據中華書局點校修訂本《魏書・官氏志》校勘記〔四四〕頁三二八三：叱呂氏後改爲呂氏 "叱呂",《姓纂》卷六《止韻》、《通志》卷二九《氏族略》五、《辯證》卷二二作"俟呂鄰"。《胡姓考》謂"叱呂"乃"俟呂鄰"之異譯省書,其氏又作"俟呂引""俟呂"。

② 據中華書局點校修訂本《魏書・官氏志》校勘記〔四九〕頁三二八四：嗢石蘭氏後改爲石氏 "嗢石蘭",《姓纂》卷三《模韻》、卷一〇《昔韻》引《官氏志》作"烏石蘭"。《胡姓考》據《新唐書》卷一七一《烏重胤傳》附《石洪傳》及韓愈《石洪墓誌》,云洪先世本姓烏石蘭,隨拓跋入夏,遂獨姓石氏,謂"嗢"本當作"烏"。

丘林氏,後改爲林氏。
大莫干氏,後改爲郃氏。
尒縣氏,後改爲縣氏。
蓋樓氏,後改爲蓋氏。
素黎氏,後改爲黎氏。
渴單氏,後改爲單氏。
壹斗眷氏,後改爲明氏。
叱門氏,後改爲門氏。
宿六斤氏,後改爲宿氏。
馝邢氏,後改爲邢氏。〔三五〕
土難氏,後改爲山氏。
屋引氏,後改爲房氏。
樹洛于氏,後改爲樹氏。〔三六〕
乙弗氏,後改爲乙氏。

東方宇文、慕容氏,即宣帝時東部,此二部最爲强盛,別自有傳。

南方有茂眷氏,後改爲茂氏。〔三七〕
宥連氏,後改爲雲氏。
次南有紇豆陵氏,後改爲竇氏。
侯莫陳氏,後改爲陳氏。
庫狄氏,後改爲狄氏。〔三八〕
太洛稽氏,後改爲稽氏。
柯拔氏,後改爲柯氏。
西方尉遲氏,後改爲尉氏。
步鹿根氏,後改爲步氏。

破多羅氏，後改爲潘氏。
叱干氏，後爲薛氏。
俟奴氏，後改爲俟氏。
輾遲氏，後改爲展氏。
費連氏，後改爲費氏。
其連氏，後改爲綦氏。〔三九〕
去斤氏，後改爲艾氏。
渴侯氏，後改爲緱氏。
叱盧氏，後改爲祝氏。
和稽氏，後改爲緩氏。
冤賴氏，後改爲就氏。〔四〇〕
嗢盆氏，後改爲溫氏。
達勃氏，後改爲褒氏。
獨孤渾氏，後改爲杜氏。
凡此諸部，其渠長皆自統衆，而尉遲已下不及賀蘭諸部氏。
北方賀蘭，後改爲賀氏。
郁都甄氏，後改爲甄氏。〔四一〕
紇奚氏，後改爲嵇氏。
越勒氏，後改爲越氏。〔四二〕
叱奴氏，後改爲狼氏。
渴燭渾氏，後改爲味氏。〔四三〕
庫褥官氏，後改爲庫氏。
烏洛蘭氏，後爲蘭氏。
一那蔞氏，後改爲蔞氏。
羽弗氏，後改爲羽氏。

凡此四方諸部,歲時朝貢。

【校勘記】

〔二五〕拔列氏後改爲梁氏　沈濤《銅熨斗齋隨筆》下簡稱沈濤《隨筆》卷五云:"《古今姓氏書辯證》卷三七末韵作'拔列蘭',蓋今本脱一'蘭'字,《通志·氏族略》五亦作'拔列蘭',列於代北三字姓。"《疏證》又據《廣韵》卷五末韵及《姓解》一並作"拔列蘭",證沈説是。

〔二六〕撥略氏後改爲略氏　《姓纂》卷三模韵下、卷一〇末韵下,《辯證》卷三七末韵下引此《志》,《氏族略》三及五並作"拔略氏改爲蘇氏"。《辯證》云"一作拔曷",誤。《疏證》以爲"拔""撥"音近通用,"略氏"蓋"蘇"氏之訛。

〔二七〕阿伏于氏後改爲阿氏　《姓纂》卷五歌韵下、辯證卷二六哥韵下、《通鑑》卷一一八三七〇二頁胡注引此《志》,"阿伏于"並作"阿伏干"。《胡姓考》據此謂"今《官氏志》'于'爲'干'之刊誤"。

〔二八〕胡古口引氏後改爲侯氏　《廣韵》卷三姥韵下、《姓纂》卷六姥韵下、《姓解》一"胡古口引"作"古口引";《姓纂》卷五侯韵下、《辯證》卷一九侯韵下、《氏族略》四及五作"古引"。沈濤《隨筆》五以爲"今本誤衍一'胡'字"。《疏證》以爲古"胡""侯"音通,"氏既改侯,明舊氏必有'胡'字無疑"。《胡姓考》據本書卷九《肅宗紀》見"胡引祖",以爲此姓"當爲'胡引氏',《官氏志》作'胡古口引氏',蓋涉上若口引氏而衍"。今按氏既改侯,舊氏必有"胡"字之説,實不盡然,如出連之改畢,是樓之改高,土難之改山,屋引之改房,在讀音上原姓與改姓並無關係。諸姓氏書皆無"胡"字,《廣韵》且注明"古"字"公户切",豈可一概視爲省文或脱字。疑《志》本作"古口引氏",當時又别作"胡口引",後人旁注"胡"字,羼入正文。"古口引"既亦作"胡口引",亦可省作"古引"或"胡引",故姓氏書或作"古引",而《肅宗紀》有"胡引祖"。

〔二九〕阿單氏後改爲單氏 《廣韵》卷一寒韵下、《姓解》卷三、《氏族略》五、《辯證》卷八寒韵下及卷二六哿韵下"阿單"並作"可單"。《胡姓考》以爲與下"渴單氏後改爲單氏"重出,"可""渴"音近相通,此"阿"字當是"可"之訛。

〔三○〕俟幾氏後改爲幾氏 《廣韵》卷三止韵下及諸姓氏書"幾"並作"畿",《姓纂》卷二微韵下引志"俟"作"侯"。《疏證》以爲"幾"當作"畿","俟"字不誤。《胡姓考》據本書卷七五《尒朱天光傳》、卷八○《賀拔岳傳》見"侯幾《岳傳》作"機"長貴",以爲"俟"當作"侯","幾"字不誤。今按"幾""畿"音近通用,但諸書並作"畿",《姓纂》於"畿氏"前又别有"幾氏",疑此《志》原文當作"畿"。《姓纂》"俟"作"侯",與"侯幾長貴"之姓合,《胡姓考》之説疑是。

〔三一〕出大汗氏後改爲韓氏 《姓纂》卷八暮韵下、《氏族略》五"出大汗"並作"步大汗"。《疏證》及《胡姓考》又據《北齊書》卷二○《步大汗薩傳》,《中岳嵩高廟碑陰題名》有"步大汗契□真"證此《志》"出"字爲"步"之訛。

〔三二〕扈地于氏後改爲扈氏 《廣韵》卷三姥韵下及諸姓氏書"于"並作"干"。《疏證》、《胡姓考》都以爲"于"當作"干"。

〔三三〕莫輿氏後改爲輿氏 《姓纂》卷八暮韵下、《通志略》五"莫輿"作"慕輿",又"慕輿"之姓屢見《晉書》前、後、南燕等《載記》。《疏證》、《胡姓考》據此謂"莫"當作"慕"。

〔三四〕尸突氏後改爲屈氏 《廣韵》卷五物韵下、《通志略》五"尸突"作"屈突"。《姓纂》卷一〇物韵下屈氏條稱"屈六友改爲屈氏",屈突氏條云"孝文改爲屈氏"。《疏證》以爲《姓纂》"屈六友"之"六友"乃隸書"突"即突字之訛,並據本書《慕容暐傳》屈突鐵侯、《唐書》卷八五《屈突通傳》,證此《志》"尸"字乃"屈"之訛。

〔三五〕秘邥氏後改爲邥氏 《廣韵》卷十質韵下引《後魏書》"邥"作"邦",《姓纂》卷四寒韵下引《志》作"邗",《氏族略》六作"邡"。《疏證》以爲《廣韵》作"邦"誤,未言"邥""邗""邡"孰是。今按《姓纂》列於寒韵,其字必作"邗",所見《官氏志》自亦作"邗",疑這裏"邥"字爲"邗"之訛。《氏族略》作"邡"亦誤。

〔三六〕樹洛于氏後改爲樹氏 《姓解》卷二、《辯證》卷三〇遇韵下"于"作"干"。《疏證》又據本書卷一〇一《吐谷渾傳》補見可汗"樹洛干",以爲"于"字爲"干"之訛。

〔三七〕南方有茂眷氏後改爲茂氏 沈濤《隨筆》卷五云:"廣韵一東莐字注引作'莐眷氏後改爲莐氏',《元和姓纂》一東所引亦同,是今本兩'茂'字皆'莐'字傳寫之訛。"今按《廣韵》、《姓纂》皆明引《官氏志》,又列於東韵下,此志兩"茂"字當如沈説爲"莐"之訛。《姓纂》卷九線韵下眷氏,稱"代北莐眷氏改爲眷氏",不云引《官氏志》,但上一字亦作"莐"。《辯證》卷一東韵下作"莐",而卷三四條韵下又采唐孔至《姓氏雜録》作"茂",沈氏譏其進退失據,可以不論。

〔三八〕庫狄氏後改爲狄氏 《姓解》卷三"庫"作"厙",音"舍"。按"庫"字本有舍音,"庫狄"讀作"舍狄"。後人以去點作"庫"者讀作舍,以示區別。本書他處"庫狄"之"庫"都統一作"庫",這裏不改,以存原字。

〔三九〕其連氏後改爲綦氏　《廣韵》卷二仙韵下、《辯證》卷四之韵下引志"其"並作"綦",《姓纂》卷二之韵下有"綦連氏",云"代北人號綦連部,因氏焉"。《疏證》云:"志作'其連'係'綦'奪半。《姓纂》二十四緩卷七引《志》作'纂'誤,然'綦''纂'形似,可知唐已前《志》本作'綦'也。"

〔四〇〕宽賴氏後改爲就氏　沈濤《隨筆》云:"'宽'當作'菟',字之誤。《元和姓纂》卷九宥韵下、《古今姓氏書辯證》錢本校勘記中宥韵下、《姓氏急就篇》注引皆作'菟'。《通志·氏族略》六代北複姓所引亦同,去聲就姓注又引作'就賴氏改爲就氏',上'就'字乃傳寫之誤。"按《疏證》又引《廣韵》卷四暮韵及宥韵引《後魏宥韵下訛後漢書》亦作"菟",沈氏未舉。

〔四一〕郁都甄氏後改爲甄氏　《廣韵》卷五屋韵下引《後魏書》"都"作"原"。諸姓氏書同。按卷一五《常山王遵傳》附見子素,稱"休屠郁原等叛","郁原"當是休屠部落名。疑即此"郁原甄氏"。"都"字涉上"郁"字而訛。

〔四二〕越勒氏後改爲越氏　《疏證》云:"《姓纂》十月卷一〇引《志》,'越勒、越彊並改姓越',《通志略》二引《志》亦云'越彊改越'。'勒''彊'古韵相通,故歧爲二氏,即此可證字當作'勤'。"並引本書卷二《太祖紀》天興五年十二月、卷三《太宗紀》永興五年四月及七月、卷一六《陽平王熙傳》並見"越勤部",證此《志》"勒"字爲"勤"之訛。《胡姓考》又引《北齊書》卷一七《斛律光傳》見周將"越勤世良",補《疏證》所未舉。按字疑當作"勤",但卷二六《尉古真傳》、卷二九《奚斤傳》、卷一〇三《高車傳》補並作"越勒",今皆不改。

〔四三〕渴燭渾氏後改爲味氏 《廣韵》卷五曷韵下引《後魏書》"味"作"朱"。諸姓氏書同。《疏證》據謂"朱"或作"咮",訛作"味"。

《魏書》卷一百一十三《官氏志九第十九》頁三〇〇六至三〇一四、三〇一九至三〇二三

郁久閭氏。後魏神元時,掠騎獲木骨閭,北方言青首禿也。自云,匈奴之甥,車鹿會有部衆,聲訛爲郁久閭氏。魏帝號之爲茹茹,或爲蠕蠕。

《通志》卷二十九《氏族五·代北三字姓·郁久閭氏》頁四七六上

没鹿回氏。紇豆陵氏本没鹿回部大人,或爲没鹿氏。

《通志》卷二十九《氏族五·代北三字姓·没鹿回氏》頁四七六上

没鹿回之爲竇;紇豆陵亦爲竇。

《通志》卷三十《氏族六·右二字蠻夷》頁四八三下

(李)雄以中原喪亂,乃頻遣使朝貢,與晉穆帝分天下。[六]

【校勘記】

〔六〕與晉穆帝分天下 《商榷》:雄死在咸和八年,是成帝時,何云"與晉穆帝分天下","穆"字誤。按:語出《魏

書・李雄傳》，本無"晉"字，穆帝乃指魏追諡穆帝之猗盧。《載記》采《魏書》，妄增"晉"字。
《晉書》卷一百二十一《載記第二十一・李雄》頁三〇三九、三〇五〇

（李）雄以中原喪亂，乃頻遣使朝貢，與穆帝請分天下。
《魏書》卷九十六《列傳第八十四・李雄》頁二一一一

（李）雄以中原喪亂，乃頻遣使朝貢，與晉穆帝分天下。
《冊府元龜》卷二三二《僭偽部・稱藩》頁二七六二上

（李）雄以中原喪亂，乃頻遣使朝貢，與晉穆帝分天下。
《通志》卷一百九十《載記五・李雄》頁三〇五九上

（李）雄以中原喪亂，頻遣使朝貢，欲與穆帝分天下。
屠本《十六國春秋》卷七十七《蜀錄二・李雄》頁十九背

（李）雄以中原喪亂，乃頻遣使朝貢，與晉穆帝分天下。
《十六國春秋輯補》卷七十七《蜀錄二・李雄》頁五四八

衛操，代人。桓、穆二帝時，以佐佑功封定襄侯。
《文獻通考》卷二百七十三《封建十四・後魏列侯》頁二一六六中

平文承業，綏集離散。

《魏書》卷一百一十一《刑罰志七第十六》頁二八七三

平文之末,廆復侵東部,擊破之。
《魏書》卷九十五《列傳第八十三・徒何慕容廆》頁二〇六〇

烏洛侯國,在地豆于之北,去代都四千五百餘里。其土下濕,多霧氣而寒,民冬則穿地爲室,夏則隨原阜畜牧。多豕,有穀麥。無大君長,部落莫弗皆世爲之。其俗繩髮,皮服,以珠爲飾。民尚勇,不爲姦竊,故慢藏野積而無寇盜。好獵射。樂有箜篌,木槽革面而施九弦。其國西北有完水,東北流合于難水,其地小水皆注於難,東入于海。又西北二十日行有于巳尼大水,所謂北海也。世祖真君四年來朝,稱其國西北有國家先帝舊墟,石室南北九十步,東西四十步,高七十尺,室有神靈,民多祈請。世祖遣中書侍郎李敞告祭焉,刊祝文於室之壁而還。
《魏書》卷一百《列傳第八十八・烏洛侯》頁二二二四

烏洛侯國在地豆干北,去代都四千五百餘里。其地下濕,多霧氣而寒。入冬則穿地爲室,夏則隨原阜畜牧。多豕,有穀、麥。無大君長,部落莫弗,皆世爲之。其俗,繩髮,皮服,以珠爲飾。人尚勇,不爲姦竊,故慢藏野積而無寇盜。好射獵。樂有箜篌,木槽革面而施九弦。其國西北有完水,東北流合於難水,其小水,皆注於難,東入海。又西北二十日行,有于巳尼大水,所謂北海也。

太武真君四年來朝,[七四]稱其國西北有魏先帝舊墟石室,南北九十步,東西四十步,高七十尺,室有神靈,人多祈請。太武遣中書侍郎李敞告祭焉,刊祝文於石室之壁而還。

【校勘記】

〔七四〕太武真君四年來朝 諸本脱"來"字,據《魏書》卷一〇〇、《通志》卷二〇〇《烏洛侯國傳》補。

《北史》卷九十四《列傳第八十二·烏洛侯》頁三一三二、三一四六

烏洛侯〔二八〕

烏洛侯亦曰烏羅渾國,後魏通焉。在地豆于之北,其土下溼,多霧氣而寒,冬則穿地爲室,夏則隨原阜畜牧。〔二九〕多豕,有穀麥。無大君長,部落莫弗皆代爲之。其俗繩髮,皮服,以珠爲飾。人尚勇,不爲姦竊,故慢藏野積而無寇盗。好獵射。樂有胡空侯,木槽革面而九絃。其國西北有完水,〔三〇〕東流合於難水,東入於海。又西北二十日行有于巳尼大水,所謂北海也。太武帝真君四年來朝,稱其國西北有魏先帝舊墟石室,南北九十步,東西四十步,〔三一〕高七十尺,室有神靈,人多祈請。太武帝遣中書侍郎李敞告祭焉,刻祝文於石室之壁而還。〔三二〕

【校勘記】

〔二八〕烏洛侯 "洛"原作"落",據明抄本、朝鮮本改。下同。

〔二九〕夏則隨原阜畜牧 "畜牧"原脱,據《魏書·烏洛侯傳》二二二四頁、《北史·烏洛侯傳》三一三二頁、《太平寰宇記》卷一九九補。

〔三〇〕完水　原訛"貌水",據《魏書·烏洛侯傳》二二二四頁、《北史·烏洛侯傳》三一三二頁、《太平寰宇記》卷一九九改。按：明抄本、明刻本訛作"皃",朝鮮本、王吳本、殿本、局本因而作"貌"。皃貌古今字。

〔三一〕東西四十步　"四十"原倒作"十四",據《魏書·烏洛侯傳》二二二四頁、《北史·烏洛侯傳》三一三二頁《太平寰宇記》卷一九九乙正。

〔三二〕刻祝文於石室之壁而還　"壁"原訛"北",據《魏書·烏洛侯傳》二二二四頁、《北史·烏洛侯傳》三一三二頁、《太平寰宇記》卷一九九改。

《通典》卷第二百《邊防十六·烏洛侯》頁五四八九、五五〇六至五五〇七

烏洛侯〔五三〕

烏洛侯。亦曰烏羅渾國,後魏通焉。在地豆于之北。太武帝真君四年來朝,稱其國西北有魏先帝舊墟石室,南北九十步,東西四十步,高七十尺,室有神靈,人多祈請。〔五四〕太武帝遣中書侍郎李敞告祭焉,刊祝文于石室之壁而還。

【校勘記】

〔五三〕烏洛侯　"洛",底本作"落",萬本、《庫》本同,據宋版及《魏書》卷一〇〇《烏洛侯傳》、《北史》卷九四《烏洛侯傳》、《通典·邊防》一六、《舊唐書·北狄傳》改。本書卷目錄及下文同改。

〔五四〕人多祈請　"請",底本作"禱",據宋版、萬本、《庫》本及《魏書·烏洛侯傳》、《北史·烏洛侯傳》、《通

典・邊防》一六改。
《太平寰宇記》卷一百九十九《北狄十一・烏洛侯》頁三八一六、三八二九

《北史》曰：烏洛侯國在地豆干北，去代都四千五百餘里。其地下濕，多霧氣而寒。國人尚勇，不爲奸竊，故慢藏野積而無寇盜。好射獵。樂有箜篌，木槽革面施九弦。太武真君四年來朝，稱其國西北有魏先帝舊墟石室，南北九十步，東西四十步，高七十尺，室有神靈，人多祈請。太武遣中書侍郎敞告祭，刊祝文於石室之壁而還。
《太平御覽》卷八〇一《四夷部二二・北狄三・烏洛侯》頁三五五六上至三五五六下

壬戌，烏洛侯國遣使如魏。烏洛侯國在地豆干國北，去代四千五百餘里。地豆干在室韋西千餘里，室韋當勿吉之北，勿吉在高麗之北，則烏洛侯東夷也。使，疏吏翻。初，魏之居北荒也，鑿石爲廟，在烏洛侯西北，以祀其先，高七十尺，深九十步。度高曰高，音居號翻。度深曰深，音式禁翻。及烏洛侯使者至魏，言石廟具在，魏主遣中書侍郎李敞詣石廟致祭，刻祝文於壁而還，去平城四千餘里。
《資治通鑑》卷一百二十四《宋紀六・文帝元嘉二十年》頁三八九九

烏洛侯，後魏時通焉。在地豆于北，去代都四千五百餘里。其地下溼，多霧氣而寒，民冬則穿地爲室，夏則隨原阜畜

牧。多豕，有穀麥。無大君長，部落莫弗皆世爲之。其俗繩髮，皮服，以珠爲飾。人尚勇，不爲姦竊，故慢藏野積而無寇盜。好射獵。樂有箜篌，木槽革面而施九絃。其國西北有完水，東北流合於難水，其小水皆注於難水，東入于海。又西北二十日行有于已尼大水，所謂北海也。魏太武太平眞君四年來朝，稱其國西北有魏先帝舊墟，石室南北九十步，東西四十步，高七十尺，室有神靈，人多祈請。太武遣中書侍郎李敞告祭焉，刻祝文於石室之壁而還。

《通志》卷二百《四夷七‧北國下‧烏洛侯》頁三二一五中

烏洛侯亦曰烏羅渾國，後魏通焉。在地豆于之北，其土下濕，多霧氣而寒，冬則穿地爲室，夏則隨原阜。多豕，有穀麥。無大君長，部落莫弗皆代爲之。其俗繩髮，皮服，以珠爲飾。人尚勇，不爲姦竊，故慢藏野積而無寇盜。好獵射。樂有胡空侯，木槽革面而九絃。其國西北有貌水，東流合於難水，東入於海。入西北二十日行有于已尼大水，所謂北海也。太武眞君四年來朝，稱其國西北有魏先帝舊墟石室，南北九十步，東西十四步，高七十尺，室有神靈，人多祈請。太武帝遣中書侍郎李敞祭告焉，刻祝文於石室之北而還。

《文獻通考》卷三百四十七《四裔二十四‧烏洛侯》頁二七一七中

烏羅護，亦東部也。一名烏落侯。《北史》"烏落侯國，在地豆干國之北，去代四千五百餘里。後魏太平眞君三年，烏落侯遣使如魏，言其國西北有魏初起時石廟,去平城四千餘里"云。①

《讀史方輿紀要》卷十八《北直九‧萬全行都司‧烏羅護》頁八六二

魏先之居幽都也,鑿石爲祖宗之廟於烏洛侯國西北。自後南遷,其地隔遠。真君中,烏洛侯國遣使朝獻,云石廟如故,民常祈請,有神驗焉。其歲,遣中書侍郎李敞詣石室,告祭天地,以皇祖先妣配。祝曰:"天子燾謹遣敞等用駿足、一元大武敢昭告于皇天之靈。②自啓闢之初,祐我皇祖,于彼土田。歷載億年,聿來南遷。惟祖惟父,光宅中原。克翦凶醜,拓定四邊。沖人纂業,德聲弗彰。豈謂幽遐,稽首來王。具知舊廟,弗毀弗亡。悠悠之懷,希仰餘光。王業之興,起自皇祖。綿綿瓜瓞,時惟多祜。敢以丕功,配饗于天。子子孫孫,福祿永延。"敞等既祭,斬樺木立之,以置牲體而還。後所立樺木生長成林,其民益神奉之。咸謂魏國感靈祇之應也。石室南距代京可四千餘里。

《魏書》卷一百八之一《禮志四之一第十》頁二七三八至二七三九

---

① 此言真君三年,烏洛侯遣使于魏,稱其國西北有魏先舊虛石室,由此太武帝派遣李敞前往祭祀并刊石刻祭文而回。據《魏書》等相關文獻記載,實爲真君四年,即公元四四三年。
② 據中華書局點校修訂本《魏書‧禮志四》校勘記〔一四〕頁三〇〇六至三〇〇七:天子燾 按嘎仙洞石壁所刻太平真君四年祝文,與此處所錄文句稍異,今不一一出校。唯此句石刻作"天子臣燾"。按皇帝祭天、祭祖自稱"臣",此處"臣"字不當省,疑是脫去。

後魏之先,居於漠北,鑿石爲祖宗之廟於烏洛侯國西北。明元帝永興四年,立太祖道武帝廟於白登山。歲一祭,具太牢,帝親奉,無常月。又於白登西,太祖舊遊之處,立昭成、獻明、太祖廟,常以九月十月之交,帝親祭,牲用馬牛羊,又親行貙劉之禮。
　　《通典》卷第四十七《禮七‧沿革七‧吉禮六》頁一三〇八

　　《後魏書》曰:魏之先居幽都也,鑿石爲祖宗之廟於烏洛侯國西北。自後南遷,其地隔遠。遣中書侍郎李敞詣石室,告祭天地,以皇祖先妣配。敞等既祭,斬樺木立之,以置牲體而還。後所立樺木生長成林,其民益神之。咸謂魏國感靈祇之應也。
　　《太平御覽》卷五七《地部二二‧林》頁二七六上

　　後魏之先,居于漠北,鑿石爲祖宗之廟於烏洛侯國西北。明元帝永興四年,立太祖道武帝廟於白登山。歲一祭,具太牢,帝親奉,無常月。又於白登西,太祖舊遊之處,立昭成、獻明、太祖廟,常以九月十月之交,帝親祭,牲用馬牛羊,又親行貙劉之禮。
　　《通志》卷四十三《禮二‧吉禮下‧宗廟》頁五七二上至五七二中

　　後魏之先,居於漠北,鑿石爲祖宗之廟於烏洛侯國西北。
　　明元帝永興四年,立太祖道武帝廟於白登山。歲一祭,具太牢,帝親奉,無常月。又於白登西,太祖舊遊之處,立昭成、獻明、太祖廟,常以九月十月之交,帝親祭,牲用馬牛羊,又親行貙劉之禮。

《文獻通考》卷九十三《宗廟三・天子宗廟》頁八四一上至八四一中

辰星見,則主刑,主廷尉,主燕趙,又爲燕、趙、代以北;宰相之象。[二]亦爲殺伐之氣,戰鬬之象。又曰,軍於野,辰星爲偏將之象,無軍爲刑事。和陰陽,應效不效,其時不和。出失其時,寒暑失其節,邦當大饑。當出不出,是謂擊卒,兵大起。在於房心間,地動。亦曰,辰星出入躁疾,常主夷狄。又曰,蠻夷之星也,亦主刑法之得失。色黄而小,地大動。光明與月相逮,其國大水。

【校勘記】

〔二〕又爲燕趙代以北宰相之象　"北"原作"比",以"又爲燕趙代"爲句,"以比宰相之象"爲句。《隋志》中作"北",以"又爲燕趙代以北"爲句,"宰相之象"爲句。《隋志》義長,今從之。

《晉書》卷十二《志第二・天文中》頁三一九至三二〇、三五六

辰星見,則主刑,主廷尉,主燕、趙,又爲燕、趙、代以比;宰相之象。亦爲殺伐之氣,戰鬬之象。又曰,軍於野,辰星爲偏將軍之象,無軍爲刑事。和陽陰,應效不效,其時不和。出失其時,寒暑失其節,邦當大飢。當出不出,是謂擊卒,兵大起。在於房心間,地動。亦曰,辰星出入躁疾,常主夷狄。又曰,蠻夷之星也,亦主刑法之得失。色黄而小,地大動。光明與月相逮,其國大水。

《通志》卷三十九《天文二・七曜・辰星》頁五四〇下

辰星見，則主刑，主廷尉，主燕、趙，又爲燕、趙、代以北，宰相之象。亦爲殺伐之氣，戰鬬之象。又曰，軍於野，辰星爲偏將之象，無軍爲刑事。和陰陽，應效不效，其時不和。出失其時，寒暑失其節，邦當大饑。當出不出，是謂擊卒，兵大起。在於房心間，地動。亦曰，辰星出入躁疾，常主夷狄。又曰，蠻夷之星也，亦主刑法之得失。色黃而小，地大動。光明與月相逮，其國大水。

《文獻通考》卷二百八十《象緯三·五星·辰星》頁二二三〇上

（竇）統字敬道，雁門太守，以竇武之難，亡入鮮卑拓拔部，使居南境代郡平城，以間窺中國，號没鹿回部落大人。後得匈奴舊境，又徙居之。生賓，字力延，襲部落大人。二子：異、他。他字建侯，亦襲部落大人，爲後魏神元皇帝所殺，併其部落。他生勤，字羽德，穆帝復使領舊部落，命爲紇豆陵氏。晉册穆帝爲代王，亦封勤忠義侯，徙居五原。生子真，字玄道，率衆入魏，爲征西大將軍。

《新唐書》卷七十一下《表第十一下·宰相世系一下·竇氏》頁二二八九

元氏出自拓拔氏。黄帝生昌意，昌意少子悃，居北，十一世爲鮮卑君長。平文皇帝鬱律二子：什翼犍、烏孤。什翼犍，昭成皇帝也，始號代王，至道武皇帝改號魏，至孝文帝更爲元氏。

什翼犍七子：一曰寔君，二曰翰，三曰閼婆，四曰壽鳩，五曰紇根，六曰力真，七曰窟咄。寔君生道武皇帝珪。

《新唐書》卷七十五下《表第十五下·宰相世系五下·元氏》頁三四〇一

太宗文德順聖皇后長孫氏，河南洛陽人。其先魏拓拔氏，後爲宗室長，因號長孫。

《新唐書》卷七十六《列傳第一·后妃上·文德長孫皇后》頁三四七〇

元氏。又拓跋氏云：黃帝子昌意之後，昌意少子封居北土，世爲鮮卑君長。《宋書》云：李陵之後，自昌意三十九世至昭成皇帝什翼犍，始號代王，都雲中，至道武皇帝始改號魏。

《通志》卷二十七《氏族三·元氏》頁四五六中

《後魏書》曰：魏氏王業之兆雖始於神元，至於昭成，世崇儉質，妃嬙嬪御，率多闕焉，唯以次第爲稱。而章、平、思、昭、穆、惠、煬、列八帝，妃后無聞。道武追尊祖妣，皆從帝諡爲皇后，始立中宮，餘妾或稱夫人，多少無限，然皆品次。太武稍增左右昭儀及貴人、椒房。

《後魏書》曰：後魏故事，將立皇后必令手鑄金人，以成者爲吉，不成則不得立也。

《太平御覽》卷一三五《皇親部一·總序后妃》頁六五四下

《北史·后妃傳叙》：魏氏王業之兆，雖始於神元，然自昭成之前，未具言六宮之典，而章、平、思、昭、穆、惠、煬、烈八帝妃后無聞。道武追尊祖妣，皆從帝謚爲皇后。始立中宮，餘妾或稱夫人，多少無限，然皆有品次。太武稍增左右昭儀及貴人、椒房等，後庭漸已多矣。又魏故事，將立皇后，必令手鑄金人，以成者爲吉，不則不得立也。
《文獻通考》卷二百五十四《帝系五·后妃》頁二〇〇四中

又曰：昭成皇帝諱什翼，臥則乳至席。
《太平御覽》卷三七一《人事部一二·乳》頁一七〇九上

又曰：桓帝曾中蠱，嘔吐之地乃生榆木。
《太平御覽》卷九五六《木部五·榆》頁四二四三上

後魏道武帝目有光曜，廣顙大耳，衆咸異之。
《册府元龜》卷四四《帝王部·奇表》頁四九六上

後魏上谷公紇羅，神元帝曾孫。
《册府元龜》卷二八四《宗室部·承襲三》頁三三四四上

上左公九紇羅神元帝曾孫。
《文獻通考》卷二百五十九《帝系十·後魏宗室王侯》頁二〇五三下

建德公嬰文，神元皇帝之後也。
【校勘記】
〔一〕魏書卷十四　諸本目録此卷注"闕"，百衲本、南本、汲本、局本卷末有宋人校語云:"魏收書《神元平文諸帝子孫列傳》亡,後人補以《北史》,又取《高氏小史》附益之。後卷魏收舊史亡者皆放此。"殿本《考證》云:"魏收書亡,後人所補"。

《魏書》卷十四〔一〕《神元平文諸帝子孫列傳第二》頁三四五、三六五

真定侯陸,神元皇帝之後也。
【校勘記】
〔一〕魏書卷十四　諸本目録此卷注"闕",百衲本、南本、汲本、局本卷末有宋人校語云:"魏收書《神元平文諸帝子孫列傳》亡,後人補以《北史》,又取《高氏小史》附益之。後卷魏收舊史亡者皆放此。"殿本《考證》云:"魏收書亡,後人所補。"

《魏書》卷十四〔一〕《神元平文諸帝子孫列傳第二》頁三四六、三六五

武陵侯因,章帝之後也。
【校勘記】
〔一〕魏書卷十四　諸本目録此卷注"闕",百衲本、南本、汲本、局本卷末有宋人校語云:"魏收書《神元平文諸帝子孫列傳》亡,後人補以《北史》,又取《高氏小史》附益之。後卷魏收舊史亡者皆放此。"殿本《考證》云:"魏收書亡,後人所補"。

《魏書》卷十四〔一〕《神元平文諸帝子孫列傳第二》頁三四六、三六五

長樂王壽樂,章帝之後也。

【校勘記】

〔一〕魏書卷十四　諸本目録此卷注"闕",百衲本、南本、汲本、局本卷末有宋人校語云:"魏收書《神元平文諸帝子孫列傳》亡,後人補以《北史》,又取《高氏小史》附益之。後卷魏收舊史亡者皆放此。"殿本《考證》云:"魏收書亡,後人所補。"

《魏書》卷十四〔一〕《神元平文諸帝子孫列傳第二》頁三四六、三六五

　　神元後又有建德公嬰文、真定侯陸,並仕太武,特獲封爵。武陵侯因、長樂王壽樂,並章帝之後也。
　　　　《北史》卷十五《列傳第三·魏諸宗室》頁五四三

　　建德公嬰文、貞定侯陸,並神光後。
　　《册府元龜》卷二六四《宗室部·封建三》頁三一三八下

　　武陵侯因,章帝後。
　　《册府元龜》卷二六四《宗室部·封建三》頁三一三八下

　　長樂王壽樂,章帝後。
　　《册府元龜》卷二六四《宗室部·封建三》頁三一三八下

　　神元後又有建德公嬰文、真定侯陸,並仕太武,特獲封爵。武陵侯因、長樂王壽樂,並章帝之後也。
　　　　《通志》卷八十四上《宗室七上·後魏》頁一〇四九下

武陵侯因、長樂王壽藥並章帝後。
《文獻通考》卷二百五十九《帝系十·後魏宗室王侯》頁二〇五三下

建德公嬰文、真定侯陸,並神元後。仕太武,獲封爵。
武陵侯因,章帝後。
《文獻通考》卷二百七十三《封建十四·後魏宗室王公》頁二一六五上

長樂王壽,章帝後。
《文獻通考》卷二百七十三《封建十四·後魏宗室王公》頁二一六五上

望都公頹,昭帝之後也。
【校勘記】
〔一〕魏書卷十四　諸本目録此卷注"闕",百衲本、南本、汲本、局本卷末有宋人校語云:"魏收書《神元平文諸帝子孫列傳》亡,後人補以《北史》,又取《高氏小史》附益之。後卷魏收舊史亡者皆放此。"殿本《考證》云:"魏收書亡,後人所補。"
《魏書》卷十四〔一〕《神元平文諸帝子孫列傳第二》頁三四六、三六五

望都公頹,昭帝之後也。
《北史》卷十五《列傳第三·魏諸宗室》頁五四四

望都公頹,昭帝後。

《册府元龜》卷二六四《宗室部·封建三》頁三一三八下

望都公頹,昭帝之後。

《册府元龜》卷二六六《宗室部·儀貌》頁三一五五上

望都公頹,昭帝之後也。

《通志》卷八十四上《宗室七上·後魏》頁一〇四九下

望都侯頹昭帝後。

《文獻通考》卷二百五十九《帝系十·後魏宗室王侯》頁二〇五三下

望都公頹,昭帝後。

《文獻通考》卷二百七十三《封建十四·後魏宗室王公》頁二一六五中

曲陽侯素延,桓帝之後也。

【校勘記】

〔一〕魏書卷十四　諸本目録此卷注"闕",百衲本、南本、汲本、局本卷末有宋人校語云:"魏收書《神元平文諸帝子孫列傳》亡,後人補以《北史》,又取《高氏小史》附益之。後卷魏收舊史亡者皆放此。"殿本《考證》云:"魏收書亡,後人所補。"

《魏書》卷十四〔一〕《神元平文諸帝子孫列傳第二》頁

三四七、三六五

順陽公郁,桓帝之後也。
【校勘記】
〔一〕魏書卷十四　諸本目録此卷注"闕",百衲本、南本、汲本、局本卷末有宋人校語云:"魏收書《神元平文諸帝子孫列傳》亡,後人補以《北史》,又取《高氏小史》附益之。後卷魏收舊史亡者皆放此。"殿本《考證》云:"魏收書亡,後人所補。"

《魏書》卷十四[一]《神元平文諸帝子孫列傳第二》頁三四七、三六五

宜都王目辰,桓帝之後也。
【校勘記】
〔一〕魏書卷十四　諸本目録此卷注"闕",百衲本、南本、汲本、局本卷末有宋人校語云:"魏收書《神元平文諸帝子孫列傳》亡,後人補以《北史》,又取《高氏小史》附益之。後卷魏收舊史亡者皆放此。"殿本《考證》云:"魏收書亡,後人所補。"

《魏書》卷十四[一]《神元平文諸帝子孫列傳第二》頁三四八、三六五

曲陽侯素延、順陽公郁、宜都王目辰,並桓帝之後也。
《北史》卷十五《列傳第三・魏諸宗室》頁五四四

曲陽侯素延,桓帝後。
《冊府元龜》卷二六四《宗室部・封建三》頁三一三八下

順陽公郁,桓帝後。
《冊府元龜》卷二六四《宗室部・封建三》頁三一三八下

目辰,桓帝後。
《冊府元龜》卷二六四《宗室部・封建三》頁三一三八下

後魏曲陽侯素延,桓帝之後。
《冊府元龜》卷二八〇《宗室部・領鎮三》頁三三〇五下

宜都王自辰,桓帝之後。
《冊府元龜》卷二八〇《宗室部・領鎮三》頁三三〇六上

順陽王郁,桓帝之後也。少惠正允直。
《冊府元龜》卷二八六《宗室部・忠二》頁三三六四下

南平公目辰,桓帝之後也。
《冊府元龜》卷二八六《宗室部・忠二》頁三三六四下

順陽王郁,桓帝之後也。
《冊府元龜》卷二九六《宗室部・追封》頁三四七四下

後魏曲陽侯素延,桓帝之後。

《册府元龟》卷二九八《宗室部·奢俭》頁三五〇五上

曲陽侯素延、順陽公郁、宜都王目辰,並桓帝之後也。
《通志》卷八十四上《宗室七上·後魏》頁一〇四九下

曲陽侯素延、順陽公郁,宜都王目辰並桓帝後。
《文獻通考》卷二百五十九《帝系十·後魏宗室王侯》頁二〇五三下

曲陽侯素延、順陽公郁,宜都王晨,並桓帝後。
《文獻通考》卷二百七十三《封建十四·後魏宗室王公》頁二一六五中

六修穆帝長子。
《文獻通考》卷二百五十九《帝系十·後魏宗室王侯》頁二〇五三下

高凉王孤,平多才藝,有志略。
《册府元龟》卷二六六《宗室部·才藝》頁三一五九下

高凉王孤,平文孫也。
《册府元龟》卷二九〇《宗室部·立功一》頁三四一六上

後魏高凉王孤,平文皇帝子也。
《册府元龟》卷二九六《宗室部·追封》頁三四七四下

高凉王孤平文帝第四子。
《文獻通考》卷二百五十九《帝系十·後魏宗室王侯》頁二〇五三下

松滋侯度，平文帝後。
《冊府元龜》卷二六四《宗室部·封建三》頁三一三八下

松滋侯莀，平文帝之後。
《冊府元龜》卷二八〇《宗室部·領鎮三》頁三三〇六上

華山王鷙，平文帝後。
《冊府元龜》卷二六四《宗室部·封建三》頁三一三八下

西河公敦，平文帝之曾孫也。
【校勘記】
〔一〕魏書卷十四　諸本目録此卷注"闕"，百衲本、南本、汲本、局本卷末有宋人校語云："魏收書《神元平文諸帝子孫列傳》亡，後人補以《北史》，又取《高氏小史》附益之。後卷魏收舊史亡者皆放此。"殿本《考證》云："魏收書亡，後人所補。"

《魏書》卷十四〔一〕《神元平文諸帝子孫列傳第二》頁三五六、三六五

西河公敦，平文帝之曾孫也。
《北史》卷十五《列傳第三·魏諸宗室》頁五五二

西河公敦,文帝曾孫也。
《册府元龜》卷二六四《宗室部·封建三》頁三一三九上

後魏西河公敦,平文帝曾孫。
《册府元龜》卷二七一《宗室部·武勇》頁三二〇八下

西河公敦,平文帝曾孫。
《册府元龜》卷二八四《宗室部·承襲三》頁三三四四下

西河公敦,平文帝之曾孫也。
《通志》卷八十四上《宗室七上·後魏》頁一〇五一下

西河公敦平文帝曾孫。
《文獻通考》卷二百五十九《帝系十·後魏宗室王侯》頁二〇五三下

司徒石,平文帝之玄孫也。忠勇有膽略,尤善騎射。

【校勘記】

〔一〕魏書卷十四　諸本目録此卷注"闕",百衲本、南本、汲本、局本卷末有宋人校語云:"魏收書《神元平文諸帝子孫列傳》亡,後人補以《北史》,又取《高氏小史》附益之。後卷魏收舊史亡者皆放此。"殿本《考證》云:"魏收書亡,後人所補。"

《魏書》卷十四〔一〕《神元平文諸帝子孫列傳第二》頁三五六、三六五司徒石,平文帝之玄孫也。有膽略。
　　《北史》卷十五《列傳第三·魏諸宗室》頁五五二

司徒石,平文帝之玄孫也。
《冊府元龜》卷二八〇《宗室部·領鎮三》頁三三〇六上

司徒石,平文帝之玄孫也。有膽略。
　　《通志》卷八十四上《宗室七上·後魏》頁一〇五一下

司徒平文帝玄孫。
《文獻通考》卷二百五十九《帝系十·後魏宗室王侯》頁二〇五三下

武衛將軍謂,烈帝之第四子也。寬雅有將略。
【校勘記】
〔一〕魏書卷十四　諸本目錄此卷注"闕",百衲本、南本、汲本、局本卷末有宋人校語云:"魏收書《神元平文諸帝子孫列傳》亡,後人補以《北史》,又取《高氏小史》附益之。後卷魏收舊史亡者皆放此。"殿本《考證》云:"魏收書亡,後人所補。"
《魏書》卷十四〔一〕《神元平文諸帝子孫列傳第二》頁三五七、三六五

武衛將軍謂,烈帝之第四子也。寬雅有將略。
　　《北史》卷十五《列傳第三·魏諸宗室》頁五五三

樂城侯謂,烈帝子。
《册府元龜》卷二九〇《宗室部·立功一》頁三四一六上

武衛將軍謂,烈帝之第四子也。寬雅有將略。
《通志》卷八十四上《宗室七上·後魏》頁一〇五一下

武衛將軍謂烈帝第四子。
《文獻通考》卷二百五十九《帝系十·後魏宗室王侯》頁二〇五三下

子興都,聰敏剛毅。
【校勘記】
〔一〕魏書卷十四　諸本目録此卷注"闕",百衲本、南本、汲本、局本卷末有宋人校語云:"魏收書《神元平文諸帝子孫列傳》亡,後人補以《北史》,又取《高氏小史》附益之。後卷魏收舊史亡者皆放此。"殿本《考證》云:"魏收書亡,後人所補。"
《魏書》卷十四〔一〕《神元平文諸帝子孫列傳第二》頁三五七、三六五

子興都,聰敏剛毅。
　　　　《北史》卷十五《列傳第三·魏諸宗室》頁五五三

樂城侯興都,烈帝。
《册府元龜》卷二六四《宗室部·封建三》頁三一三九上

河澗宣公興都,平文帝之後。
《册府元龜》卷二八四《宗室部·承襲三》頁三三四四下

子興都,聰敏剛毅。
《通志》卷八十四上《宗室七上·後魏》頁一〇五一下

樂城侯興都,烈帝之裔。
《文獻通考》卷二百七十三《封建十四·後魏宗室王公》頁二一六五中

東陽公丕,文帝諸孫也。
《册府元龜》卷二七〇《宗室部·文學》頁三二〇三下

東陽公丕,烈帝之孫也。
《册府元龜》卷二八六《宗室部·忠二》頁三三六四下

丕,興都次子。
《文獻通考》卷二百七十三《封建十四·後魏宗室王侯》頁二一六五中

淮陵侯大頭,烈帝之曾孫也。善騎射。

【校勘記】

〔一〕魏書卷十四　諸本目録此卷注"闕",百衲本、南本、汲本、局本卷末有宋人校語云:"魏收書《神元平文諸帝子孫列傳》亡,後人補以《北史》,又取《高氏小史》附益之。後卷魏收舊史亡者皆放此。"殿本《考證》云:"魏收書亡,後人所補。"

《魏書》卷十四〔一〕《神元平文諸帝子孫列傳第二》頁三六二、三六五

淮陵侯大頭,烈帝之曾孫也。善騎射。
　　　　　《北史》卷十五《列傳第三·魏諸宗室》頁五五七

淮陵侯大頭,烈帝曾孫。
《冊府元龜》卷二六四《宗室部·封建三》頁三一三九上

後魏淮陵侯大頭,烈帝之後也。
　　《冊府元龜》卷二六六《宗室部·才藝》頁三一五九上

淮陵侯大頭,烈帝之曾孫。
　　《冊府元龜》卷二九六《宗室部·追封》頁三四七四下

淮陵侯大頭,烈帝之曾孫也。善騎射。
　　《通志》卷八十四上《宗室七上·後魏》頁一〇五二下

河間公齊,烈帝之玄孫也。少雄傑魁岸。

【校勘記】

〔一〕魏書卷十四　諸本目錄此卷注"闕",百衲本、南本、汲本、局本卷末有宋人校語云:"魏收書《神元平文諸帝子孫列傳》亡,後人補以《北史》,又取《高氏小史》附益之。後

卷魏收舊史亡者皆放此。"殿本《考證》云："魏收書亡，後人所補。"

《魏書》卷十四〔一〕《神元平文諸帝子孫列傳第二》頁三六二、三六五

　　河間公齊，烈帝之玄孫也。少雄傑魁岸。
　　　　　　《北史》卷十五《列傳第三·魏諸宗室》頁五五七

　　《後魏書》曰：河間公元齊，烈帝之玄孫也。少雄傑魁岸。
　　《太平御覽》卷四一七《人事部五八·忠勇》頁一九二三下

　　河間公齊，烈帝玄孫。
　　《冊府元龜》卷二六四《宗室部·封建三》頁三一三九上

　　後魏河間公齊，烈帝之玄孫也。
　　《冊府元龜》卷二七〇《宗室部·文學》頁三二〇三下

　　河間公齊，烈帝玄孫也。
　　《冊府元龜》卷二八〇《宗室部·領鎮三》頁三三〇六上

　　河澗敬公齊，烈帝之玄孫。
　　《冊府元龜》卷二八四《宗室部·承襲三》頁三三四四下

　　河間公齊，烈帝之玄孫也。少雄傑魁岸。

河間公齊,烈帝玄孫。

《册府元龜》卷二九六《宗室部·追封》頁三四七四下

河間公齊,烈帝之玄孫也。少雄桀魁岸。

《通志》卷八十四上《宗室七上·後魏》頁一〇五二下

河間公齊烈帝玄孫。

《文獻通考》卷二百五十九《帝系十·後魏宗室王侯》頁二〇五三下

河間公齊,元帝玄孫。

《文獻通考》卷二百七十三《封建十四·後魏宗室王公》頁二一六五中

扶風公處真,烈帝之後也。少以壯烈聞。

【校勘記】

〔一〕魏書卷十四　諸本目録此卷注"闕",百衲本、南本、汲本、局本卷末有宋人校語云:"魏收書《神元平文諸帝子孫列傳》亡,後人補以《北史》,又取《高氏小史》附益之。後卷魏收舊史亡者皆放此。"殿本《考證》云:"魏收書亡,後人所補。"

《魏書》卷十四〔一〕《神元平文諸帝子孫列傳第二》頁三六四、三六五扶風公處真,烈帝之後也。少以壯烈聞。
《北史》卷十五《列傳第三·魏諸宗室》頁五五九

扶風公虔貞,烈帝之後。少以壯烈聞。
《册府元龜》卷二六四《宗室部·封建三》頁三一三九上

扶風公處貞,烈帝之後。少以壯烈聞。
《册府元龜》卷二六八《宗室部·輔政》頁三一七五下

扶風公處真,烈帝之後也。少以壯烈聞。
《册府元龜》卷二七一《宗室部·武勇》頁三二〇八下

扶風公處真,烈帝之後也。少以壯烈聞。
《通志》卷八十四上《宗室七上·後魏》頁一〇五三上

扶風公處真烈帝後。
《文獻通考》卷二百五十九《帝系十·後魏宗室王侯》頁二〇五三下

扶風王處真,烈帝之後。
《文獻通考》卷二百七十三《封建十四·後魏宗室王公》頁二一六五中

秦明王翰,昭成子也。
《册府元龜》卷二七〇《宗室部·文學》頁三二〇三下

秦王翰昭武帝子。①閻婆、壽鳩、紇根、地干、力真、窟咄並昭成帝子。

《文獻通考》卷二百五十九《帝系十·後魏宗室王侯》頁二〇五三下至二〇五四上

秦王翰,昭成皇帝子。

《文獻通考》卷二百七十三《封建十四·後魏宗室王公》頁二一六五中

常山王遵,昭成子壽鳩之子也。少而壯勇,不拘小節。
【校勘記】
〔一〕魏書卷十五　諸本目錄此卷注"闕",百衲本、南本、汲本、局本有宋人校語云:"魏收書《昭成子孫列傳》亡。"殿本《考證》云:"魏收書亡,後人所補。"按此卷亦是以《北史》卷一五《魏宗室傳》相同諸《傳》補,間有溢出字句,當出於《高氏小史》。

《魏書》卷十五[一]《昭成子孫列傳第三》頁三七四、三八六

常山王遵,壽鳩之子也。少而壯勇,不拘小節。
　　《北史》卷十五《列傳第三·魏諸宗室》頁五六五

①此處"昭武帝"有誤,應爲"昭成帝",據《魏書·昭成子孫傳》頁三七〇、《北史·魏諸宗室傳》頁五六一記載,秦王拓跋翰爲昭成帝第四子。

常山王遵,道武兄壽鳩之子。
《册府元龜》卷二六四《宗室部·封建三》頁三一三九下

常山王遵,昭成帝孫。少而壯勇,不拘小節。
《册府元龜》卷二七一《宗室部·武勇》頁三二〇九上

常山王遵,昭成帝孫。
《册府元龜》卷二八四《宗室部·承襲三》頁三三四四下

常山王遵,壽鳩之子也。少而壯勇,不拘小節。
《通志》卷八十四上《宗室七上·後魏》頁一〇五四中

常山王遵,昭成皇帝孫。
《文獻通考》卷二百七十三《封建十四·後魏宗室王公》頁二一六五中

陳留王虔,昭成子紇根之子也。少以壯勇知名。
【校勘記】
〔一〕魏書卷十五　諸本目録此卷注"闕",百衲本、南本、汲本、局本有宋人校語云:"魏收書《昭成子孫列傳》亡。"殿本《考證》云:"魏收書亡,後人所補。"按此卷亦是以《北史》卷一五《魏宗室傳》相同諸《傳》補,間有溢出字句,當出於《高氏小史》。

《魏書》卷十五〔一〕《昭成子孫列傳第三》頁三八一、三八六陳留王虔,紇根之子也。
　　《北史》卷十五《列傳第三·魏諸宗室》頁五七四

陳留公處,道武兄紇根之子。
《冊府元龜》卷二六四《宗室部·封建三》頁三一三九下

陳留王虔,昭成帝孫也。姿貌魁偉,武力絶倫。
　　《冊府元龜》卷二七一《宗室部·武勇》頁三二〇九上

後魏陳留桓王虔,昭成帝孫也。武力絶倫。
《冊府元龜》卷二七七《宗室部·褒寵三》頁三二六九上

陳留景王崇,昭成曾孫。
《冊府元龜》卷二八〇《宗室部·領鎮三》頁三三〇六上

隴西公崙,昭成帝之後。
《冊府元龜》卷二八〇《宗室部·領鎮三》頁三三〇六上

陳留王桓虔,昭成帝孫。
《冊府元龜》卷二八四《宗室部·承襲三》頁三三四四下

蒲城侯覬,昭成帝孫。
《冊府元龜》卷二八四《宗室部·承襲三》頁三三四五上

陳留王虔,昭成孫。

《册府元龜》卷二九六《宗室部·追封》頁三四七四下

後魏陳留王虔,乾根之子也。
《册府元龜》卷四四七《將帥部·輕敵》頁五三〇七下

陳留王虔,紇根之子也。
《通志》卷八十四上《宗室七上·後魏》頁一〇五六中

陳留王虔,昭成孫。
《文獻通考》卷二百七十三《封建十四·後魏宗室王公》頁二一六五下

元景安,魏昭成五世孫也。高祖虔,魏陳留王。
《北齊書》卷四十一《列傳第三十三·元景安》頁五四二

元景安,河南洛陽人,魏昭成皇帝之五世孫也。高祖虔,陳留王。
《北史》卷五十三《列傳第四十一·元景安》頁一九二八

元景安,河南洛陽人,魏昭成皇帝之五世孫也。高祖虔,陳留王。
《通志》卷一百五十二《列傳六十五·北齊·元景安》頁二四六五下

元文遥,字德遠,河南洛陽人,魏昭成皇帝六世孫也。五

世祖常山王遵。〔四〕

【校勘記】

〔四〕魏昭成皇帝六世孫也五世祖常山王遵　張森楷云："按《魏書・昭成子孫傳》卷一五,言遵是昭成子壽鳩之子,則是昭成孫也。遵既爲五世祖,豈得爲昭成六世孫。'六'當爲'七'之誤。"

《北齊書》卷三十八《列傳第三十・元文遙》頁五〇三、五〇八

元文遙字德遠,河南洛陽人也。魏昭成皇帝六世孫也。五世祖常山王遵。〔一九〕

【校勘記】

〔一九〕魏昭成皇帝六世孫也五世祖常山王遵　張森楷云："按《魏書》卷一五《昭成子孫傳》,言遵是昭成子壽鳩之子,則是昭成孫也,遵既爲五世祖,豈得爲昭成六世孫？'六'當爲'七'之誤。"

《北史》卷五十五《列傳第四十三・元文遙》頁二〇〇四、二〇二〇

元文遙,昭成皇帝六世孫也。敏惠夙成。

《册府元龜》卷二七四《宗室部・辨惠》頁三二四〇下

元文遙,後魏昭成皇帝六世孫也。

《册府元龜》卷七九三《總錄部・長者》頁九四一二上

元文遙字德遠,河南洛陽人。魏昭成皇帝六世孫也。五世祖常山王遵。

《通志》卷一百五十四《列傳六十七·北齊·元文遙》頁二四九二中

元胄,河南洛陽人也,魏昭成帝之六代孫。

《隋書》卷四十《列傳第五·元胄》頁一一七六

元胄,河南洛陽人,魏昭成帝之六代孫也。

《北史》卷七十三《列傳第六十一·元胄》頁二五一八

元胄,河南洛陽人也,魏昭成帝之六代孫也。

《通志》卷一百六十一《列傳七十四·隋·元胄》頁二六〇九上

元偉字猷道,〔一六〕河南洛陽人也。魏昭成之後。

【校勘記】

〔一六〕字猷道 《北史》卷一五《常山王遵傳》"猷道"作"大猷"。

《周書》卷三十八《列傳第三十·元偉》頁六八八、六九二

元行冲,河南人,後魏常山王素連之後也。

……

行冲以本族出於後魏,而未有編年之史,乃撰《魏典》三十卷,事詳文簡,爲學者所稱。初魏明帝時,河西柳谷瑞石有牛繼馬後之象,魏收舊史以爲晉元帝是牛氏之子,冒姓

司馬,以應石文。行冲推尋事跡,以後魏昭成帝名犍,繼晉受命,考校謠讖,特著論以明之。

《舊唐書》卷一百二《列傳第五十二·元行冲》頁三一七六至三一七七

元積字微之,河南人。後魏昭成皇帝,積十代祖也。

《舊唐書》卷一百六十六《列傳第一百一十六·元積》頁四三二七

元澹字行冲,以字顯,後魏常山王素連之後。〔一〕
……

行冲以系出拓拔,恨史無編年,乃撰《魏典》三十篇,事詳文約,學者尚之。初,魏明帝時河西柳谷出石,有牛繼馬之象。魏收以晉元帝乃牛氏子冒司馬姓,以著石符。行冲謂昭成皇帝名犍,繼晉受命,獨此可以當之。

【校勘記】

〔一〕後魏常山王素連之後 "素連",汲、殿、局本作"素蓮",衲本及《舊書》卷一〇二《元行冲傳》作"素連",《魏書》卷一五《常山王傳》無"連"字。

《新唐書》卷二百《列傳第一百二十五·儒學下·元行冲》頁五六九〇至五六九一、五七二三

太常少卿元行冲。以本族出於後魏。未有編年之文。乃撰《魏典》三十卷。事詳文簡。爲學者所稱。初。魏明帝時。西柳谷瑞石。有牛繼馬後之象。魏收《魏史》。以爲晉元帝是牛氏之子。

因姓司馬氏。以應石文。行冲難尋事跡。以後魏道武帝名犍。繼晉受命。又考校讖符。特著論以明之。

《唐會要》卷六十三《史館上·修前代史》頁一〇九二

毗陵王順,昭成子地干之子也。性疏佷。
【校勘記】
〔一〕魏書卷十五　諸本目錄此卷注"闕",百衲本、南本、汲本、局本有宋人校語云:"魏收書《昭成子孫列傳》亡。"殿本《考證》云:"魏收書亡,後人所補。"按此卷亦是以《北史》卷一五《魏宗室傳》相同諸《傳》補,間有溢出字句,當出於《高氏小史》。

《魏書》卷十五[一]《昭成子孫列傳第三》頁三八三、三八六

毗陵王順,地干之子也。性疏狠。
　　　　《北史》卷十五《列傳第三·魏諸宗室》頁五七七

毗陵王順,紇根弟地干之子。
《册府元龜》卷二六四《宗室部·封建三》頁三一三九下

毗陵王順,地干之子也。性疏狠。
　　《通志》卷八十四上《宗室七上·後魏》頁一〇五七上

毗陵王順,昭成孫。
《文獻通考》卷二百七十三《封建十四·後魏宗室王公》

頁二一六五下

遼西公意烈,昭成子力真之子也。

【校勘記】

〔一〕魏書卷十五　諸本目録此卷注"闕",百衲本、南本、汲本、局本有宋人校語云:"魏收書《昭成子孫列傳》亡。"殿本《考證》云:"魏收書亡,後人所補。"按此卷亦是以《北史》卷一五《魏宗室傳》相同諸《傳》補,間有溢出字句,當出於《高氏小史》。

《魏書》卷十五[一]《昭成子孫列傳第三》頁三八三、三八六

遼西公意烈,力真之子也。

《北史》卷十五《列傳第三·魏諸宗室》頁五七八

遼西公意烈,地干弟力貞之子。

《册府元龜》卷二六四《宗室部·封建三》頁三一四〇上

遼西公意烈,力真之子也。

《通志》卷八十四上《宗室七上·後魏》頁一〇五七上

遼西公意烈,昭成孫。

《文獻通考》卷二百七十三《封建十四·後魏宗室王公》頁二一六五下

彭城公勃,昭成帝孫。

《册府元龜》卷二八四《宗室部·承襲三》頁三三四五上

武遂子枝干,昭成帝曾孫。
《册府元龜》卷二八四《宗室部·承襲三》頁三三四五上

穆崇,代人也。其先世效節於神元、桓、穆之時。
　　　《魏書》卷二十七《列傳第十五·穆崇》頁六六一

穆崇,代人也,其先代效節於神元、桓、穆之時。
　　　　　《北史》卷二十《列傳第八·穆崇》頁七三七

穆崇,代人也,其先效節於神元、桓、穆之時。
《通志》卷一百四十六《列傳五十九·後魏·穆崇》頁二三〇四下

吕洛拔,代人也。曾祖渴侯,昭成時率户五千歸國。
　　　　《魏書》卷三十《列傳第十八·吕洛拔》頁七三二

吕洛拔,代人也。曾祖渴侯,昭成時率户五千歸魏。
　　　《北史》卷二十五《列傳第十三·吕洛拔》頁九二〇

吕洛拔,代人也。曾祖湯侯,昭成時率户五千歸魏。
《通志》卷一百四十七《列傳六十·後魏·吕洛拔》頁二三二八中

後魏起自陰山,盡有中夏。
《通典》卷第七《食貨七·歷代盛衰户口》頁一四六

後魏起自陰山,盡有中夏。
《通志》卷六十一《食貨一·歷代户口》頁七四〇中

後魏起自陰山,盡有中夏。
《文獻通考》卷十《户口一·歷代户口丁中賦役》頁一〇八下

後魏初爲土德,言繼黄帝之後也,故數用五,服尚黄,犧牲用白。
《通志》卷四十三《禮二·歷代所尚》頁五八二中

後魏自入中國以來,雖頗用古禮祀天地、宗廟、百神,而猶循其舊俗,所祀胡神甚衆。
《文獻通考》卷九十《郊社二十三·雜祠淫祠》頁八二二上

自始祖内和魏晉,二代更致音伎;穆帝爲代王,愍帝又進以樂物;金石之器雖有未周,而絃管具矣。
《魏書》卷一百九《樂志五第十四》頁二八二七

後魏來自雲、朔,肇有諸夏,樂操土風,未忘其俗。
《文獻通考》卷一百四十二《樂十五·樂歌》頁一二五二中

後魏始都燕、代,南略中原,粗收經史,未能全具。

《隋書》卷三十二《志第二十七·經籍一·經》頁九〇七

後魏始都燕、代,南略中原,初收經史,未能全具。
《文獻通考》卷一百七十四《經籍一·總叙》頁一五〇五下

魏氏發迹代陰,經營河朔,得之馬上,茲道未弘。
《隋書》卷七十五《列傳第四十·儒林》頁一七〇五

初,晉時南遷,後魏來自雲、朔,中原分裂,又雜以獯戎。
《舊唐書》卷二十四《志第四·禮儀四》頁九一二

初,晉時南遷,後魏來自雲、朔,中原分裂,又雜以獯戎。
《唐會要》卷十下《藉田》頁二四三

晉永嘉南遷後,魏據有中原,初都代。
《初學記》卷第二十四《居處部·都邑第一》頁五六二

後魏起自北方。
《文獻通考》卷三百十五《輿地一·總叙》頁二四六九中

魏先建國於玄朔,風俗淳一,無爲以自守,與西域殊絕,莫能往來。故浮圖之教,未之得聞,或聞而未信也。及神元與魏、晉通聘,文帝久在洛陽,〔一三〕昭成又至襄國,乃備究南夏佛法之事。

【校勘記】

〔一三〕文帝久在洛陽　諸本"久"作"又",《册府》卷五一五六七頁作"久"。按下稱"昭成又至襄國",兩"又"字重複。卷一《序紀》稱文帝沙漠汗自力微之四十二年至洛陽,四十八年始返,故云"久在洛陽","又"字訛,今據改。

《魏書》卷一百一十四《釋老志十第二十》頁三〇三〇、三〇五七

魏先王建國出於玄朔,風俗淳一,與西域殊絶,故浮圖聲教,未之得聞。及神元與魏、晉通聘,文帝在洛陽,昭成在襄國,備究南夏佛法之事。

《廣弘明集》卷第二《釋老志出魏書齊魏收》

後魏之初,錢貸無所用。

《册府元龜》卷五〇〇《邦計部・錢幣二》頁五九八九下

芮芮虜,塞外雜胡也。編髮左衽。晉世什翼圭入塞内後,芮芮逐水草,盡有匈奴故庭,威服西域。土氣早寒,所居爲穹廬氈帳。刻木記事,不識文書。馬畜丁肥,種衆殷盛。常與魏虜爲仇敵。

《南齊書》卷五十九《列傳第四十・芮芮虜》頁一〇二三

芮芮國,蓋匈奴别種。魏、晉世,匈奴分爲數百千部,各有名號,芮芮其一部也。自元魏南遷,因擅其故地。無城郭,隨水草畜牧,以穹廬爲居。辮髮,衣錦,小袖袍,小口袴,深雍

韡。其地苦寒,七月流澌亘河。

《梁書》卷五十四《列傳第四十八·諸夷·西北諸戎·芮芮國》頁八一七

蠕蠕,東胡之苗裔也,姓郁久閭氏。始神元之末,掠騎有得一奴,髮始齊眉,忘本姓名,其主字之曰木骨閭。"木骨閭"者,首禿也。木骨閭與郁久閭聲相近,故後子孫因以爲氏。木骨閭既壯,免奴爲騎卒。穆帝時,坐後期當斬,亡匿廣漠谿谷間,收合逋逃得百餘人,依紇突隣部。〔二〕

【校勘記】

〔一〕魏書卷一百三　諸本目錄此卷注"闕"字,百衲本、汲本、局本卷末有宋人校語云:"魏收書列傳第九十一亡。"殿本《考證》云:"魏收書亡,後人所補。"按此卷以《北史》卷九八補,唯《蠕蠕傳》末刪節東、西魏以及齊、周與"蠕蠕"和戰事,遠較《北史》簡略。

〔二〕依紇突隣部　諸本及《北史》卷九八《蠕蠕傳》"紇"作"純"。按本卷《高車傳》末即附有紇突隣部,卷二《太祖紀》登國五年五月及十二月、皇始二年二月見此部,都作"紇突隣","純"乃形近而訛,今改正。

《魏書》卷一百三〔一〕《列傳第九十一·蠕蠕》頁二二八九、二三一四

蠕蠕姓郁久閭氏。始神元之末,掠騎有得一奴,髮始齊眉,忘本姓名,其主字之曰木骨閭。"木骨閭"者,首禿也。"木骨閭"與"郁久閭"聲相近,故後子孫因以爲氏。木骨閭

既壯,免奴爲騎卒。穆帝時,坐後期當斬,亡匿廣漠谿谷間,收合逋逃,得百餘人,依純突隣部。〔一〕

【校勘記】

〔一〕依純突隣部 "純"疑當作"紇",見本卷《高車傳》。

《北史》卷九十八《列傳第八十六·蠕蠕》頁三二四九

蠕蠕而兖反姓郁久閭。托跋在北荒,部落主力微末,掠騎有得一奴,髮始齊眉,忘本名,其主字之曰木骨閭。"木骨閭"者,首禿也。木骨閭與郁久閭聲相近,故其後子孫因以爲氏焉。木骨閭既壯,免奴爲騎卒。代王猗盧時,坐後期當斬,亡匿廣漠谿谷之間,收合逋逃,得百餘人。

《通典》卷一百九十六《邊防十二·北狄三·蠕蠕》頁五三七八

蠕蠕。姓郁久閭氏。始,拓跋力微末,掠騎有得一奴,髮始齊眉,忘本姓名,其主字之曰木骨閭。〔四五〕"木骨閭"者,首禿也。木骨閭與郁久閭聲相近,故其後子孫因以爲氏焉。木骨閭既壯,免奴爲騎卒。代王猗盧時,坐後期當斬,亡匿廣漠谿谷之間,收合逋逃得百餘人,依紇突鄰部。〔四六〕

【校勘記】

〔四五〕其主字之曰木骨閭 "字",底本作"名",據萬本、《庫》本及《魏書》卷一〇三《蠕蠕傳》、《北史》卷九八《蠕蠕傳》改。

〔四六〕紇突鄰部 "紇",底本作"純",萬本、《庫》本同。按《魏書》卷一〇三《高車傳》、《北史》卷九八《高車傳》附有紇突鄰部,《魏書》卷二《太祖紀》登國五年、皇始二年皆載此部,此"純"爲"紇"字之訛,據改。

《太平寰宇記》卷一百九十三《四夷二十二·北狄五·蠕蠕》頁三六九九、三七〇九

拓跋世有蠕蠕猖狂。

《唐會要》卷七十三《安西都護府》頁一三二七

蠕蠕,蓋匈奴之別種也《南史》謂之芮芮,姓郁久閭氏。後魏神元之末,掠騎有得一奴,髮始齊眉,忘本姓名,其主字曰木骨閭言首禿也。"木骨閭"與"郁久閭"聲相近,故後子孫因以爲氏。木骨閭既壯,免奴爲騎卒。穆帝時,坐後期當斬臣欽若等曰:神元、穆帝,皆後魏追封帝號,亡匿廣漠谿谷間,收合逋逃得百餘人,依紇突鄰部。

《册府元龜》卷九五六《外臣部·種族》頁一一二五一下

初,柔然部人世服於代,魏收曰:神元之末,掠騎得一奴,髮始齊肩,忘本姓名,其主字之曰木骨閭。木骨閭者,首禿也。木骨閭與"郁久閭"聲相近,故後子孫因以爲氏。木骨閭既壯,免奴爲騎卒,穆帝時,坐後期當斬,亡匿廣漠谿谷間,收合逋逃,得百餘人,依紇突鄰。

《資治通鑑》卷一百七《晉紀二十九·孝武帝太元十六年》頁三四〇一

蠕蠕而兖反姓郁久閭氏。托跋力微之在北荒也,部騎掠得一奴,髮始齊眉,忘其本名,力微字之曰木骨閭者。夷言首禿

也。"木骨閭"與"郁久閭"聲相近,故其後子孫因以爲氏焉。木骨閭既壯,免奴爲騎卒。代王猗盧時,有所攻討,木骨閭坐後期當斬,亡匿廣漠谿谷之間,收合逋逃,得百餘人,而長之。

《通志》卷二百《四夷七·蠕蠕》頁三二〇三中

蠕蠕而充反姓郁久閭。托跋在北荒,部落主力微末,掠騎有得一奴,髮始齊眉,忘本名,其主字之曰木骨閭者,首秃也。木骨與郁久閭聲相近,故其後子孫因以爲氏焉。木骨閭既壯,免奴爲騎卒。代王猗盧時,坐後期當斬,亡匿廣漠谿谷之間,收合逋逃,得百餘人。

《文獻通考》卷三百四十二《四裔十九·蠕蠕》頁二六八四上

柔然,在漠外。《晉載記》以爲河西鮮卑之屬也。其先曰木骨閭。魏收曰:"木骨閭者,首秃也,與郁久閭聲相近,子孫因以爲字。"初爲騎奴,後免奴爲卒,以犯法亡匿廣漠,收合逋逃,依鮮卑紇突鄰部。

《讀史方輿紀要》卷四十五《山西七·漠北諸部·柔然》頁二〇七六

又狡虜之性,食肉衣皮,以馳騁爲儀容,以游獵爲南畝,非有車輿之安,宮室之衛,櫛風沐雨,不以爲勞,露宿草寢,維其常性,勝則競利,敗不羞走,彼來或驟,而此已奔疲。且今春踰濟,既獲其利,乘勝忸忕,未虞天誅,比及秋末,容更送死。猋騎蟻聚,輕兵鳥集,並踐禾稼,焚爇閭井,雖邊將多略,未審何以禦之。若盛師連屯,廢農必衆,馳車奔駟,起役必遲,散金行賞,損費必大,換土客戍,怨曠必繁。孰若因民所居,並修農戰,無動衆之勞,有扞衛之實,其爲利害,優劣相懸也。

《宋書》卷六十四《列傳第二十四·何承天》頁一七〇七至一七〇八

又狡虜之性,食肉衣皮,以騁馳爲儀容,以遊獵爲南畝,非有車輿之安,宮室之衛,櫛風沐雨,不以爲勞,露宿草宿,維其常性,勝則競利,敗不羞走,彼來或驟,而此已奔疲。且今春踰濟,既獲其利,乘勝忸忕,未虞天誅,比及秋末,容更送死。焱騎蟻聚,輕兵烏集,并殘禾稼,焚爇閭井,雖邊將多略,未審何以禦之。若盛師連屯,廢農必衆,馳車奔驛,起役必遲,散金行賞,損費必大,換土客戍,怨曠必繁。孰若因民所居,并修農戰,無動衆之勞,有扞衛之實,其爲利害,優劣相懸也。

《册府元龜》卷四七一《臺省部·奏議二》頁五六一四上

按先儒因高歡之言,以爲當時不能伸張彝之冤酷,殲羽林之驕橫,可以見魏政之不綱。然愚嘗考之,拓跋氏起自雲、朔,據有中原,兵戎乃其所以爲國也。羽林、虎賁則宿衛之兵,六鎮將卒則禦侮之兵,往往皆代北部落之苗裔,其初藉之以橫行中國者。

《文獻通考》卷一百五十一《兵三·兵制》頁一三一八下

其二曰,五帝之聖,三代之英,積德累功,乃文乃武,賢聖相承,莫過周室,名器不及后稷,追諡止於三王,此即前代之茂實,後人之龜鏡也。魏氏平文以前,部落之君長耳。太祖遠追二十八帝,並極崇高,違堯、舜憲章,越周公典禮。但道武出自結繩,未師典誥,當須南、董直筆,裁而正之。反更飾非,言是觀過,所謂決渤澥之水,復去隄防,襄陵之災,未可免也。但力微天女所誕,靈異絕世,尊爲始祖,得禮之宜。平文、昭成雄據塞表,英風漸盛,圖南之業,基自此始。長孫斤之亂也,兵交御坐,太子授命,昭成獲免。道武此時,后緝方娠,宗廟復存,社稷有主,大功大孝,實在獻明。此之三世,稱謚可也。自茲以外,未之敢聞。

《隋書》卷五十八《列傳第二十三·魏澹》頁一四一七至一四一八

二曰:"魏氏平文以前,部落之君長耳。太祖遠追二十八帝,並極崇高,違堯舜憲章,越周公典禮。但道武出自結繩,未師典誥,當須南董直筆,裁而正之;反更飾非,豈是觀過?但力微天女所誕,靈異絕世,尊爲始祖,得禮之宜。平文、昭成,雄據塞表,英風漸盛,圖南之業,基自此始。長孫斤之亂也,兵交御坐,太子授命,昭成獲免。道武此時,后緝方娠,宗廟復存,社稷有主,大功大孝,實在獻明。此之三世,稱謚可也;自茲以外,未之敢聞。"

《北史》卷五十六《列傳第四十四·魏季景附魏澹》頁二〇四五

其二曰,五帝之聖,三代之英,積德累功,乃文乃武,聖賢相承,莫過周室,名器不及后稷,追謚止於三王,即前代之茂實，後人之龜鏡也。魏氏平文以前，部落之君長耳。太祖遠追二十八帝，并極崇高，違堯、舜憲章，越周公典禮。但道武出自結繩，未師典誥，當須南、董有筆，裁而正之。反更飾非，言是觀過，所謂決渤澥之水，復去堤防，襄陵之災，未可免也。但力微天女所誕，靈異絕世，尊爲始祖，得禮之宜乎。文昭武成，雄據塞表，英風漸盛，圖南之業，基自此始。長孫斤之亂也，兵交御座，太子受命，昭成獲免。道武此時，后緦方娠，宗廟復存，社稷有主，大功大孝，實在獻明。此之三世，稱諡可也。自兹以外，未之敢聞。

《册府元龜》卷五五六《國史部·采撰二》頁六六七九上

二曰："魏氏平文以前，部落之君長耳。太祖遠追二十八帝，並極崇高，違堯舜憲章，越周公典禮。但道武出自結繩，未師典誥，當須南董直筆，裁而正之；反更飾非，豈是觀過？但力微天女所誕，靈異絕世，尊爲始祖，得禮之宜。平文、昭成，雄據塞表，英風漸盛，圖南之業，基自此始。長孫斤之亂也，兵交御坐，太子授命，昭成獲免。道武此時，后緦方娠，宗廟復存，社稷有主，大功大孝，實在獻明。此之三世，稱諡可也；自兹以外，未之敢聞。"

《通志》卷一百六十二《列傳七十五·隋·魏澹》頁二六三一下至二六三二上

史臣曰：爲國馭民，莫不文武兼運。燕鳳以博識多聞，昭成致禮，和隣存國，賢之效歟。許謙才術俱美，馳騁艱難之日，觀幾獨勸，事契冥符。張衮以才策見知，早蒙恩遇，時無寬政,斯言貽咎。

《魏書》卷二十四《列傳第十二·史臣曰》頁六三八

史臣曰:長孫肥結髮內侍,雄烈知名,軍鋒所指,罔不奔散,關張萬人之敵,未足多也……尉眞兄弟,忠勇奮發,義以忘生。

《魏書》卷二十六《列傳第十四·史臣曰》頁六六〇

史臣曰:穆崇夙奉龍顏,早著誠節,遂膺寵眷,位極台鼎;至乃身豫逆謀,卒蒙全護,明主之於勞臣,不亦厚矣!從享廟庭,抑亦尚功之義。

《魏書》卷二十七《列傳第十五·史臣曰》頁六七八

史臣曰:和跋、奚牧、莫題、賀狄干、李栗、劉潔等,並有忠勤征伐之効,任遇仍優,俱至誅滅。岳見紀危難之中,受事草創之際,智勇既申,功名尤舉,乃良將之材。弼謀軍輔國,遠略正情,有柱石之量。張黎誠謹兼方,功舊見重。纖介之間,一朝殞覆,宥及十世,乃徒言爾,惜乎!

《魏書》卷二十八《列傳第十六·史臣曰》頁六九三至六九四

史臣曰:奚斤世稱忠孝,征伐有克……叔孫建少展誠勤,終著庸伐。治邊有術,威震夷楚。

《魏書》卷二十九《列傳第十七·史臣曰》頁七〇六

(史臣曰:)安同異類之人,智識入用,任等時俊,當有由哉。

《魏書》卷三十《列傳第十八·史臣曰》頁七三二

論曰：自古帝王之興，誠有天命，亦賴累功積德，方契靈心。有魏奄宅幽方，代爲君長。神元生自天女，桓、穆勤於晉室，冥符人事，夫豈徒然。

昭成以雄傑之姿，苞君人之量，征伐四剋，威被遐荒，乃改都立號，恢隆大業，終百六十載，光宅區中，其原固有由矣。

道武顯晦安危之中，屈申潛躍之際，驅率遺黎，奮其靈武，克剪方難，遂啓中原，垂拱人神，顯登皇極。

《北史》卷一《魏本紀第一·論曰》頁三六

論曰：魏氏始自幽都，肇基帝業。上谷公等分枝若木，疏派天潢。或績預經綸，大開土宇，或迹同凶悖，自致殲夷，其禍福之來，唯人所召。至如神武之不事黃屋，高揖萬乘，義感隣國，祚隆帝統，太伯、延陵未足多也。高涼讓國之胤，子那猛壯之風，或大位未加，或功不贖罪，褒德圖勞，其義爲闕。松滋氣幹相承，聲迹俱顯。天穆得不以道，任過其量，持盈必悔，殺身爲幸。武衞父子兼將，丕略始見器重，終以姦棄，〔五二〕不足觀矣。河間、扶風，武烈宣著，宗子之可稱乎！衞王英風猛概，折衝見重，謀之不臧，卒以自喪。秦王體度恢偉，陳留膽氣絕倫，亡身強寇，志力不展，惜哉！常山勇冠戚屬，與魏升降，亦以優乎！陰平忠烈，蒲陰器宇，〔五三〕榮寵兼萃，蓋有由焉。毗陵疏狠，遼西狷介，全身保位，固亦難矣。苻堅之輾毳君，衞辰之誅窟咄，逆子賊臣，蓋亦天下之惡一焉。

【校勘記】

〔五二〕武衛父子兼將丕略始見器重終以姦棄　按此處文意不明，疑原文當作"武衛父子，兼有將略。丕始見器重，終以姦棄"。脱"有"字，"略丕"誤倒。

〔五三〕蒲陰器宇　按上文無人封蒲陰者，唯拓拔顗封蒲城侯，疑"陰"是"城"之誤。

《北史》卷十五《列傳第三·魏諸宗室·論曰》頁五八〇至五八一、五八七

論曰：帝王之興，雖則天命，經綸所説，咸藉股肱。神元、桓、穆之際，[三六]王迹未顯，操、含託身馳驟之秋，自立功名之地，可謂志識之士矣。而劉庫仁兄弟忠以爲心，盛衰不二，純節所存，其意蓋遠，而並貽非命，惜乎！尉真兄弟忠勇奮發，義以忘生。眷威略著時，增隆家業。穆崇夙奉龍顔，早著誠款，遂膺寵眷，位極台司。至乃身豫逆謀，卒蒙全護，從享于廟，抑亦尚功。世載公卿，弈弈青紫，盛矣！奚斤世稱忠孝，征伐有剋。平涼之役，師殱身虜，雖敗崤之責已赦，封尸之效靡立，而恩禮隆渥，没祀廟廷。叔孫建少展誠勤，終著庸伐，臨邊有術，威震夷楚……安同異類之人，智識入用，任等時俊，當有由哉……庾業延見紀危難之中，受事草創之際，智勇既申，功名尤舉，而不免傾覆，蓋亦其命。王建位遇既高，訐以求直，參合之役，不其罪歟！羅結枝附葉從，子孫榮禄。樓……奚牧、和跋、莫題、賀狄干、李栗、奚眷有忠勤征伐之效，不能以功名自卑，俱至誅夷，亦各其命也。

【校勘記】

〔三六〕神元桓穆之際　諸本無"神"字,《魏書》卷二三史臣論作"始祖"。按始祖即神元,今據補。

《北史》卷二十《列傳第十一·論曰》頁七六一至七六二

論曰:昭成、道武之時,雲雷方始,至於經邦緯俗,文武兼資。燕鳳博識多聞,首膺禮命;許謙才術俱美,驅馳艱虞。不然,何以成帝業也……至若張袞才策,不免其戾。

《北史》卷二十一《列傳第九·論曰》頁七九八

論曰:昭成之末,衆叛親離。長孫嵩寬厚沈毅,任重王室,歷事累世,遂爲元老。生則宗臣,殁祀清廟,美矣……道生恭慎廉約,兼著威名,見知明主,聲入歌奏。二公並列,暉炫朝野,門祉世禄,榮被後昆。雖漢世八王,無以方其茂績;張氏七葉,不能譬此重光……肥結髮内侍,雄武自立,軍鋒所指,罔不棄散,關、張萬人敵,未足多也。

《北史》卷二十二《列傳第十·論曰》頁八三一

惟聖朝創制上古,開基《長發》,自始均以後,至於成帝,其間世數久遠,是以史弗能傳。臣等疏陋,忝當史職,披覽《國記》,竊有志焉。愚謂自王業始基,庶事草創,皇始以降,光宅中土,宜依遷固大體,令事類相從,紀傳區別,表志殊貫,如此修綴,事可備盡。

《魏書》卷五十七《列傳第四十五·高祐》頁一二六〇

惟聖朝創制上古,開基《長發》,自始均以後,至於成帝,〔二一〕其間世數久遠,是以史弗能傳。臣等疏漏,忝當史職,披覽國記,竊有志焉。愚謂自王業始基,庶事草創,皇始以降,光宅中土。宜依遷、固大體,令事類相從,紀傳區別,表志殊貫,如此修綴,事可備書。

【校勘記】

〔二一〕自始均以後至於成帝　諸本"始均"作"始祖","成帝"作"文成"。《魏書》作"始均"、"成帝"。按本書及《魏書》卷一《序紀》,謂拓拔氏遠祖始均仕堯時,積六七十世至成皇帝,"不交南夏,是以載籍無聞"。若作"始祖"即神元、"文成",則《魏書》、《北史》所紀世次甚詳,與下文"世數久遠,史弗能傳"語不符。知《魏書》是,今據改。

《北史》卷三十一《列傳第十九·高允附高祐》頁一一三六、一一五四

推聖朝創制上古,開基《長發》,自始均以後,至於成帝,其間世數久遠,是以史弗能傳。臣等疏陋,忝當史職,披覽國史,竊有志焉。愚謂自王業始基,庶事草創,皇始以降,光宅中土。宜依遷、固大體,用事類相從,紀傳區別,表志殊貫,如此修綴,事可備盡。

《册府元龜》卷五五八《國史部·論議一》頁六七〇六上至六七〇六下

惟聖朝創制上古,開基《長發》,自始祖以後,至於文成,其間世數久遠,是以史弗能傳。臣等疏漏,忝當史職,披覽國

記,竊有志焉。愚謂自王業始基,庶事草創,皇始以降,光宅中土。宜依遷、國大體,令事類相從,紀傳區別,表志殊貫,如此修綴,事可備書。

《通志》卷一百四十八《列傳六十一·後魏·高祐》頁二三五五中

冬十月,平文、昭成、獻明廟成。
……
又立神元、思帝、平文、昭成、獻明五帝廟於宮中,歲四祭,用正、冬、臘、九月,牲用馬、牛各一,太祖親祀。
……
又置獻明以上所立天神四十所,歲二祭,亦以八月、十月。神尊者以馬,次以牛,小以羊,皆女巫行事。又於雲中及盛樂神元舊都祀神元以下七帝,歲三祭,正、冬、臘,用馬牛各一,祀官侍祀。

《魏書》卷一百八之一《禮志四之一第十》頁二七三五

追尊成帝巳下及后號謚。樂用《皇始之舞》。以神元皇帝為始祖臣欽若等按《後魏書》,黃帝以土德王,比積六十七世至成帝成,及節、莊、明、安、宣、景、元、和、定、僖、威、獻凡十二帝。獻帝生聖武,聖武生神元,平文皇帝為太祖臣欽若等按《後魏書》,神元至章、平、思、昭凡三帝。思帝生平文,昭成皇帝為高祖臣欽若等按《後魏書》,平文至惠、煬、烈凡四帝。昭成帝,平皇文次子也,事具帝王帝系門。其追尊祖始皆從帝謚焉,考為獻明皇帝。臣欽若等曰:獻明即昭成太子也。

《册府元龜》卷二九《帝王部·奉先二》頁三一五下至三一六上

二年正月甲子，初祀上帝于南郊，以始祖神元皇帝配。
十月，太廟成，遷神元、平文、昭成、獻明皇帝神主于太廟。歲五祭，用二至、二分、臘，牲用太牢，常以宗正兼太尉率祭官行事。又立神元、思帝、平文、昭成、獻明五帝廟於宮中。歲四祭，用正、冬、臘、九月，牲用馬、牛各一，帝親祭。又於雲中及盛樂神元舊都祀神元以下七帝。歲三祭，正、冬、臘，牲用馬、牛各一，祭官侍祀。

《册府元龜》卷二九《帝王部·奉先二》頁三一六上

立太祖廟于白登山。
……
後二年，於白登西，太祖舊遊之處，立昭成、獻明、太祖廟，常以九月、十月之交，帝親祭，牲用馬、牛、羊，及親行貙劉之禮。

《魏書》卷一百八之一《禮志四之一第十》頁二七三六至二七三七

立太祖廟於白登之西。歲一祭，具太牢，帝親之，無常月。
……又立太祖別廟於宮中。歲四祭，用馬、牛、羊各一。後二年，又於白登西，太祖舊遊之處，立昭成、獻明、太祖廟，以九月、十月之交，帝親祭，牲用馬、牛、羊。又於雲中、盛樂、金陵三所，各立太祖廟。四時祭官侍祀。

《册府元龜》卷二九《帝王部·奉先二》頁三一六上

秦之未滅,皇魏未克神州,秦氏既亡,大魏稱制玄朔。故平文之廟,始稱"太祖",以明受命之證,如周在岐之陽。

《魏書》卷一百八之一《禮志四之一第十》頁二七四五

秦之未滅,皇魏未剋神州,秦氏既亡,大魏稱制玄朔。故平文之廟,始稱"太祖",以明受命之證,如周在岐之陽。

《冊府元龜》卷二九《帝王部‧運歷》頁四四上

神元既晉武同世,桓、穆與懷、愍接時。晉室之淪,平文始大,廟號太祖,抑亦有由。

《魏書》卷一百八之一《禮志四之一第十》頁二七四六

神元既晉武同世,桓、穆與懷、愍接時。晉室之淪,平文始大,廟號太祖,抑亦有繇。

《冊府元龜》卷四《帝王部‧運歷》頁四四下

魏雖建國君民,兆眹振古,祖黃制朔,緜迹有因。然此帝業,神元為首。案神元、晉武,往來和好。至于桓、穆,洛京破亡。二帝志摧聰、勒,思存晉氏,每助劉琨,申威并冀。是以晉室銜扶救之仁,越石深代王之請。平文、太祖,抗衡苻石,終平燕氏,[一九]大造中區。

【校勘記】

[一九]平文太祖抗衡苻石終平燕氏　按此"太祖"乃指拓跋珪,故云"終平燕氏",下穆亮等議引述李彪原議稱"始自平文,逮於太祖,抗衡燕趙,終平慕容",平文和太祖分述,

意更明白。但此時"太祖"即平文帝廟號,下文明云"平文始大,廟號太祖",拓跋珪廟號是烈祖,至次年四月始改珪廟號"太祖",豈得先有此稱?疑本作"烈祖",後人所改。

《魏書》卷一百八之一《禮志四之一第十》頁二七四六、二七五六

魏雖建國君民,兆朕振古,祖黃制朔,綿迹有因。成此帝業,神元爲首。案神元、晉武,往來和好。至於桓、穆,雖京破亡。二帝志摧聰、勒,思存晉氏,每助劉琨,申威并冀。是以晉室啣扶救之仁,越石深代王之請。平文、太祖,抗衡苻石,終平燕氏,大造中區。

《册府元龜》卷四《帝王部·運歷》頁四四下

彪等據神元皇帝與晉武并時,桓、穆二帝,仍修舊好。始自平文,逮于太祖,抗衡秦、趙,終平慕容。晉祚終於秦方,大魏興於雲朔。據漢棄秦承周之義,以皇魏承晉爲水德。二家之論,大略如此。

《魏書》卷一百八之一《禮志四之一第十》頁二七四七

彪等據神元皇帝與晉武并時,桓、穆二帝,仍修舊好。始自平文,逮于太祖,抗衡秦、趙,終平慕容。晉祚終於秦方,大魏興于雲朔。據漢并秦承周之義,以皇魏承晉爲水德。二家之論,大略如此。

《册府元龜》卷四《帝王部·運歷》頁四五上

仰惟先朝舊事，舛駁不同，難以取準。今將述遵先志，具詳禮典，宜制祖宗之號，定將來之法。烈祖有創基之功，世祖有開拓之德，宜爲祖宗，百世不遷。而遠祖平文功未多於昭成，然廟號爲太祖；道武建業之勳，高於平文，廟號爲烈祖。比功校德，以爲未允。朕今奉尊道武爲太祖，與顯祖爲二祧，餘者以次而遷。平文既遷，廟唯有六，始今七廟，一則無主。
　　《魏書》卷一百八之一《禮志四之一第十》頁二七四七至二七四八

　　仰惟先朝舊事，舛駁不同，難以取准。今將述尊先志，具詳禮典，宜制祖宗之號，定將來之法。烈祖有創基之功，世祖有開拓之德，宜爲祖宗，百世不遷。而遠祖平文之功未多於昭成，然廟號爲太祖；道武建業之勳，高於平文，廟號爲烈祖。比功較德，以爲未允。朕今奉遷道武太祖，顯祖爲二祧，餘者以次而遷。
　　《册府元龜》卷二九《帝王部・奉先二》頁三一七下

　　自始祖内和魏晉，二代更致音伎；穆帝爲代王，愍帝又進以樂物；金石之器雖有未周，而絃管具矣。
　　……
　　凡樂者樂其所自生，禮不忘其本，掖庭中歌《真人代歌》，上叙祖宗開基所由，下及君臣廢興之跡，凡一百五十章，昏晨歌之，時與丝竹合奏。
　　《魏書》卷一百九《樂志五第十四》頁二八二七至二八二八

　　後魏樂府始有北歌，〔二六〕即《魏史》所謂《真人代歌》是也。代都時,命掖庭宮女晨夕歌之。

【校勘記】

〔二六〕後魏樂府始有北歌 "後"字各本原無,據《通典》卷一四六、《唐會要》卷三三、《御覽》卷五六七、《樂府詩集》卷二五引本志補。

《舊唐書》卷二十九《志第九·音樂二》頁一〇七一至一〇七二、一〇八六

後魏樂府初有《北歌》,亦曰《真人歌》,都代時,命宮人朝夕歌之。

《新唐書》卷二十二《志第十二·禮樂十二》頁四七九

及追尊曾祖、祖、考諸帝,樂用八佾,[二七]舞《皇始舞》。《皇始舞》,道武所作也,以明開大始祖之業。

……

又有掖庭中歌《真人代歌》,上叙祖宗開業所由,下及君臣廢興之跡,凡有百五十章。

【校勘記】

〔二七〕樂用八佾 "佾"原訛"允",據《魏書·樂志》二八二七頁改。下同。按:北宋本、傅校本、明抄本、明刻本、王吳本訛作"胤",故清人諱改"允"。

《通典》卷第一百四十二《樂二·歷代沿革下·後魏》頁三六一二、三六二六

後魏樂府始有北歌,即《魏真人歌》是也。代都時,命掖

庭宮女晨夕歌之。

《通典》卷第一百四十六《樂六·四方樂》頁三七二五

後魏樂府始有北歌,即魏史所謂《真人歌》是也。代都時,命掖庭宮女晨夕歌之。

《太平御覽》卷五六七《樂部五·四夷樂》頁二五六四下

及追尊皇曾祖、皇祖、皇考諸帝,樂用八佾,舞皇始之舞。《皇始舞》,道武所作也,以明開大始祖之業……掖庭中歌《真人代歌》,上叙祖宗開基所由,下及君臣廢興之跡,凡一百五十章。

《册府元龜》卷五六七《掌禮部·作樂三》頁六八〇六上至六八〇六下

及追尊曾祖、祖、考諸帝,樂用八佾,舞《皇始舞》。《皇始舞》,道武所作也,以明開大始祖之業……又有掖庭中歌《真人代歌》,上叙祖宗開業所由,下及君臣廢興之跡,凡有百五十章。

《文獻通考》卷一百二十九《樂二·歷代樂制·後魏》頁一一五一上

魏氏本居朔壤,地遠俗殊,賜姓命氏,其事不一,亦如長勺、尾氏、終葵之屬也。初,安帝統國,諸部有九十九姓。

《魏書》卷一百一十三《官氏志九第十九》頁三〇〇五

魏初,禮俗純朴,刑禁疏簡。宣帝南遷,復置四部大人,坐王庭決辭訟,以言語約束,刻契記事,無囹圄考訊之法,諸犯罪者,皆臨時決遣。

《魏書》卷一百一十一《刑罰志七第十六》頁二八七三

王建,廣寧人也。祖姑爲平文后,生昭成皇帝。伯祖豐,以帝舅貴重。豐子支,尚昭成女,甚見親待。建少尚公主。

《魏書》卷三十《列傳第十八·王建》頁七〇九

王建,廣甯人也。祖姑爲平文后,生昭成皇帝。伯祖豐,以帝舅貴重。豐子支,尚昭成女,甚見親待。

《北史》卷二十《列傳第八·王建》頁七五四

後魏王建,廣審人也。祖姑平文后,生昭成皇帝。伯祖豐,以帝舅貴重。豐子支,尚昭成女,甚見親待。建少尚公主。

《册府元龜》卷三〇二《外戚部·委任》頁三五五〇上

王建,廣甯人也。祖姑爲平文后,生昭成皇帝。伯祖豐,以帝舅貴重。豐子支,尚昭成女,甚見親待。

《通志》卷一百四十六《列傳五十九·後魏·王建》頁二三〇八下

初文帝入賓於晉,從者務勿塵,姿神奇偉,登仙於伊闕之山寺。識者咸云魏祚之將大。

《魏書》卷一百一十四《釋老志十第二十》頁三〇四九

穆帝之世,頗爲東部之患,左賢王普根擊走之,乃修和親。

《魏書》卷九十五《列傳第八十三·徒何慕容廆》頁二〇六〇

穆帝世,頗爲東部之患。

《北史》卷九十三《列傳第八十一·僭偽附庸·燕》頁三〇六七

參考文獻

紀傳體史料

（南朝梁）沈約撰:《宋書》,中華書局,一九七四年。
（南朝梁）蕭子顯撰:《南齊書》,中華書局,一九七二年。
（北齊）魏收撰:《魏書》,中華書局,一九七四年。
（北齊）魏收撰:《魏書》,中華書局,二〇一七年。
（唐）姚思廉撰:《梁書》,中華書局,一九七三年。
（唐）房玄齡等撰:《晉書》,中華書局,一九七四年。
（唐）李百藥撰:《北齊書》,中華書局,一九七二年。
（唐）令狐德棻撰:《周書》,中華書局,一九七一年。
（唐）魏徵等撰:《隋書》,中華書局,一九七三年。
（唐）李延壽撰:《北史》,中華書局,一九七四年。
（後晉）劉昫等撰:《舊唐書》,中華書局,一九七五年。
（北宋）歐陽修、宋祁撰:《新唐書》,中華書局,一九七五年。
（南宋）鄭樵撰:《通志》,中華書局,一九八七年。

編年體史料

（北宋）司馬光編著,（元）胡三省音注:《資治通鑑》,中華書局,一九五六年。

典制體史料

（唐）杜佑編著:《通典》,中華書局,一九八八年。
（元）馬端臨編著:《文獻通考》,中華書局,一九八六年。

類書

（唐）徐堅等著:《初學記》,中華書局,一九六二年。
（北宋）李昉等撰:《太平御覽》,中華書局,一九六〇年。
（北宋）王欽若等編:《册府元龜》,中華書局,一九六〇年。

地理類史料

（北魏）酈道元著,陳橋驛校證:《水經注校證》,中華書局,二〇〇七年。
（唐）李吉甫撰:《元和郡縣圖志》,中華書局,一九八三年。
（北宋）樂史撰:《太平寰宇記》,中華書局,二〇〇七年。
（清）顧祖禹撰:《讀史方輿紀要》,中華書局,二〇〇五年。

會要體史料

（北宋）王溥撰:《唐會要》,中華書局,一九六〇年。

其他史料

（北魏）崔鴻撰,（清）湯球輯補:《十六國春秋輯補》,中華書局,一九八五年。
（北魏）崔鴻撰,（明）屠喬孫、項琳之等修訂:《十六國春秋》,明萬曆三十七年蘭暉堂刻本（即屠本《十六國春秋》）。

（北魏）崔鴻撰：《十六國春秋別本》，影印文淵閣四庫全書本，臺灣商務印書館，一九八二年。

（南朝梁）陶弘景撰：《古今刀劍錄》，影印文淵閣四庫全書本，臺灣商務印書館，一九八二年。

（唐）釋道宣撰：《廣弘明集》，四部叢刊本，上海商務印書館，一九一一至一九二二年。

後 記

　　《拓跋鮮卑資料輯録》即將付梓,希望能對研究兩晉十六國時期拓跋鮮卑的歷史有所裨益。真正做好一部資料輯録既需要熟悉掌握相關歷史,還需要具備一定的古文字、版本目録學知識。該資料輯録涉及紀傳體、編年體、典制體、大型類書、地理總志等多類古籍,内容龐雜、分布零散、謬誤繁多,生僻字及異體字大量存在,無疑大大增加了完成難度。作爲資料類工具書,可貴的是其準確性、全面性和系統性。工作伊始,我們就明確了這樣的目標,並不斷强化、逐步完善。但是,能否達到預先設想,爲研究者所用,助益專業研究,還要實踐檢驗。

　　在編輯出版過程中,内蒙古大學 2022 級博士研究生張宇核對了全書,2021 級碩士研究生郝意如做了部分校對,責編陳喬付出了大量辛勤勞動,謹致以誠摯的謝意!

　　書中難免有錯誤紕漏,敬祈讀者批評指正。

2023 年 9 月 22 日